U0502592

[美]西恩·帕特里克·亚当斯 著
（Sean Patrick Adams）

秦含璞 译

Old Dominion
Industrial
Commonwealth

Coal, Politics, and Economy in Antebellum America

黑金时代

煤炭、政治与
美国的工业化抉择

中国科学技术出版社

·北 京·

Old Dominion, Industrial Commonwealth: Coal, Politics, and Economy in Antebellum America by Sean Patrick Adams.
© 2018 Johns Hopkins University Press
All rights reserved. Published by arrangement with Johns Hopkins University Press, Baltimore,
Maryland through Chinese Connection Agency

北京市版权局著作权合同登记　图字：01-2022-0162

图书在版编目（CIP）数据

黑金时代：煤炭、政治与美国的工业化抉择 /（美）
西恩·帕特里克·亚当斯（Sean Patrick Adams）著；
秦含璞译 . — 北京：中国科学技术出版社，2023.3
书名原文：Old Dominion, Industrial
Commonwealth：Coal, Politics, and Economy in
Antebellum America
ISBN 978-7-5236-0046-7

Ⅰ . ①黑… Ⅱ . ①西… ②秦… Ⅲ . ①煤炭工业 — 研
究 — 美国 Ⅳ . ① F471.262

中国国家版本馆 CIP 数据核字（2023）第 062048 号

策划编辑	刘　畅　宋竹青	责任编辑	孙倩倩
封面设计	今亮新声	版式设计	蚂蚁设计
责任校对	吕传新	责任印制	李晓霖

出　　版	中国科学技术出版社
发　　行	中国科学技术出版社有限公司发行部
地　　址	北京市海淀区中关村南大街 16 号
邮　　编	100081
发行电话	010-62173865
传　　真	010-62173081
网　　址	http://www.cspbooks.com.cn

开　　本	880mm×1230mm　1/32
字　　数	180 千字
印　　张	9.25
版　　次	2023 年 3 月第 1 版
印　　次	2023 年 3 月第 1 次印刷
印　　刷	河北鹏润印刷有限公司
书　　号	ISBN 978-7-5236-0046-7/F・1128
定　　价	69.00 元

目录

概述

煤炭的政治经济学

1796 年春天，著名工程师、建筑师本杰明·亨利·拉筹伯（Benjamin Henry Latrobe）参观了位于弗吉尼亚州里士满城外的煤田。对詹姆斯河北岸煤矿的考察给这位来自英国的 31 岁移民留下了深刻的印象。"我从没有在其他地方见过如此多的财富！地下 10 英尺 ① 左右的地方就埋藏了大量煤炭，煤层厚度将近 30 英尺，而且还有很多煤炭没被发现！"他在 4 月 19 日写道，"开放煤坑宽度大约 50 码 ②，深度 30 英尺。很多时候，工人的工作就是顺着 5 英尺多宽的小道进入煤场。还有一大半的煤留在高达屋顶的煤堆里。我希望有机会可以更好地考察这些煤，然后提出更好的建议。"那年夏天，拉筹伯在匹兹堡写道："根据现在已经掌握的证据，我可以确认，美国的煤炭资源非常丰富。"根据他对煤炭在英国工业经济中地位的了

---

① 1 英尺约等于 0.3 米。——编者注
② 1 码约等于 0.9 米。——编者注

解，拉筹伯展望了旧自治领^①的未来。他在6月17日写道："我对自己的专业领域非常熟悉，根据弗吉尼亚州的情况和欧洲所发生过的一切，我希望这里的煤炭运输业能像欧洲一样好。"

在其他观察者看来，旧自治领必将成为美国煤炭贸易的中心。旧自治领作为美国独立之后努力保证其经济稳定发展的前殖民地，为满足国内矿物燃料的需求，其供应量不断增大。里士满盆地的煤矿已经做好了满足这些需求的准备，而且鲜有竞争者能够与之匹敌。但来自宾夕法尼亚州的奇·考科斯（Tench Coxe）在1794年写道："那些位于海港的弗吉尼亚州的煤矿主，在对北方各州的供货方面占据了垄断地位，而市场对煤炭的需求还在不断增长。"对于美国早期的爱国者、生产商和政治经济学家来说，旧自治领的煤田蕴含了无限的希望。到了1808年，拉筹伯对里士满地区的煤矿依然有很高的期望。在阿尔伯特·加勒廷（Albert Gallatin）关于内部升级项目的著名报告中，他认为"大西洋的海港很快就会依赖来自詹姆斯河

---

① 自治领（Dominion）是大英帝国殖民地制度下一种特殊的国家体制，是殖民地迈向独立的最后一步，除内政自治外，自治领还有自己的贸易政策、有限的自主外交权和自己的军队，但只有英国政府才有宣战权。美国弗吉尼亚州（Virginia）因纪念英国童贞女王伊丽莎白一世（Virgin Queen of England）而得名，该州是英国在北美建立起的第一块定居点，因而该州别称"旧自治领"（Old Dominion）。——编者注

煤矿的煤炭","它早就依赖众多生产商提供的燃料,而且海港周围 10 英里^①以内的铁匠铺也需要弗吉尼亚州的煤炭供应"。

对于里士满盆地北部来说,宾夕法尼亚州的煤炭是个潜在的竞争对手。但是,宾夕法尼亚州东部山区的土地所有者对于巨大的无烟煤储量并不感兴趣。宾夕法尼亚州的无烟煤和里士满的烟煤不同,它在家用和工业用领域都不太受欢迎。虽然一些当地铁匠使用过无烟煤,但无烟煤在城市并没有获得太多市场份额。就算是在费城,当地人也普遍认为无烟煤在壁炉和锻炉中难以燃烧。到了 1803 年,费城人在人行道上铺设了 30 吨来自利哈伊的无烟煤,以此替代小石子。在测试中,当无烟煤的火焰熄灭之后,他们实在想不出该怎么用这些无烟煤。10 年后,乔治·舒梅克(George Shoemaker)用 9 辆马车将无烟煤送到了费城,其中 7 辆车的无烟煤是免费的。一名观察者回忆道:"实际效果并不好。那些试用无烟煤的人说,这种煤和石头一样。舒梅克是个骗子。"费城的水务部门有 2 部燃烧木材和煤炭的蒸汽引擎机,可以用来为费城供水,他们也拒绝了舒梅克的"石头煤"。到了 1809 年,他们每天都要烧掉超过 1 吨的里士满烟煤。

因此,相较于宾夕法尼亚州,反而是弗吉尼亚州承担起了为这个年轻的国家提供矿物燃料的责任。里士满盆地小规模

① 1 英里约等于 1.61 千米。——编者注

运营的煤矿主将黑色的煤炭送到东部海岸，享受着对新工业极为重要的先发优势。从弗吉尼亚州的旷野中传来的初步报告让西边各县非常不安。更重要的是，报告中还提到地下埋藏的大量烟煤距离地表很近。虽然在建国早期，这里的矿产开发程度并不高，但是俄亥俄州和卡纳瓦的矿产资源看起来无穷无尽，而且开发难度不高。位于阿巴拉契亚山脉两侧的旧自治领似乎有着无穷无尽的矿产宝藏。

但是，里士满的煤产业领导层很快开始解体，宾夕法尼亚州东北山区的无烟煤和西部各县的烟煤在 19 世纪美国的经济发展中扮演了重要的角色。到了 1886 年，宾夕法尼亚州开采了 1500 万吨煤，占全国总产量的 78%，而旧自治领的产量只有 50 万吨，占全国总产量的 2.4%，弗吉尼亚州和西弗吉尼亚州的煤产量总计 75 万吨，在当时美国煤炭总产量中占比不足 3%。宾夕法尼亚州在煤炭业的主导地位，让其在 19 世纪中叶建成了生机勃勃的工业经济。州内的钢铁产业在烟煤和无烟煤的助力下蓬勃发展，烟雾笼罩的费城和匹兹堡印证了廉价的煤炭对于城市发展和工业生产的价值。宾夕法尼亚州看起来已经验证了本杰明·拉筹伯等人对弗吉尼亚州的预言。没人能够预见旧自治领煤炭业在南北战争时期的飞速衰退，以及宾夕法尼亚州快速崛起为美国矿物燃料的主要供应地。

宾夕法尼亚州和弗吉尼亚州的故事中蕴含着一个美国工业化历史中的重要问题：地区差异。两个拥有类似资源的州，为什么会走上不同的道路？为什么旧自治领的大量煤炭在南北战争期间没有得到开发，而宾夕法尼亚州的开采量却在同一时期达到百万吨级？多年以来，学者就美国南北方工业发展的差异提出了各种见解，如自由劳动制度和奴隶劳工制度，每个地区有不同的资源，北方城市更为发达等。而"限制工业"的主要原因，则总是被归结为奴隶制。

但是，很少有学者会对比南北方的政治经济，州政府在南北方发展差异中所扮演的角色也没有得到重视。大多数时候，政治制度反映的是经济或者社会趋势，又或者是地区标签，很少会在地区经济差异中扮演活跃的角色。毕竟，南方的奴隶制在美国建国前就已经存在一百多年了。问题是，南方和北方是如何出现不同程度的工业发展的？这种差异是否与政治因素相关，即州政府是如何为动态化或者毫无起色的发展提供制度环境的？

本次研究对比了弗吉尼亚州和宾夕法尼亚州的煤炭业发展情况，凸显出这两个州从19世纪早期工业市场的出现到19世纪五六十年代粗放式管理中存在的差异。这段时期对美国工业化非常重要，煤既是生产所需的重要燃料，也是一种需要大规模管理和技术协调的资源。19世纪的美国生产者也使用了木材、水利或者畜力作为能源，但随着工业化的推进，矿物燃料得到了广泛应用。在整个19世纪，煤炭的开采可以看作工业发展的晴雨表。正因如此，拉筹伯作为工业发展的见证者，积极记录了弗吉尼亚州早期的煤炭贸易，解释了宾夕法尼亚州和弗吉尼亚州煤炭业后期的发展，以及它们对美国工业革命早期的时机把握和后期发展之间的关系。

当然，拉筹伯个人只能记录 19 世纪采煤业发展的一角。各个州政府制定了包括各种政策在内的一套制度性框架，在煤炭贸易的发展中扮演了至关重要的角色。考虑到 19 世纪工业化的高歌猛进，各个州政府诸如内部升级、地质勘探和制定企业规章制度等计划却局限于州际范围之内。但是，就是在这种大环境之下，这些政策才为经济发展准备了制度性环境。如果没有这些州政府层面的框架，自然资源就不能得到开发，企业发展就会陷入停顿，技术创新也缺乏支持。相较于大自然，是政治促进了美国矿物燃料经济的进化。

如果要形容一下 19 世纪的工业能源，请想象以前美国乡间随处可见的水车。为了修建一个水车，需要消除自然溪流的曲折，以及那些可能会影响水流的障碍。水道经过改造后，水流可以推动水车，提供充足的动力。做工糟糕的水车不可能创造出强劲的水流，强劲的溪流也会因为撞击岩石、不断分流而失去力量。在 19 世纪的煤炭贸易中，企业、技艺娴熟的劳工和积极投资的资本可能因为制度框架糟糕的扩展性而失去动力。同理，一个构架良好的制度可以促进经济快速发展。

当然，溪流和水车的比喻不过是 19 世纪政治和社会构架之间互动的简化版。通过对比弗吉尼亚州和宾夕法尼亚州在立法方面的不同点，本书之后的章节展示了政治与社会互动中更为复杂的模型。宾夕法尼亚州为本州的煤炭贸易建立了一套特殊的制度框架——可以说是一种政治经济学的水车。宾夕法尼亚州分布式的灵活经济政策制定机制，创造了美国国内最具有活力的工业区之一，但同时也滋生了腐败、党派斗争和地区仇恨等问题。宾夕法尼亚州的政策制定同样存在效率低下的问题，立法机构提出的关于经济发展的倡议也缺乏说服力。但是，宾夕法尼亚州分布式的政治营造出了一种有利于动态工业发展的环境。弗吉尼亚州的煤炭贸易从业者面对的是一个主动且以利益为驱动的政治体系，这套体系在一个为了限制州政府能动性并保证种植园主及精英阶层利益的框架内运作。南北战争之前的弗吉尼亚州的政治制度虽然源自共和党人的理想，却无法像宾夕法尼亚州的同行一样推动各方利益。在南北战争前的岁月里，东部保守派的利益和西部不断增长的人口之间产生了矛盾，这阻碍了州内煤炭业的发展，显示出弗吉尼亚州政府配合经济转型时的犹豫。虽然宾夕法尼亚州和弗吉尼亚州都是美国早期煤炭业的领军者，两个州内部的政策制定者却在 19 世纪形成了迥然不同的发展路线。

　　每个州都打造了自己的经济环境，但这种差异不能简单归纳为"强大的"宾夕法尼亚州和"弱小的"弗吉尼亚州。在19 世纪上半叶，各州州长和立法者为了发展经济使用了各种办法，包括为各个行业提供补贴，为各个企业家团体提供特权等。这么做就产生了很多政治争议，例如运输网这样野心勃勃的工程，许多州在内战前都采用了一种"州里怎么办，出去了就照旧"的模式。19 世纪 30 年代，俄亥俄州和印第安纳州等地臭名昭著的"运河大爆发"，就是这一模式的最好例证。当这些州的立法者开始相互捧场，交易选票，各个运河和道路项目都受到了影响。但是，当烟雾消散之后，能够赢利的项目寥寥无几，州债务开始飙升。很多历史学家认为，到头来，州政府的角色从大家所熟知的积极管理者变成了粗放式管理者。对于内部升级项目的公开承保而言，这些论点不无道理。但是，这种对于经济项目"州里怎么办，出去了就照旧"的模式，是否预示着内战前各州州政府的重要性在不断衰落呢？国家能动主义是否只存在于美国内战前的几十年呢？

从更广的角度研究各州政府的发展制度框架后，我们会得出不同的结论。对 19 世纪政府政策的研究结果摒弃了以往单纯的"法庭与政党"的观点，转而投向一种更为复杂的理论，即各参与方和制度时而相互协作，时而相互为敌。在这种情况下，"政治经济学"提供了一系列政治选项，其中还加入了许多 19 世纪立法者喜欢的临时交易，而这一切都会转化为"政府政策"，甚至或多或少地成为永久性的政府制度。独立的政治决定因为受欢迎程度、可赢利性，或者为了方便等原因融入政治制度，这导致 19 世纪的政治经济学难以用正式的模型或者公式进行研究。即便是微小的政府制度的变更，也可以被认为是对过往工具主义或者多元化模型的调整。

奴隶制在工业发展中的影响，为理解 19 世纪南部各州的政治经济学带来了挑战。大多数历史学家认为，奴隶制对于南部各州的发展路线有着非常重要的影响，但是他们经常无法分清奴隶在工业发展中扮演的角色，以及奴隶制对州政治制度框架的影响。与之相反的是，本书强调了奴隶制对于南方文化的影响，或者说南方工厂主在商铺、锻造场和工厂中对奴隶的使用。也许这种观点离题太远了。但是，奴隶制的可讨论性很高，不论这种特殊的制度是否存在，都不会是南方工业化滞后的罪魁祸首。从一个更广的角度审视工业发展的制度因素，可以得到一个应对这些悖论的解决方案。南方各州的政治框架展示了奴隶如何为自己主人的工业生产赢利，以及奴隶制对州资本市场、政治发展和经济的影响是如何导致经济发展受阻的。

政治制度的变动，也影响了州一级政治经济的发展。内战之后的时代见证了一些变革，包括选举范围扩大，更公平的选区分布和一个动态的两党系统。立法机构在顽固派精英的反扑之下，变成了争夺美国式代议制民主未来发展方向的战场。他们并不能一直面对这种挑战。正如一位研究政治分摊的专家所说的那样，州立法机构"很少被看作一个可以让最聪明或者道德最高尚的人作为立法者，并以大众利益为目的进行讨论的论坛"。又或者如宾夕法尼亚州波兹维尔《矿工月刊》的编辑们在 1825 年所说的那样："虽然用咳嗽和推搡来打断夸夸其谈的人似乎存在争议，但和民意立法相比，这已经是一种相对可取的办法了。"

所以，政治经济学的水车并不总是建立在完善的原则之上，几乎没有能供历史学家研究的标准化模型。但是，在美国经济和政治发展的最关键时期，州立法机构依然掌握了绝大多数权力。内战之前，个体企业主会向立法机构寻求直接的奖赏、特别贸易特权和其他各种形式的援助。但他们得到了不同的答复。当乔舒亚·怀特（Josiah White）和厄斯金·哈泽德（Erskine Hazard）寻求可以改善利哈伊河运输以及发展无烟煤贸易的企业执照时，立法机构非常乐意给他们"自我毁灭的特权"。但是，当铁器制造商要求因为在融化生铁的过程中使用宾夕法尼亚州无烟煤，而获得直接奖励的时候，他们的请求却停留在委员会，最终没有通过。"市场革命"和商业利益对内战前的美国造成了巨大的影响。州议员是另一个没有得到太多关注的群体，他们有的时候为创业计划提供帮助，有的时候却成为创业计划的挡路石。不论制度发展在设计和执行上存在什么问题，我们都应该进行一定的研究。按照一位历史学家的说法，"这样可以传播一个观点，即政府制度可以成为改变的催化剂"，他们可以"用更现实、统一和包容的角度来看待美国的历史"。

这些制度因素是如何对早期美国煤炭业造成影响的？在弗吉尼亚州，保守型政体形成了一套很特殊的代表和管理体系。弗吉尼亚州东部继续坚持自己的传统权力构架，这套体系有两个基础，一是根据州自由人和奴隶人口分配的立法制度，二是由当地传统大地主充当骨干的地区制度。这些制度也相应地维护了富有而强大的精英阶层，但这是以牺牲小地主、新兴的制造业和西部弗吉尼亚人的利益为代价的。这套体系所孕育的经济政策传递了一个非常一致的信息：保护地产价值，提振农业利益。在很多时候，维系奴隶制都会变成这项政策的第一要务。虽然在内战前的这段时期里，旧自治领的采煤业一直使用奴隶作为劳动力，但他们发现自己一直被政治领导人边缘化。作为局外人，煤炭商人不断尝试重塑弗吉尼亚州的政体，使之更加公平合理，但是保守派领导层却竭尽全力反对任何可能影响地主、精英利益的行为。

宾夕法尼亚州的立法也倾向于本州的精英阶层。但是，他们难以控制以人口为基础，并根据州内人口的地理分布而调整的选区设置。西部山区的大地主、中部各县的铁器生产商和费城的金融业从业人员都在抱怨立法机构没有为自己的利益服务，反而偏袒他们的竞争对手，从某种意义上来说，他们说得没错。纵观整个19世纪，宾夕法尼亚州的立法部门创造了各种相互冲突的利益群体和不断竞争的派别势力。在这一片嘈杂的声音中，最与众不同的可能就是哈里斯堡对于经济发展的追求。当然，对于经济如何发展的建议各有不同，但是政策制定者在众议院和参议院的辩论，以及非正式的票数交易、相互站台和毫不避讳的腐败中，中和了各路意见中的不同点。哈里斯堡做工糟糕的水车，成为煤炭业发展的强劲引擎。虽然这套体系制定的政策毫无一致性可言，但是宾夕法尼亚州东西两侧的煤炭贸易却因此受益，采煤规模大幅扩张。

通过将煤炭业视为地区经济变化的晴雨表，笔者研究了公共政策和南北方经济差异之间的关系，并试图解答美国早期地区经济发展差异的问题。两个州之间的差异并不单纯是奴隶制或者政府结构的问题，而是政治经济学中这两个主要元素相互作用的结果。制度结构为水车提供了一个轮廓，但这套结构的动力来自类似于弗吉尼亚州奴隶制的未来、宾夕法尼亚州对个人机遇的保护，以及每个州内部交通网的快速发展等议题。制度框架和政策讨论对于政治经济学而言是不可分割的元素。但是这还不足以全面了解各州的政治经济，细心的学者必须弄明白，这些元素是如何影响美国的工业化进程的。在本书之后的章节，笔者希望通过重述在美国工业化中扮演重要角色的煤炭的故事，探寻美国历史中地区差异的本质。

第一章
地理与政治的交汇：美国早期的煤炭贸易

　　1855 年，美国专利商标局前局长汤姆斯·乌班克（Thomas Ewbank）在《世界就是个大工厂：人与地球之间的关系》一书中写道："如果有人认为，我们的煤炭储量终有一天会被耗尽，或者无法满足需求，这无疑是荒谬的。"乌班克认为，"从针到削笔刀再到蒸汽船，从一块砖头到整座城市，从一团线头再到其他纺织品，都要归功于煤的力量。"十年之后，伊莱·鲍温（Eli Bowen）在《煤与煤油：地球地质学》一书中，讨论了煤的重要性。鲍温认为，这种易于开采的宝藏无疑是大自然"仁慈的表现"，是"一位好父亲面对自己无法独立生活、不停犯错的孩子，所表现出的深谋远虑和细心呵护"。乌班克曾是政府官员，而来自宾夕法尼亚州无烟煤产区的鲍温是一位自学成才的地理学家，二人的背景完全不同，但他们都认为，美国庞大的煤炭储量绝非巧合。

　　本书不会讨论煤层的成因究竟是一笔财富，还是地质作用随机生成的产物。但我们可以肯定的是，煤炭在制造业的成功应用和随之而来的 19 世纪燃料经济的腾飞，应当归功于人类的聪明才智，而不是像乌班克和鲍温所说的那样。煤炭业在这方面作出了诸多贡献。煤炭业作为一种原料采集型产业，让许多国家摆脱了工业和农业之间的鸿沟，推动了技术发展，为蒸汽机提供了高质低价的燃料。从历史角度来看，采煤业和工业发展之间存在着高度关联。正是依靠本国的煤炭储量，英国才可以在 19 世纪早期就发展出充满活力的工业，并为燃料技术的发展提供基础。在 1856 年，一位英国作家曾经这么说过："如果没有煤炭，我们的国家就不可能成为一座为全人类提供必需品的大工厂。"英国运河、铁路、制造业和出口的增长，很大程度上都归功于煤炭，而英国以煤炭为基础的工业体系，为其他新兴国家提供了范本。如果说某些关于煤在 19 世纪通用性的描述可能存在夸张的成分，那么矿物燃料对于 19 世纪工业的重要性则是毋庸置疑的。

包括煤炭在内的各类自然资源对美国经济，特别是工业的发展作出了重大的贡献。在美国建国初期，煤炭贸易并不起眼。虽然英国的运煤船是矿物燃料经济的象征，但随着一整套英国经济体系跨越大西洋来到北美大陆，当地特殊的情况造就了完全不同的煤炭产业。虽然开采、运输和燃烧矿物燃料听起来很简单，但随着各个环节的发展，政治、经济和社会与煤炭产业之间不断相互影响。在弗吉尼亚州里士满以外的地区，奴隶制的存在让当地的运煤船无法照搬英国模式来采购和转运煤炭，但凭借靠近弗吉尼亚州东部滨海地区的区位优势，在美国建国后的半个世纪里，里士满一直主导着国家的煤炭交易。虽然里士满的运煤船享有先发优势，但随着 1812 年第二次独立战争爆发后煤炭需求的激增，煤炭贸易的不足也开始逐步显现。在美国建国初期，弗吉尼亚州的矿主享有地理优势，奴隶制带来的不确定因素并不明显。美国早期煤炭交易的历史表明，煤炭从一开始就和政治密不可分。

煤炭的力量

为什么煤炭可以让托马斯·乌班克和伊莱·鲍恩这样的人肃然起敬？煤炭就是一种可以燃烧的石头。简单来说，煤炭作为一种矿物，代表了几百万年前阳光的能量。在植物死亡腐败之后，它们所捕获的来自太阳的能量，以碳、氢、氧化合物的形式释放了出来。几百万年前，海洋将沿海地区沼泽的植物埋藏在一层又一层淤泥和沙子之下，植物收集的能量依然保留在腐烂的躯体中。这一层不断腐烂的植物也被称为泥炭，是煤炭的重要组成部分。随着上层沉淀物越来越多，巨大的重量不断挤压这些植物的毛孔和细胞，挤出了含有氧、氢的液态和气态化合物。来自地壳之下造山运动的热量，进一步将植物中的氢和氧挤了出去。经过几百万年地质外力的影响，就产生了我们今天所熟知的煤炭。

　　当代地质学家根据含碳量对煤炭进行了分类（见表 1-1）。通常来说，固定碳量越高，那么每单位内煤炭燃烧所释放的能量就越高。压力和热量的综合影响，让地球富含各种煤炭。在煤炭开采的早期，人们很少采用这种分类，而是将煤炭分为"海煤""坑煤"或者"石煤"。但是，随着时间的推移，地质学家将煤炭分成了若干类。褐煤，也被称为"棕煤"，它的含碳量相对较低，并含有大量被称为"挥发物"的杂质。当煤炭燃烧的时候，这种杂质就会被烧掉。和褐煤相比，烟煤的挥发物含量更少。在美国和欧洲的煤田中可以找到大量烟煤。无烟煤含碳量最高，因为特殊的热量和压力条件，人们通常可以在山区找到这种煤。美国常见的煤炭是无烟煤和烟煤，但是对美国的煤炭进行细分是件很困难的事情，因为不同煤层中的煤炭含有不同的化学成分。

表 1-1　煤炭分类（以含碳量为分类标准）

煤炭排名	固定碳量百分比（%）	挥发性物质百分比（%）
高煤化无烟煤	98~100	0~2
无烟煤	92~98	2~8
半无烟煤	86~92	8~14
低挥发烟煤	78~86	14~22
中度挥发烟煤	69~78	22~31
高挥发烟煤	50~69	31~50

煤层厚度从几英寸①到几英尺不等，覆盖范围可能从很小的一片区域到几百平方英里②。有些煤层和地面保持平行，而造山运动中的水平或者垂直运动可以让一些煤层与地面形成90度角。此外，河流改道、侵蚀或者地壳运动，可能会暴露或者隐藏煤层。1792年，一位在弗吉尼亚州西部旅行的人注意到"煤层之上有溪流和河流在奔腾"，并汇报说"西部地区的河流两岸经常可以看到煤层"。自然暴露的煤层促进了早期的煤炭勘探和开采作业。有些煤矿不过是一条沿着煤层走向不断延伸的隧道，还有些煤矿则是与地下煤层交叉的、倾斜或者垂直的坑道。不论用何种方法开采煤炭，矿工都要遵循地质学原理，很多矿工的命运都和煤层的曲折、断层以及突如其来的枯竭息息相关。

除了地质因素，煤矿的生产力还依赖于地区的政治制度。因为采煤是一种资本密集型投资，采矿业也是第一批利用资金优势的行业之一。这需要州政府愿意给企业主这种特权，以及一系列保护企业主的法律法规。纵观历史，各国政府官员通过地质勘探、赏金和其他措施推动采煤业的发展，以此促进经济发展。举例来说，法国为特定的个人提供了土地和采矿许可权。法国还开设了国家矿业学校，训练采矿工程师，促进产业

---

① 1英寸约等于2.54厘米。——编者注
② 1平方英里约等于259万平方米。——编者注

理论研究。并非所有国家和地区都像法国一样关注采煤业或者对采煤施加如此严密的控制，采煤区的政治结构还处于发展之中。如果认为煤层也有政治属性，那无异于将煤炭贸易的研究推向荒诞的方向。但是，采煤业确实与政治背景密不可分。

英国是第一个开采煤矿满足家庭和工业需求的国家。英国有大量的烟煤，因为最早发现于诺桑布兰郡和佛斯海湾，所以又被称为"海煤"。早在 13 世纪，苏格兰、英格兰和威尔士就开始小规模采煤。到了 1306 年，因为伦敦烟雾弥漫，导致英国颁布了专门禁止手艺人使用矿物燃料的王室命令。但是，英国城市中使用的煤炭量却在不断增长。在 16 世纪 60 年代，矿工开采了 25 万吨煤，而伦敦市的壁炉和锻炉就烧掉了 1 万吨。一开始，只有那些能够轻易开采煤炭的地方才会使用煤。17 世纪的海军建设和钢铁业的发展进一步激发了对矿物燃料的需求，导致英国采矿业持续扩张。随着木材越来越少，价格越来越高，采煤的规模也越来越大，英国的铁匠、糕点师以及盐和玻璃的生产商都开始使用煤。到了 18 世纪，英国的采煤量提升到 264 万吨，为"矿物燃料经济"奠定了基础。虽然烟煤产生了大量的烟雾，城市居民却逐渐接受了烟灰弥漫的空气。1785 年，美国政治家、科学家和社会活动家本杰明·富兰克林（Benjamin Franklin）对英国的煤炭有如下记述："这种污染是一种缺陷。幸运的是，伦敦的居民已经习惯了这一点，他们认为烟煤让他们的空气更干净，而在使用烟煤之前，他们的环境更为糟糕。"

为了应对用煤量的不断增长，英国矿工发现，经过了几个世纪的开采，现在采煤业必须进行创新。英国矿工先挖出浅浅的壕沟，被称为"露天煤矿"，然后为了开采距离地表较近的煤层，又挖出一个个大坑。这种大坑因其形状，又被称为"钟形坑"。有时候，矿工为了采煤，会在山体上挖出一条隧道，这种隧道又被称为"矿道"。如果钟形坑长期暴露于自然环境下，或者矿道挖到了地下水，矿内通道就会被水淹没。为了进一步开采煤炭，必须把这些水抽出来。为了抽空煤矿中的水，矿工尝试过排水渠、抽水井，使用人力或马拉水泵等。在 17 世纪，想要扩大煤矿的规模，排水是一个绕不过去的大问题。

1712年，采矿业开始使用蒸汽动力排水，这不仅解决了排水的问题，还为煤炭业引入了全新的动力。纽科门水泵的名字取自它的发明者，达特茅斯的五金商人托马斯·纽科门（Thomas Newcomen），这种设备代表着采矿技术的突破。它是由燃煤的锅炉、配有活塞的冷凝缸、摇杆和杆式泵组成的水泵。利用冷凝缸中的真空部分，可以将煤矿中的水抽至地面。虽然早期版本显得奇怪且低效，纽科门水泵对采煤业依然有革命性影响，矿工可以在向地下掘进几百英尺的同时，依然以较低的成本将通道中的水抽走。举例来说，在1744年，格里夫煤矿估计，一台纽科门水泵在燃料、保养和劳动力方面需要

花费150英镑，而养50匹马的饲料和劳动力成本为900英镑。随
着伯顿–瓦特公司在1769年对纽科门水泵进行改进，蒸汽动力
的水泵让矿工可以开采之前难以触及的煤层。

制铁技术的创新进一步将煤炭工业和英国的工业实力捆
绑在一起。随着国家的钢铁工业越发重要，对于矿物燃料的依
赖也越发明显。制铁厂的熔炉通常使用木炭作为燃料，但到
了18世纪早期，原料的缺乏令木炭生产成本上涨，因此有人
开始了在生铁熔炼中使用矿物燃料的实验。1709年，阿伯拉
罕·达比（Abraham Darby）在什罗普郡的熔炉中，成功用焦
炭（清除了杂质的煤）熔炼铁矿石。达比实验方法的不断改进
和木炭的高昂价格，最终导致制铁商在18世纪50年代纷纷放
弃木炭，采用焦炭作为燃料。而将生铁炼成棒状铁的新技术，
也为矿物燃料在冶铁的第二阶段取代木炭打下了基础。到了
18世纪80年代，矿物燃料主导了英国的钢铁工业，使英国在
大西洋钢铁贸易中占据了主导地位。

英国法律规定，地表土地的所有人有权开采地下的煤炭。
因此，随着煤炭业因为区位因素而聚集，一些大地主因采煤而
大赚一笔。采煤的方法多种多样，有些地主培养了自己的采煤
工，还有些地主将土地出租二三十年，让其他采矿公司去采
煤。这种租赁体系鼓励双方尽可能提升产煤量，矿工必须在租
期内尽可能多地挖到煤炭，随着产量增加，地主也可以赚到更
多的矿税，一些大型采矿公司也希望提高煤炭价格。在18世

纪早期，英国东北部的煤田地区出现了一个致力于操控煤价和产煤量的大联盟，这个大联盟的成员就是各个掌握煤矿的富有家族。该地区的矿主还组成了达勒姆郡和诺桑布兰郡矿主协会，这是一个致力于限制向伦敦运煤的数量，以保证煤炭价格处于高位的卡特尔。经济历史学家估计，虽然协会的成员不可能完全控制纽卡斯尔地区的新煤矿，但这种策略也让煤价上涨了 10%。在 19 世纪早期，这个卡特尔最终分崩离析，但这种人为的高煤价，让大批资本投向了新的采矿技术。在 18 世纪晚期，纽卡斯尔地区发生了一些翻天覆地的变化，通过人为操纵而获得的巨额收益，使该地区对于新的抽水和运输技术的投资不断增加。虽然卡特尔已经解体，但通过延伸矿井深度，采掘更多的煤炭，纽卡斯尔的煤矿借着 19 世纪规模经济的东风，赚取了丰厚的利润。

为了运输煤炭，19 世纪的英国煤矿雇用了大量的矿井工人和地面作业工人，其中经验最丰富的是进行采矿监督的人。除了他们，英国的煤矿还需要各种熟练工来操作运煤车和其他机械，确保煤矿地下部分的安全，以及没有技术的工人来切割、装载和搬运煤块。其中不少工作令人生厌，危险系数极高，所以矿主需要保证劳工能够认真工作。而实现这一目标的工具就是一份年度合同，这份合同规定了保证金标准，并确立了一套解决纠纷的仲裁流程。当地执法部门会将不守规矩的人投进监狱，而这些协议可以让躁动不安的工人至少在一年之内留在煤矿工作，而且这些协议中经常包含不得罢工的条款。虽然有各种限制，矿工还是对这种担保制度表示欢迎，尤其是当劳动力市场供给不足时，矿工喜欢用这种办法逼矿主退还"保证金"。到了 19 世纪早期，这种担保制度已经成为英国煤炭业的常态，这就像地主和矿主之间的租赁协议，可以建立一个相对稳定的产业共同体，矿主在应用新技术时，不必担心破产或者供需关系出现波动。

18 世纪英国制造业对于燃料的需求，推动了第一次关于煤炭的大规模研究。随着时间的推移，燃煤蒸汽机的成本效率不断提升，以煤炭为基础的制铁业不断发展，对于英国制造业而言，煤炭已经不再是替代性燃料，而是一种必需品。在政府官员的许可之下，纽卡斯尔地区的矿主为了使用新的技术，保证价格稳定，开始管理煤炭生产。随着煤炭贸易中的科技和政治创新，英国的钢铁和纺织品最终统治了全球市场。煤炭让英国城市的炉子暖和了起来，任何一个呼吸着伦敦空气的人都不会否认这一点。简而言之，矿物燃料在 18 世纪成为英国经济、社会和政治生活中不可分割的一部分。随着英国在北美殖民地的继续发展，大家都认为"新世界"有丰富的煤炭储备，可以拓展大西洋煤炭贸易。

但是，限制北美殖民地煤炭开采的障碍也是显而易见的。出于对纽卡斯尔煤炭的熟悉，很多殖民地消费者都选择从大西洋的另一端进口煤，而不是开发当地的煤矿。到了 18 世纪 70

年代，英国向殖民地出口了 8700 多吨煤炭，其中绝大多数用于沿海城市的建设。举例来说，波士顿在 1771 年接受了 701 吨煤炭，其中四分之三来自英国。纽约和费城作为英国出口产品的主要目的地，在同一年分别收到了 2474 吨和 1241 吨煤炭。在这两个市场中，来自英国的煤炭占比均达到 90%。在没有进口煤炭的时候，城市中的殖民者就使用从邻近区域运来的木材。有一些美国人也开采煤炭以满足本地需求，里士满盆地出现了小规模的煤炭交易。在整个殖民地时期，林木和进口煤炭都是主要的家用和生产燃料。

美国独立之后，英国和前殖民地之间越发明显的商业竞争并没有阻止开往美国的运煤船。在美国独立初期，木材和水利依然占据着能源市场的主导地位，但是矿物燃料的多功能性在城市赢得了越来越多的市场份额。当木材价格高昂的时候，铁匠、玻璃工和糕点师经常使用来自英国的煤炭。虽然美国的一些爱国人士对于继续使用英国的煤炭感到不满，但大多数美国人对于在几十年的时间里继续使用英国的煤炭并无异议。1790 年，里士满的托马斯·曼恩·兰道夫（Thomas Mann Randolph）给托马斯·杰斐逊（Thomas Jefferson）写道，"虽然弗吉尼亚州的烟煤是我见过的含可燃物量最高的煤炭"，但是"唯利是图的人依然将自己的资本用于进口英国的煤炭，而不是用于购买弗吉尼亚州的烟煤，这着实令人感到惋惜"。就在这一年里，将近 8000 吨来自纽卡斯尔的煤炭被运到了美国的港口。

　　18 世纪晚期到 19 世纪早期，美国人依然主要使用木材取暖，但在包括费城之内的东海岸城市里，国内的消费者开始注意到煤炭作为一种燃料的潜力。《文学》杂志在 1804 年刊登了一封信，其中讲到沿海各州的木材越来越少，来自弗吉尼亚州的运煤船将是未来城市发展的保障。这位作者写道："根据各州的情况来看，必须确定以某种形式获取煤炭，或者以其他燃料替代木材，以保证大家能继续生活。"就连农村消费者都发现，用木材作为燃料越发困难。一位费城居民在 1790 年写道："木材越来越少，在国内开设煤矿已经成为一种必然。木材越来越贵，我的农场已经无法维持这种支出了。"于是，他进城购买烧煤用的铁炉箅，在他看来，"只要能解决问题，用煤炭也是可以的"。

　　在这段时期，制造业的消费者也意识到了煤炭的力量。1784 年，一位费城铁匠刊登广告，招聘一位了解以"伦敦的方法"烧煤的"烧火人"。《美国广告人日报》的一位通讯作者认为，是使用木材作为燃料的酿酒厂、制砖厂、制陶厂和肥皂制造厂抬高了 1804 年冬季的木材价格。他认为："煤炭也能满足这些厂家的需求，而且煤炭的价格会越来越便宜。"很难估计到底有多少小规模生产商放弃木材，转而使用矿物燃料，但在煤炭依然难以获取的那段时期里，有大量证据表明，截至 1812 年战争时，许多匠人已经开始使用煤炭。举例来说，

1813 年夏天，两名费城商人恳求弗吉尼亚州查斯特菲尔德的哈利·赫斯（Harry Heth），希望赫斯能为他们运送烟煤。他们坚称，"1 蒲式耳 ① 优质煤炭可以卖到 90 到 100 美分"，这个价格约是战前水平的 3 倍。在说明如何保证运煤船高速航行还不会被发现之前，他们就先说明："我们会用战后价格直接卖出这些煤炭。只要您给我们运来一船煤炭，我们一定不会让您失望。"虽然对煤炭的家用需求还处于低谷，但 1813 年和 1814 年夏天对煤炭的旺盛需求，在铁匠、糕点师和其他城市的小规模生产商之间引发了一场燃料危机。

然而，美国早期的矿物燃料使用量却展现出了光明的未来。虽然城市居民对于国内和进口的煤炭一视同仁，但大多数美国人认为，国内的煤炭业早晚会取代跨大西洋煤炭交易。从经济角度来看，依照英国模式建立自己的煤炭业是非常合理的。降低价格对消费者而言无疑是一件好事，国内煤炭业和运输业也可以共同发展。但对美国经济而言，采煤的愿景预测却绝不限于国内贸易。美国早期的政治发展让这个年轻国家的矿物燃料经济从跨大西洋进口贸易，转移到从本地寻找解决方案。

举例来说，联邦当局的早期政策声称，进口煤炭在美国市场并不受欢迎。虽然联邦党人希望和英国建立牢固的经济关

---

① 1 蒲式耳约等于 27.2 千克。——编者注

系，但这与那些希望切断或者尽可能弱化这种关系的政治领导人意见相左。托马斯·杰斐逊在 1801 年当选总统，共和党成为执政党，意味着联邦政策从发展进口贸易，转向发展美国西部经济。虽然在共和党执政的这段时期里，包括购买路易斯安那和各种禁运令在内的各项重大事件与煤炭贸易关系不大，但是英国进口煤炭在实际和象征层面上都受到了重大打击。

　　相较于联邦政府，各个州在 19 世纪最初的几十年里，对于经济发展更为积极，而且更关注州内部事务，这就进一步限制了英国的煤在美国经济中的表现。杰弗逊和詹姆斯·麦迪逊在总统任期内，努力以共和党人的价值观为基础，在满足这个国家对道路、运河和水利系统升级需求的同时，还要面对共和党的脆弱性，纽约州、宾夕法尼亚州和弗吉尼亚州则用更为激进的方式开发当地资源。这些"发展型集团"为政府官员提供了一种发展经济的理想方案，在历史学家约翰·马杰夫斯基（John Majewski）看来，这"更倾向于将市场发展的成果带给当地社区，而不是单纯通过分红的方式为股东创造财富"。在这段时期里，丰富的储煤量和包括铁、铜在内的各种资源，转化为对州一级政策制定者至关重要的资产。

　　联邦政府施加的保护政策为美国煤商提供了喘息的空间。英国商人要面对禁止性关税壁垒，这严重影响了 19 世纪早期英国对美国的煤炭出口。1808 年，阿尔伯特·加勒廷向美国参议院汇报，弗吉尼亚州的煤炭在费城卖到了每蒲式耳 20 美

分，运输商大赚了一笔。英国的煤炭在利物浦只有每蒲式耳
18 美分，而且还要交 5 美分的税。在考虑到运费和保险费用
之后，来自英国的煤每蒲式耳至少要卖到 30 美分，才能保证
有利可图。随着 1807 年至 1808 年惩罚性禁运令的实施，出于
对英国进口商品的敌视、对鼓励国内产煤的渴望和增加联邦财
政收入的需求，美国在 1812 年将每蒲式耳煤炭的关税上涨到
10 美分，这是英国进口煤炭零售价的 15%。这种相对较高的
关税，加上 1812 年第二次独立战争期间的进口萎缩，为美国
煤炭贸易提供了一个机遇。在历史学家看来，"这就等同于极
端保护"。1816 年，煤炭的关税降到了每蒲式耳 5 美分，这是
纽约州进口煤价的 5%~25%，这样的关税一直保持到了 1842
年。英国商品进口量在 1815 年后开始反弹，但从没有超过美
国产量的 10%。关税并没有将英国的煤炭完全挤出美国市场，
但严重削弱了它和美国同类产品的竞争力。虽然廉价的纽卡斯
尔煤炭在美国市场倾销的画面，对于几十年后的美国保护主义
者而言是难以忘记的主旋律，但在 1812 年战争之后，英国的
煤再也没有在美国市场上扮演重要角色。

　　贸易限制和高昂的关税不仅在 1812 年战争期间影响了英
国煤炭的进口，而且刺激了美国煤炭贸易以英国模式为样板继
续发展。作为一种低价大宗商品，煤炭不太可能长期作为跨大
西洋贸易的主要商品，而政治形势在其中又起到了加速作用。
美国的政策制定者可以从英国模式中寻求灵感，并进行适当的

改造，于是他们也开始着眼于国内，鼓励开发国内的煤层。虽然早期煤炭产量并不高，但经济民族主义者仍对进口一种在国内随处可得的商品表示反对。一位爱国者在 1811 年写道："我们的资源如此丰富，我们应当从自己的煤矿中获取燃料，而不是受制于外贸的制约和控制。更重要的是，和你们的煤炭相比，我们的煤炭价格更低。而且你们也很清楚，只要燃料便宜了，其他行业也就可以从容而快速地发展。"此时，美国的煤炭还没有成为美国炉子、锻炉和熔炉中的主要燃料，但在 19 世纪早期，煤炭贸易已经成为经济民族主义的重要组成部分。政策制定者预计，如果他们不从英国进口煤炭，而是复制英国的矿物燃料经济，那么由此得来的利益无疑是颇为丰厚的。

旧自治领和新工业

当政治经济学家们在讨论发展国内煤炭贸易重要性的时候，所有人都将目光投向了弗吉尼亚州。正如旧自治领的烟草让前殖民地大赚一笔，很多政策制定者都希望这里的煤田可以为原材料的自给自足提供保障，因为这对于这个年轻国家的未来至关重要。1787 年，托马斯·杰斐逊称里士满地区"遍地都是优质煤"，他还发现许多业主在"我们的商界满足需求之前"就已经开始采煤。在亚历山大·汉密尔顿（Alexander Hamilton）的《关于公共信贷、国家银行、制造商和一家铸币厂的官方报告》中也提到，里士满的煤炭是重要的国家资产，可以作为家用和工业燃料。奇·考科斯（Tench Coxe）作为美国早期的政治经济学家认为，詹姆斯河的煤矿可以提供廉价的煤炭，让英国的煤炭"逐渐丧失市场"。阿尔伯特·加勒廷用里士满盆地越发重要的煤炭，为自己的国家道路和运河计划正名。在他看来，里士满的煤炭"质量满足各类生产需求，如果经过挑选，其质量和家用进口煤没有区别"。加勒廷说："美国城市上涨的燃料价格难以满足需求，随着日用量的大幅增加，肯定需要扩大运输量以降低成本。"不必担心弗吉尼亚州的煤田能否满足这个新兴国家对于燃料的需求，木材依然在燃料市场占据主导地位。但是，随着美国早期经济民族主义进入大家的视野，弗吉尼亚州的煤炭储量为美国实现自给自足和未来的发展起到了推波助澜的作用。

虽然政策制定者所谓的"弗吉尼亚州煤炭"储量指的是里士满地区的煤田，但旧自治领的煤炭资源实际分布于不同地区。山地将内战前期的弗吉尼亚州分为东西两部分，每一部分又可以再细分为两个部分。从切萨皮克的滨海平原到弗吉尼亚州东部河流的地区又被称为滨海地区，作为欧洲殖民者最早定居的区域，旧自治领中规模最大、历史最久的一些种植园就坐落于滨海地区。到了19世纪，烟草种植园贵族的影响力和贸易营收开始下降，但滨海区的种植园主对弗吉尼亚州的政治和文化保持了影响力。从蓝岭山脉延伸到滨海区的山麓地区有着肥沃的土壤。在 19 世纪早期，山麓地区成为弗吉尼亚州的产粮区。种植园主通过种植烟草、小麦、玉米、燕麦和土豆，使弗吉尼亚州拥有了全美国最富有，也是最多样化的农业经济。与山麓地区相连的就是由东部蓝岭山脉和西部阿勒格尼山脉组成的山谷，这里多山且农业发达。和山麓地区的同行相比，山谷居民经营着小块农田，种植着大麦、黑麦和草料。最后，跨阿勒格尼地区——也就是今天的西弗吉尼亚州——有起起伏伏的山区、众多溪流和多石的土壤。在美国独立战争期间，农民在这片人迹罕至的地区清理出来小块土地，种植作物，参与牲畜贸易。

旧自治领地形多样，煤炭储量也分布在东西两个地区。弗吉尼亚州巨大的烟煤储量通常分布在里士满盆地，并一直处于州政府的控制之下。开采工作从 18 世纪就开始了。里士满盆地是一块大约为 150 平方英里的钻石形煤田，从北边的古奇兰县和亨利科县，到南边的阿米莉亚县，全长 30 英里左右，最宽的部分位于查斯特菲尔德县，宽度大约为 10 英里。詹姆斯河从煤田北部流过，除此之外还有若干条溪流。这些溪流割裂了土地，用肉眼就可以看到暴露在外的煤层。曾经有记录写道："在有些地方，煤层距离地表很近，用不了多久，这些煤炭不是被开发自用，就是被送去其他地方。"

大约在 1699 年，法国人在里士满盆地发现了煤，而他们开始像英国人一样将煤矿称为煤坑，则是 18 世纪 40 年代左右

的事情了。到了 18 世纪中叶，商人将里士满的煤炭运到了殖
民地海港。1767 年，塞缪尔·杜瓦尔（Samuel DuVal）不无自
豪地说，自己从詹姆斯河北岸运来的煤炭质量"和纽卡斯尔的
煤炭一模一样"。里士满地区出产的烟煤含碳量在 75% 左右，
属于中度挥发烟煤。美国的消费者早就熟悉了英国的煤炭，里
士满的煤炭也是一种可以接受的替代品。一位曾经使用英国煤
炭的铁匠，也可以很轻松地在自己的锻炉里使用弗吉尼亚州的
烟煤，而弗吉尼亚州的煤炭也占据了沿海市场的一小部分份
额。举例来说，里士满盆地的矿工在 1763 年将 102 吨煤运到
了费城，232 吨煤运到了波士顿，247 吨煤运到了纽约市。

除了里士满的煤炭，弗吉尼亚人很早就注意到了西部各
县丰富的煤炭资源。几乎整个西弗吉尼亚地区都不乏烟煤煤
层。托马斯·杰斐逊在 1787 年对自己家乡的描述中写道："很
多地方都发现了煤，月桂山脉、密西西比河流域和俄亥俄河流
域，都在开采煤炭。"早期的访客都会惊叹于俄亥俄河两岸煤
层的厚度，而惠灵的居民在 1810 年已经开始使用来自当地煤
坑的煤炭。虽然针对西弗吉尼亚地区的煤层勘探直到 19 世纪
中叶才开始，但只要煤层裸露于地表的地方，就会出现经济活
动。举例来说，到了 19 世纪 20 年代晚期，玻璃生产商搬到了
俄亥俄河两岸的露天煤矿附近，在这里他们可以用每蒲式耳 1
美分的价格开采煤炭。

与此同时，卡纳瓦河谷的早期制造业也出现了对煤炭的

需求，供应西部市场的制盐业也受益于廉价的烟煤。早期的制盐厂用大锅煮盐水来去除杂质，将盐以晶体形态保留下来。随着制盐业的扩张，煮盐的大锅耗尽了周围的木材，木材价格不断上涨。1817 年，约翰·P. 特纳（John P. Turner）在卡瓦纳河谷建立了第一座煤矿，专门为制盐厂提供燃料。2 年后，大卫·鲁夫那（David Ruffner）上校成为第一个用煤炭为煮盐锅点火的人。在卡瓦纳河谷，煤炭和盐之间建立了一种标志性的关系，当地制盐商很快就找到了当地的烟煤煤层。虽然对这片区域煤层的覆盖范围和储量的了解程度不如里士满盆地，但当地居民和访客都对煤层的丰富程度和极低的开采难度，以及西弗吉尼亚山区近乎无限的矿物惊叹不已。

西弗吉尼亚山区从社会和政治层面对旧自治领的煤炭业发展产生了影响，而弗吉尼亚州东部和西部的分工也受到了道德等多方面的影响。滨海地区和山麓地区的居民都是英国后裔，他们也注意到了弗吉尼亚州殖民地的政治文化差异。西弗吉尼亚山区和跨阿勒格尼地区的白人大多是德国、苏格兰和爱尔兰后裔，对于当局持不信任的态度。旧自治领东西部之间最明显的区别，在于二者对奴隶制的态度。在 19 世纪早期，滨海地区和山麓地区支持用黑人作为劳动力来发展农业经济。蓝岭山脉以东绝大多数白人家庭都有奴隶，所以滨海地区和山麓地区的奴隶制可谓根深蒂固。实际上，到1800 年，在旧自治领的 345796 名黑人奴隶中，有 93% 住在蓝岭山脉以东地区。

也就是在这一年，旧自治领的总人口达到了860046人，其中76.6%住在东弗吉尼亚地区，但是将近一半（48.9%）的人都是奴隶。与此形成对比的是，西弗吉尼亚地区201558的总人口中只有13.3%是奴隶。

美国早期弗吉尼亚州的政治发展，加剧了两个地区长期以来的矛盾。自1776年以来，弗吉尼亚州虽然诞生于一场战争，但其政体却高度根植于传统制度，对于弗吉尼亚殖民地以县为基础的管理结构几乎没有作出太多改动。州议会掌握了绝大部分权力，而州议会则是由参议院和众议院组成。弗吉尼亚州有62个县，每个县在众议院都有两名代表，威廉斯堡和诺福克各有一名代表，总计126人。弗吉尼亚州参议院有24名成员，每一名都从划定的固定选区中选出，参议员选举不以选区人口为基础。这种以地理范围而不是人口为基础的划分，明显对滨海地区更为有利，因为和其他地区相比，英国殖民者在这里划分了更多县。

弗吉尼亚州的制度还保留了县法院的权力，后者从殖民时期开始就是重要的政府部门。在一位历史学家看来，这就是"无休无止的家庭寡头政治"。州长从当地拥有土地的精英阶级中选出县治安法官。这些管理法院的治安法官有权处理所有刑事和民事案件。在19世纪早期，来自县法院的官员占据了众议院大约一半的席位，导致县和州一级的政策制定界限非常模糊。因此，一个为各县服务的州一级系统在美国独立战争所带来的极端政治变动中幸存了下来，让旧自治领的政治制度和立法走上了一条保守的道路。在整个 19 世纪，县法院都是弗吉尼亚州政治体系中最主要的组成部分之一。

由于当地政治牢牢掌握在县法院手中，奴隶主家庭依靠以地理范围为基础的代表制度，开始对州一级的政策制定施加影响。在 19 世纪最初的 30 年里，弗吉尼亚州的立法机构采用了一套与英国类似的、存在有效选民不足问题的选区系统，每个县无论人口多少，都向州议会派出两名代表。由于蓄奴精英阶层在众议院的代表人数达到了反对派的两倍，所以他们可以在里士满行使自己的权力，而无须担心有太多反对。因此，旧自治领早期将财产和所有权放在了政治的核心位置。弗吉尼亚州的投票权进一步放大了财产的政治权力，因为投票权依然只属于财产产权的终生持有者。根据 1736 年的一部法令，财产产权的终生持有者指的是拥有 100 英亩 [①] 未耕种土地且没有房子，或者拥有 25 英亩耕种土地且有房子的白人男性。1785 年，弗吉尼亚州议会对未耕种土地的标准改为 50 英亩，更进一步的改动要等到 1851 年。对财产产权的要求，对于大地主和其他拥有丰厚财产的公民非常有利，他们可以在拥有财产的任一县里进行投票。

弗吉尼亚州的宪法结构将政治权力分化于全州范围之内，

---

① 1 英亩约等于 0.004 平方千米。——编者注

但是滨海地区主导的立法机构在州政府内具有优势。举例来说，弗吉尼亚州的州长由州议会选出，而且没有立法否决权。除了指挥州民兵、颁布行政赦免令和任命法官的权力，州长在里士满并没有多少权威。考虑到县法院的权力，法官的提名权可能很重要，但是传统和习惯将县官员的选择范围限于当地乡绅中，州法官在获得州长的终身制任命前，还要经过立法机构的全体投票。鉴于绝大多数代表都来自滨海地区，而行政部门又软弱无力，滨海地区的精英阶层几乎可以控制旧自治领政府的全部部门。最后，1776 年宪法没有提供任何重设立新立法机构或者作出修改的途径，所以任何对弗吉尼亚州结构的改动，都需要那些通过这种不平等而获利的群体的多数票通过。

这种独特的政治规划，为美国第一次大规模煤炭贸易提供了制度性框架。弗吉尼亚州最早的煤炭贸易也毫不意外地反映了旧自治领在社会和政治层面对于农业的重视。当地种植园主主导了里士满盆地的大多数采矿作业，但和他们的英国同行不同的是，弗吉尼亚州的矿主只会短租几年土地，在短时间内尽可能多地采煤。举例来说，塔克豪煤矿的矿主向潜在的租户宣称，他们可在这片土地上每年开采到最少 4 万蒲式耳的煤炭。这种短期策略和詹姆斯河缺少运输工具的局面，导致矿坑周围堆积了大量开采出来的煤。1815 年 3 月，托马斯·泰勒对外宣称要出售 200 至 300 蒲式耳煤炭，而这些煤炭就堆在距离里士满 10 英里左右的一条溪流旁边，这条溪流的水量允许买家开船去装煤。泰勒感叹道，如果再不快点找到买家，就只能公开拍卖这些煤炭。里士满地区的煤矿矿主没有组织定期船运将煤炭运到东部沿海城市，而是接受城市买家的订单。因此，估计年度煤炭"收获"量和煤炭到达市场的时间，就显得尤为重要。

在里士满盆地采矿业的早期，缺乏经验的矿主占据了主导地位。1796 年，来自法国的罗什福考尔德（Rochefoucauld）公爵造访了两位里士满地区矿主的煤矿，并称"这些绅士既不是化学家，也不是机械师，他们乐于自己摸索研究，而不是从更有经验的人那里获取建议，因为全美国都没有几个人真正明白运营煤矿是怎么回事"。为了向业余矿主强调采矿的轻松，煤区的广告会强调煤层距离地表很近，并隐晦地表示煤区的矿藏"无穷无尽"。短期投资的诱惑和众多煤矿经理缺乏实践经验，导致煤矿采用一种名为"槽探法"的采矿方法。相较于在煤层旁边或者内部挖巷道，用槽探法开采之后的煤矿更像一个露天采石场。这些露天挖掘的壕沟深度在 30 英尺左右，在正式开始作业之前，壕沟内部会完全被水淹没。虽然一些弗吉尼亚州早期的煤矿主尝试用更深的竖井和水泵保持巷道的干燥，并提高产量，但当成本过高或者煤矿内部过于潮湿的时候，大多数矿主就会放弃手头的工作。对于弗吉尼亚州早期的矿主来说，被放弃的煤坑和巷道经常隐藏着风险。1801 年，塞缪尔·潘恩（Samuel Paine）给自己的搭档写道："我们正在距离老巷道很近的地方挖掘新巷道，如果老巷道里的水没给我们找麻烦，那么我们明年的行情也不会差。"随意的短期计划严重限制了这片区域的产煤量。

由于弗吉尼亚州是个蓄奴州，里士满地区的矿主也使用奴隶劳动力。与此同时，英国矿主使用担保制度来确保劳动力，而弗吉尼亚州的矿主要面对奴隶制带来的全新挑战。举例来说，内战前期的采矿公司也蓄奴，并对外出租黑奴，但在19世纪早期，采矿业只使用了少量黑奴。罗什福考尔德公爵在1796年使用了500名奴隶，但是这些奴隶从事的是农业和矿业工作。矿主为了改善自己的劳动力，也依赖于当地的剩余劳动力。租用奴隶并非总会成功，因为奴隶主更希望让奴隶从事农业工作。为了应对这个问题，里士满盆地的煤矿主选择自己购买奴隶，充实由债务劳工组成的矿工队伍，但大多数矿主发现，从其他奴隶主手中租借奴隶已经成为一种必然。不时出现的劳动力短缺，进一步凸显了里士满盆地早期煤炭业缺乏组织的特点。

考虑到里士满盆地的采煤状况，劳动力短缺是不可避免的。矿工坐在一种类似管子的容器里深入地下几百英尺左右的地方，顺着潮湿而狭窄的巷道进入一间深入煤层的小房间。厚厚的岩石和煤炭又被称为工作面，但不时出现的"吱呀"声提醒着矿工，他们所在巷道上方的岩石随时可能移动或者坍塌。随着采掘工作的继续，矿工会留下一些随时可以挖掉的煤柱，以此支撑巷道，只要有需要，就可以挖掉这些煤柱，让整个巷道坍塌。有人在1818年写道："很多巷道的墙壁上都出现了一种强亚硫酸。"工作区常常有水。矿工穿过迷宫一般的黑暗地道，才能来到一段特殊的工作面，但在这里，他们也不能喘一口气。等待他们的是连续几个小时的体力劳动。在煤层里，矿工只能用镐头和铲子挖煤，然后将挖下来的煤炭装进货车，送回地表。也难怪一位名叫杰弗里（Jeffrey）的矿工在1812年"一个周一早上告诉自己的主人，他不想下煤坑干活"，但他的主人却当着其他矿工的面，抽了杰弗里一百鞭。

在东弗吉尼亚地区的煤矿里，矿工遇到了更多问题。里士满盆地的烟煤层含有大量甲烷气体，矿工称之为"沼气"①，井下随时可能发生爆炸，矿工也可能窒息而死。为了清除这些有害气体，英国和宾夕法尼亚州的矿工最终开发出了复杂的通风系统，但弗吉尼亚州的矿工使用了一种原始且更危险的方法。里士满的矿工有时候会使用一种名为"火线"的系统，其中包括一个固定在煤面上的滑车，用这套系统可以将一根蜡烛送到存在有害气体的地方。另一个办法是让一个倒霉的工人披着湿漉漉的斗篷，慢慢走进存在甲烷的区域，当这位"炮手"就位之后，就举起火把点燃甲烷。如果煤矿起火，有可能燃烧

---

① 沼气的主要成分是甲烷，煤矿井下的甲烷气体在中国一般称为"瓦斯"。——编者注

几个月甚至几年的时间。1810 年，一位煤矿经理下井评估火情，但"还没过 5 分钟，就因为高浓度的硫黄而双手颤抖，再过一会儿就倒下了"。不灭的火焰可能会点燃矿工挖出的甲烷。1839 年，黑色荒野煤坑发生爆炸，导致 40 多名矿工遇难，人们在附近的地面都能感觉到爆炸。

从煤矿到船运中心糟糕的运输状况，也困扰着里士满盆地的早期发展。虽然当地很早之前就修了路，但这些道路不过是简陋的小道，无法承载不断发展的煤炭贸易带来的车流。为了应对这个问题，收费公路出现了。1803 年，亨利科县的公民向立法部门提交了一份请愿书，要求出台一部关于注册收费公路的法令，这进一步凸显了运输与发展之间的难题。当深流煤矿产量提高的时候，他们解释说："深流路和西汉姆路被货车压得破破烂烂，装着货的马车和货车在一年中的一些时段甚至无法使用这些道路。"道路无法承载装满货物的货车，这意味着需要用更多的货车往返运输好几次，才能保证道路能够继续使用。大家认为，一条定期维护的收费公路可以缓解运煤量增长的问题。

在查斯特菲尔德县，曼彻斯特收费道路公司（1801 年注册）修了一条宽度为 30 英尺左右的道路，将曼彻斯特的轮渡码头和落溪地区连接了起来。至少有 3 位煤矿主为使用这条路而缴费，共有 7 位主管负责管理这条路。煤炭和其他货物的收费标准一致，但是运煤的货车在返回落溪地区的时候，要再交一半的费用。1804年，立法机构修改了章程，要求道路主管"尽可能为落溪地区附近的煤矿提供便利"，并"修建通向黑色荒野煤坑的道路"，以此提高煤炭的运输量。

因为里士满地区有不少溪流和河流，相较于陆路运输，水路运输似乎是一个不错的选项。不幸的是，大多数自然水道太浅，无法正常航行。虽然冰雪融化导致的春季水位暴涨和临时修建的大坝有助于改善这一局面，但有时候水位过低，煤矿港口的煤炭可能要堆积几个月。在水路运输方面，詹姆斯河的水位实在难以预测。奥利司·潘恩（Orris Paine）在路易莎县管理着一座煤矿，他非常了解通向里士满的水路直接影响到了自己的收益。1797年，他在给自己生意伙伴的信中写道，"如果水路运输没有问题，那我们就没有任何问题"。1801年秋，潘恩抱怨道，"过低的水位让我们无法运煤"，"如果今年挖出的煤可以顺利运出去，那么我们就能大赚一笔"。

英国18世纪运用水路运输煤炭的成功先例，为里士满的煤炭贸易提供了一个可能。英国的矿主曾经计算过，10英里的陆路运输就会让煤价翻倍，但水路运输在同样单位成本下，却可以将运输距离延伸20倍。在英国，货车只需要经过短距离运输，就可以把煤炭运到船埠，然后再转运到货船上。这种平底煤船会顺着河流或者运河将煤炭运到市场上。1771年，乔纳森·威廉（Jonathan Williams）高度称赞了布里奇沃特公爵设计的运河运输系统，认为"这可以很轻松地运出煤炭"。

英国的煤炭主随时可以利用河流、运河或者滨海货船完成煤炭运输。

自詹姆斯河公司于 1785 年成立以来，就开始了对詹姆斯河的人工改造。到 19 世纪初，这家公司为了改善航行条件，沿着詹姆斯河修建了大批水坝和水道。公司还清理了河道中的障碍物，修建了一条连通里士满烟煤产区的运河。这为煤矿主提供了最好的水路运输渠道，到了 1803 年，詹姆斯河公司运营范围内有超过 2000 条运煤船。

但这些努力并没有有效解决里士满盆地的煤炭运输问题。实际上，因为詹姆斯河在旱季水深不足 1 英尺，不适合大型驳船航行。为了通过詹姆斯河中的浅水区，一些货船不得不将运输的煤炭扔下船。1804 年，波瓦坦县矿主向立法机构抱怨，河道加深工作的拖延影响了该地区的煤炭贸易。詹姆斯河公司则声称"这与社区利益相关，不能只顾及个别几家和里士满市居民的利益"。早期的运输网络让里士满盆地煤矿的对外运输变成一项非常复杂的工作。

气候、市场供应过剩，再加上其他不可预测的因素，煤炭商哪怕在最好的年景都不能保证稳定的销售量，而弗吉尼亚州的煤矿主还要面对禁运和战争带来的影响。举例来说，哈利·赫斯收到了来自巴蒂摩尔和纽约商人的请求，这些商人希望他能尽可能多地运一些煤炭来。同年秋天晚些时候，华盛顿的煤炭中间商约翰·戴维斯（John Davidson）写道："尽管你

现在挖了这么多煤，但市场需求是如此旺盛，你甚至都无法
满足市场需要。"但他同时提出警告："情况并非会一直如此，
未来的情况也可能发生变化。"戴维斯在信的结尾颇有预见性
地写道："里士满的煤炭在这里并不是很受欢迎，但只要能省
去等待的时间，有什么货我就收什么货。"在 1812 年战争期
间，哈利·赫斯依然收到了煤炭订单。这场战争最终影响了哈
利·赫斯完成订单的能力，并对他的声誉造成了影响。他对一
位朋友说："这场战争对我的影响太大了。"但他预计自己将在
和平时期大赚一笔。战争结束后，事实证明哈利·赫斯的预测
完全正确，因为他收到了大量订单。

　　哈利·赫斯所遇到的困难，也是许多弗吉尼亚州早期矿
主需要面对的问题，而他的职业生涯也充分反映了里士满盆地
的衰落。作为一位同时涉足小麦、玉米种植和采煤业的奴隶
主，哈利·赫斯在里士满郊区拥有一座规模庞大的种植园，和
这片区域内的其他烟草种植者一样，他也拥护奴隶制。换言
之，这位参加过大陆军的军官和烟草商人和自己在沿海地区的
同行迥然不同。作为英国移民的儿子，他一方面和英国煤矿矿
主取得联系，另一方面和当地种植商建立关系。作为里士满盆
地煤矿矿主中的领军人物，哈利·赫斯试图将英国煤矿总结出
的经验应用于东弗吉尼亚地区的煤田。在哈利·赫斯死后，他
的家人依然继续做着采煤的生意，哈利·赫斯发现旧自治领的
政治和经济制度给采煤业设下了巨大的限制。

战争结束后，虽然存在对煤炭的巨大需求，但里士满煤炭业出现的各种问题依然影响了它在城市市场的竞争力。随着波士顿、纽约和费城的煤炭需求不断扩大，哈利·赫斯和其他矿主无法满足市场对优质煤的需求。威廉（哈利的侄子）曾经在 1815 年 3 月乐观地认为，铁匠、糕点师和家庭用煤的需求不断增长，但他也无法从自己的叔叔那里弄来足够的煤炭满足这些需求。城市用户希望从里士满盆地得到更多的煤炭来满足需求，矿主们却无法提高优质烟煤的产量来满足这些需求。鉴于里士满盆地距离沿海地区不过几英里，商人们从 18 世纪早期就开始将煤炭运往美国其他城市，这种失败令人感到十分困惑。

里士满矿主无法利用 1812 年战争期间和战后市场有利条件的事实，暴露了在一个无法支持经济发展的地区发展工业将面临的问题。举例来说，为了满足战后对煤炭的需求，里士满盆地的煤矿矿主需要扩建运输网络。收费公路的策略适用于那些缺乏维护的道路，但因为一系列因素导致的运输量的增长，使情况变得格外困难，所以这种策略并不适合解决本区域的问题。举例来说，立法机构禁止曼彻斯特收费道路公司降低道路收费标准，以保证年收益不低于公司支出的 15%。李特河收费道路公司（成立于 1802 年）最低年度收入为成本的 15%；阿勒格尼收费道路公司（成立于 1800 年）在道路完工之前，有权收取双倍的费用。里士满收费道路公司负责连接深流煤矿和里士满市的道路，能通过路费保证 15% 的最低收益，而且该公司要求运煤车空车返回煤矿时也必须缴纳路费。

随着 1812 年第二次独立战争导致的运量减少，收费道路公司发现即便提高路费收费标准，也只能勉强应付道路养护费用。因此，许多收费道路公司要求立法机构允许他们提高收费标准，并拥有限制货车运煤量的权利。立法人员通常会批准道路公司和当地矿主的请求。波瓦坦县的代表威廉·波普（William Pope）在 1812 年给哈利·赫斯的一封信中写道："我理解大多数掌握着煤矿和在收费公路上运输煤炭的先生，他们对那些在立法机构为管理收费公路的法规投票的先生非常不满。"随着运煤量越来越多，收费公路的运营成本越来越高，这进一步让煤炭贸易和运输业的成本暴涨。1813 年，里士满收费道路公司抱怨道，装载着超过 100 蒲式耳煤炭的窄轮货车会在路上压出深深的沟槽，需要花费不少时间进行修补，公司请求通过对运载超过 60 蒲式耳的货车征收额外费用的修正案。虽然立法机构通过了不少关于收费道路公司的法案，"名字多到让读者丧失继续读下去的兴趣"（一位观察者在 1816 年的说法），但这些公路对于里士满盆地煤炭贸易的发展并没有起到太大的作用。货车运输的每吨货物每英里的成本通常为 30~70 美分，鉴于煤炭的平均价格为 3~4 美元 / 吨，陆路运输成本很快就影响到了潜在收益。

考虑到英国煤炭运输的模式，里士满盆地的煤矿矿主再次将目光转向了詹姆斯河公司。不幸的是，即便詹姆斯河公司已经在 1812 年战争之后进行了河道拓宽作业，在煤炭运输和转移过程中依然存在着巨额损失。由于詹姆斯河缺乏整合或者集中式的煤炭运输系统，煤炭质量也受到了影响。詹姆斯河的河岸上堆积了大量煤炭，由运输工用手推车将煤炭转运到驳船上。等到了里士满水域，再用手推车将煤炭搬出货船，转运到洛克特的港口，最后再送进仓库。然后，这些煤炭将再次被铲进手推车，送进海运货船，最后送往市场。没有转卸码头引导货船装卸煤炭，装卸过程中的粗暴操作导致弗吉尼亚州烟煤不断碎裂，降低了煤炭的可燃性和价值。由于詹姆斯河无力保证定期航行的能力，即便将煤炭从詹姆斯河南部直接运到查斯特菲尔德县，煤炭在货车中不停碰撞，也会降低其价值。

因此，即便城市里的零售商寻求更多的煤炭供货，里士满的煤炭质量仍然无法令人满意。举例来说，巴蒂摩尔的 J. P. 皮拉森特（J. P. Pleasants）在 1811 年曾经对哈利·赫斯抱怨："最近收到的煤炭质量不理想，我损失了不少生意。这可不是来自一两个人的抱怨，所有人都在说这事情。"波士顿的托马斯·B. 梅恩（Thomas B. Main）在 1815 年 12 月给哈利·赫斯的信中写道，他最近送来的一批煤"又小又脏"，肯定是"煤场里的边角料"。于是，梅恩决定取消下个春季和夏季的订单，哈利·赫斯失去了一个重要客户。1824 年，查斯特菲尔德县的煤矿矿主向立法机构抱怨，在他们转运装卸货物的时候，现有的运输系统延误并损坏了他们的货物。"煤的质量受到了影响，北部的市场份额也受到了影响，我们并不想用运河运输煤炭。"在里士满盆地的矿主看来，这些问题已经抵销了自1812年战争以来通过詹姆斯河运煤节约下的成本。

随着詹姆斯河因为各种问题而饱受批评，立法机构经常接到关于该公司不能为煤炭贸易提供服务的投诉，而这些投诉大多来自那些詹姆斯河沿岸参与煤炭贸易的利益相关方。1818年，一群来自查斯特菲尔德的矿主称詹姆斯河公司是"一家糟糕的垄断公司，专门为富裕的种植园主、农民和商人服务"。与此同时，煤炭贸易受到了影响，但烟草、小麦、玉米和来自詹姆斯河沿线种植园的产品贸易量却在上涨。查斯特菲尔德的煤矿矿主提交了证词，明确了在詹姆斯河运输煤炭时遇到的各种问题。根据其中一名船主的证词，运煤的驳船应当装180~240蒲式耳煤，但詹姆斯河水位过低，只能装载60~70蒲式耳。经验丰富的煤矿主奥利司·潘恩证实，运煤船的实际承载量只有平均水平的70%。

由于对詹姆斯河1820年的升级工程感到不满，执法机关重组了詹姆斯河公司，授权公共工程委员会购买詹姆斯河公司40%的股票，这让弗吉尼亚州成为该公司的控股方。修正案将詹姆斯河公司置于州政府的控制之下，其中的条款要求扩大詹姆斯河的可航行区域，让运载1000蒲式耳的货船可以从普拉森特岛直达沿海地区。19世纪二三十年代，詹姆斯河的升级工作并不能让周围的煤矿矿主满意，他们并不想用经过升级的河道和运河运输自己的煤炭。1834 年，一群矿主抱怨自己的生意"并没有得到应有的支持，立法机构也没有完成自己应该做的工作"。他们发出警告，如果詹姆斯河公司不能为煤炭运输提供便利，"未来的生意必将受到极大的影响"。

詹姆斯河公司的运河和经过升级的航道位置也遭到了投诉。航道经过詹姆斯河北面的盆地，因此没有照顾到查斯特菲尔德县储量丰富的煤矿，南部的矿主因为无法使用运河而一筹莫展。1824 年冬，查斯特菲尔德县的矿主因无法使用北边的运河，多次向立法机构发起投诉。19 世纪二三十年代，南部的矿主一直在寻求某种补救措施，包括减少曼彻斯特收费公路的路费，要求州政府运营的詹姆斯河公司提供詹姆斯河南岸的使用权，在南部修建新的运河。但是，他们的请求都被忽视了。1832 年，立法机构允许曼彻斯特收费道路公司对煤炭征收双倍的费用。

其他运河公司试图为煤炭贸易提供服务，但遇到了类似的问题。塔克豪运河公司于 1827 年成立，将詹姆斯河北岸的煤田和詹姆斯河流域连在一起，整个工程于 1830 年完工。但是，亨利科县的矿主发现，塔克豪公司的升级工作无法满足煤炭运输的需求。在 1835 年，他们向立法机构投诉，声称运河公司的收费机制和升级策略"只照顾到了公司自己的利益，但完全不考虑其他人"，这一点对于煤炭贸易尤为明显。对于本地区的收费道路公司和运河公司而言，他们的任务是尽可能快地回收股东的投资，而不是维持航道的长期发展和稳定的交通。这种策略对于亨利科县各方都没有任何好处，因此塔克豪运河于 1840 年被放弃。

尽管弗吉尼亚州的矿主对詹姆斯河公司寄予厚望，但是詹姆斯河公司从来没有发展出有效的煤炭贸易运输方式。对詹姆斯河公司来说，这种策略不无道理，因为公司的大多数收入（和分红）来自农产品。举例来说，该公司在 1827 年收取了 41279.87 美元的费用，其中烟草贡献了 60%，小麦和玉米等经济作物贡献了 22%。煤炭也是重要的收入来源，提供了其中的 13%，但詹姆斯河公司对此并不在意。两年之后，公司虽然进行了各种升级工作，但依然更倾向于各类经济作物：烟草提供了 42%，其他农产品提供了 38%，而煤炭只占到 16%。从这些数据可以看出，詹姆斯河公司虽然乐于运煤，但是来自煤矿上游种植园的农产品占用了詹姆斯河绝大部分的运量。到了 19 世纪 20 年代，詹姆斯运河并不是基于运输距离收费，而是为上游农民和种植园主提供便利。詹姆斯河公司最终放弃了向货车收取统一费用的策略，煤炭贸易的需求却被完全忽视了。詹姆斯河公司的收费标准，以及缺乏和南岸的水路联系，进一步限制了弗吉尼亚州煤炭贸易的扩张。

对奴隶劳动力的依赖预示了里士满盆地的煤矿矿主在战后几十年的时间里将要遇到的问题。哈利·赫斯在黑色荒野煤矿使用了一些自己的奴隶，但是他还需要 50~100 名工人。如果他不能从周围的种植园里找到足够的奴隶，就不得不用来自里士满的自由黑人和缺乏经验的白人工人来补充劳动力。煤矿中的各种危险，例如火灾、塌方和灌水，使得很多奴隶主不愿意让自己的奴隶从事这种危险的工作。1812 年，一名奴隶从哈利·赫斯的煤矿逃回了奴隶主家中，而这位奴隶主拒绝再派遣一名奴隶顶替空出来的岗位。哈利·赫斯的一位朋友在 1819 年写道："从我见到你开始，就一直在帮你招揽人手，但直到现在一个人都没找到。我担心自己在附近根本雇不到人。"纵观整个 19 世纪，里士满盆地都要应对奴隶劳动力价格高昂且供不应求的问题。

除了挖煤的成本，使用奴隶劳动力也限制了里士满盆地对新技术的应用。在 1812 年战争爆发前，哈利·赫斯试图联系当地工程师，为自己的煤矿安装抽水用的蒸汽机。这项计划最终被证明缺乏效率，但是奴隶劳动力经济并不是导致失败的直接原因。3 年之后，哈利·赫斯联系到了费城著名的蒸汽机生产商奥利弗·埃文斯（Oliver Evans），请求他派人为自己的煤矿设计蒸汽动力的排水泵。埃文斯同意帮他制造蒸汽机，但是拒绝派遣员工去弗吉尼亚州，因为"我这里的员工不喜欢你那里的风俗，他们认为，如果你雇用了一位总机械师，这个人只能不干活，整天说大话，享受免费的白兰地和其他酒类，这样你才会把他当作一位绅士"。埃文斯接着说道："但是，如果他自己开始认真工作（他不得不这么做，因为奴隶不可能完成他的工作），你就会把他当成一名奴隶，强迫他干活，认为他还比不上半个自己从来不干活的绅士工程师。"埃文斯也否决了让奴隶操作蒸汽引擎的想法。他写道："你要是以为奴隶也能保证蒸汽机正常运行，那就大错特错了。一个人要先确保自由，然后才能处理这些事情。"很明显，埃文斯设计的蒸汽水泵并没有成功，尽管埃文斯在1815年的信中写道："如果你用了这种水泵，整个里士满可能都会因我的发明而受益，而我也有可能因此大赚一笔。"

蒸汽动力水泵迟迟无法用于解决煤矿抽水的问题，凸显了工业奴隶制的地区性矛盾。矿主将不能直接提高煤炭产量的工作称为"死亡作业"。随着里士满盆地的煤矿巷道越挖越深，"死亡作业"的涵盖范围越来越广，包括在巷道中架设支撑顶部的支架、保证煤矿通风，以及最重要的抽水工作。弗吉尼亚州的矿主在渗水严重的煤矿里浪费了几百个小时。在后来的几十年里，这种"死亡作业"主要给矿工造成了损失，因为他们是按照挖出的煤炭计酬，而不是按时间计酬。但对于弗吉尼亚州的矿主来说，他们按照固定价格雇用劳工，"死亡作业"也会影响他们的潜在收益。"在圣诞节放假的时候，之前雇来的黑人都回家了，在我们雇来新的黑人之前，所有巷道里都积满了水，需要连续工作十天才能清理这些积水。之后，每天还要花两三个小时的时间清理渗水。"一位矿主说。所以，就算矿主雇用有经验的奴隶劳工，只要这些矿工开始抽水，那么矿主就会亏钱。

由于没有地区性或者全国性的技术团体提供支持，弗吉尼亚州的矿主只能从国外寻求帮助以解决积水问题。在1814年，英美之间的战争也不能阻止哈利·赫斯写信向伦敦的朋友求助，为自己的煤矿雇用一位英国工程师。最后，他雇用了2名苏格兰矿工，和英国的伯顿-瓦特公司签订合同，成功设计了一套可以运行的蒸汽动力排水系统。黑色荒野煤矿的一位经理曾经预测新式蒸汽机将"消耗大量的优质煤"，而且将机器从遥远的工厂运来的运费和训练蒸汽机操作员的投入，让里士满盆地煤矿使用英国技术的成本非常高。哈利·赫斯曾经做过估算，截至1816年，自己在蒸汽机上投资了7000美元，但不能保证有效地降低成本。他给自己的商业伙伴写道："组装机器的工程师看起来非常乐观，我希望他们没错。"由于缺乏本土的机械师，弗吉尼亚州的矿主在使用新技术时要面对各种延误、无端增加的费用和其他各种困难。奴隶制则进一步激化了这些问题，这是因为奴隶制提高了劳动力成本，让任何在东弗吉尼亚煤矿中使用新技术的努力都困难重重。

虽然要面对劳动力短缺、雇用和购买奴隶成本高昂，以及其他技术难题，哈利·赫斯和里士满盆地的同行们仍不乏扩张生意规模的机会。在1812年战争及战后的岁月里，哈利·赫斯的收益还在增加，但是正如表1-2所展示的那样，他的煤矿无法达到战前的生产水平。运输费用和奴隶劳工带来的成本，让增产成为泡影。虽然这意味着哈利·赫斯可以在战后的市场上通过挖煤赚钱，但无力应用新技术和无法提高优质煤产量的问题，影响了黑色荒野煤矿未来的收益率。随着禁运和1812年战争带来的煤炭需求逐步消退，弗吉尼亚州沿海贸易慢慢变得脆弱不堪。后来的报告表明，里士满盆地还囤积了大量煤炭，但是随着自治领的煤炭贸易在19世纪20年代陷入一次和无烟煤的直接竞争，低质且价格相对更高的弗吉尼亚煤炭就不可避免地被取代了。

表1-2 1810年至1817年哈利·赫斯的煤炭生意

年份	煤炭运出量 （蒲式耳）	利润 （美元）	每蒲式耳利润 （美分）
1810	—	52092.34	—
1811	704307	40885.33	5.8
1812	830742	46914.89	5.6
1813	125488	6286.47	5.0
1814	45867	0	0
1815	446828	55022.98	12.3
1816	503005	66199.59	13.2
1817	567245	72650.32	12.8

注：以上数据源自哈利·赫斯1810年至1817年的计算。

在美国早期，很多作者都指出煤炭对于国家经济自给自足的重要性。在当时的观察家看来，东弗吉尼亚地区的烟煤产区是这个国家打造多样化煤炭贸易的希望所在，所以早期政治经济学家对此给予了高度关注。如果里士满不能成为美国的纽卡斯尔，最起码可以满足当时对矿物燃料不断增长的需求。但是，旧自治领的矿主从一开始就在挣扎着增加产量。事实证明，在种植园之间开采煤炭无助于煤炭贸易的发展。在东弗吉尼亚地区的矿主处理劳动力短缺问题的过程中，出现了很多短期性问题，而工业奴隶制则加剧了这些问题。虽然全美上下对此充满期待，但最早的煤炭贸易却遇到了地区性限制。

但是，奴隶劳动力对于里士满盆地来说并不重要，因为自由和非自由劳动力已经开采了大量的煤炭。弗吉尼亚州的保守和农业政治经济带来的影响，体现在詹姆斯河公司的短视、当地立法者的固执和州一级工业战略支持的缺位等方面，这对里士满盆地在全国市场的发展造成了巨大影响。东弗吉尼亚地区的矿主需要詹姆斯河公司提供各种支持，才能保证煤炭贸易的运输。他们还需要当地技术人员的支持，才能面对采煤过程中出现的各种问题。奴隶确实可以采矿，但是奴隶制进一步固化了弗吉尼亚州保守的政治经济秩序，以至里士满盆地无法在全美市场上进一步巩固自己的优势地位。

奴隶制并不是里士满盆地要面对的主要问题，在全美煤炭贸易逐渐成形的这段时期，旧自治领逐渐形成了一套模式。随着矿主在州一级的政治构架中努力保护当地的利益，他们发现自己逐渐被赶出了政治经济构架的核心。州政府官员、詹姆斯河公司管理层和里士满盆地从事种植业的弗吉尼亚人并不讨厌这些矿主。但是，他们通过执行一套保证农业利益的政治和经济体系，导致任何快速而多样的变化都无法实现。即便是哈利·赫斯这样拥有种植园并从事种植业的矿主，都无法长期保有特权，旧自治领高度分化的政治无法保证他们的权益。到头来，矿主只能依赖北部的商人和零售商。即便是最有野心的矿主也因为州政府对运输业的态度，以及煤矿对不稳定且成本高昂的劳动力的依赖而感到沮丧，无法在当地培养技术团体。里士满煤矿对于外部的依赖，导致它在其他替代产品面前格外脆弱。

对于北里士满盆地而言，在 1812 年战争期间，出现了另一种可以替代木材和进口煤炭的产品。宾夕法尼亚州的无烟煤又被称为"石煤"，储量非常丰富，但在 18 世纪末至 19 世纪初这段时期的产量并不高，开采难度也较大。当地支持者对无烟煤称赞有加，但大众并没有接受无烟煤。但在几十年后，宾夕法尼亚州的无烟煤已经成为一种重要的家用和工业燃料，这要归功于宾夕法尼亚州颇具活力的政治经济，以及弗吉尼亚州对于发展机遇的缓慢回应。煤炭依然是一种重要的矿物，但随着无烟煤的崛起，各州的政府开始以不同的方式利用这种宝贵的商品。

第二章

联邦的燃料：宾夕法尼亚州无烟煤的崛起

在 1821 年 7 月一个优美的傍晚，威廉·H. 基廷（William H. Keating）作为一位化学家和矿物学家，在费城的美国哲学协会向学者、科学家和杰出公民代表进行了一场关于美国当前采矿业现状的报告。基廷认为，矿物的挖掘是"人类最高尚且最有趣的追求"之一。采矿业作为欧洲文明的先驱，每个国家的风格都有所不同。基廷认为，法国有一流的矿业学校，而德国的矿工在开采本国稀有矿物资源方面的创新能力无人可及。但是，真正赢得基廷最高赞誉的，却是英国的国家采矿体系。他认为，英国的矿主"最大限度地完善了他们的生意"，从国家煤炭和钢铁储量中赚取了最大的经济利益。

但是，当基廷将话题转到美国本土的采矿业时，他的态度就发生了转变。虽然各地都存在小规模的采煤作业，但是美国人似乎对采煤兴趣不高。基廷说："整体来看，我们完全可以认为美国没有煤矿。我们应当将煤炭也作为我国整体系统中的一部分。"美国丰富的矿物资源进一步凸显了美国人并没有认识到煤炭对于经济发展和独立的意义。基廷认为："在我国，燃料便宜且量大，鉴于便利的航运，运输也非常方便。"但是，基廷认为，如果没有人去开采这些资源，那么无知和懒惰将埋没美国丰富的矿物资源。

基廷所谓的"积极进取的开采区"，在他本人的专业化参与之下，终于在东宾夕法尼亚地区形成，但与此同时，弗吉尼亚州矿主们的希望却走向破灭。城市消费者单纯将无烟煤作为一种经济层面的替代品，并因为无烟煤更旺盛的火焰而放弃了木材和烟煤。作为理性的经济行为参与方，波士顿、费城和纽约的居民自然而然地成为无烟煤的用户。煤炭贸易出现之前的历史学家自然会作出这种判断，19世纪早期无烟煤贸易的崛起让个体业主、客户和有超前思维的运河公司获利匪浅。尽管人们发现无烟煤需要引燃，燃烧时需要将煤灰和煤块分开，任何以成本分析为基础的客户都会青睐无烟煤的效率。毕竟，当无烟煤已经被证明燃烧时间更久、价格更低、燃烧火焰更亮的时候，谁还会用弗吉尼亚州的煤炭呢？

从理论层面来讲，这个解释是合理的。但是，有些经济学家和历史学家提出，即便收益在不断增长，缺乏效率的技术也可能继续压制更为先进的方法。通常来说，历史事件和收益增加的证据对于摆脱某些缺乏效率的工艺流程无疑是非常必要的。虽然无烟煤的火焰更亮、燃烧温度更高，经济学家和历史学家的模型却暗示，我们无法假设消费者会立即使用无烟煤。

更直白地说，当纽约的一位铁匠在 1807 年将一块无烟煤扔进熔炉的时候，这块煤不太可能被点燃。如果在禁运时期，一个费城的中产阶级家庭将一堆无烟煤倒进自家炉子，炉子里的火苗可能会被扑灭。第一印象很难被抵消，因此很难从能源效率和相对价值角度分析美国早期的煤炭交易，需要一些东西将使用燃料的常规方法和使用无烟煤的新技术联系起来。所以，必须从技术和政治角度分析宾夕法尼亚州的无烟煤的崛起。

在早期煤炭贸易中，各个利益方都参与进来，从技术替代品的单一角度进行叙事已经变得越发困难。个体业主、具有前瞻意识的运河公司参与了进来。弗吉尼亚州和宾夕法尼亚州的政治因素也扮演了重要的角色，它们以两种不同的方式促进了这种转型。第一，正如第一章中所展示的那样，里士满盆地的矿主发现，他们在旧自治领种植园社会中的边缘地位影响了他们在 1812 年战争之后巩固东部市场的份额。弗吉尼亚州的政治体系进一步固化了以奴隶为基础的农业经济利益，里士满的煤炭业很难扩大产量。而在早期煤炭贸易中的第二个政治因素，则包含各种为宾夕法尼亚州无烟煤提供便利的制度。虽然无烟煤的早期支持者完全是自发行动，没有公众的支持，但在 19 世纪二三十年代，宾夕法尼亚州却出现了很多与之有关的机构。无烟煤逐渐成为"联邦的燃料"，类似富兰克林学会这样的组织和宾夕法尼亚州的立法机构为了推动无烟煤贸易的发展，将爱国主义和经济发展结合在一起。由于缺乏制度性支持，里士满盆地的矿主逐渐式微。到了 19 世纪 30 年代，基廷在 1821 年所期望的采矿业的规模终于在美国出现了，而这很大程度上要归功于宾夕法尼亚州一级的机构支持。

煤炭和宾夕法尼亚州

对于里士满盆地北部来说，宾夕法尼亚州和弗吉尼亚州的煤层分布惊人地相似，这是因为阿巴拉契亚山脉也将宾夕法尼亚州分为东西两部分。但是，阿勒格尼山斜跨这个州，因此东部平原和东南部的费城周围区域并不相连。宾夕法尼亚州被分为三部分，每部分都代表了欧洲殖民者不同的移民阶段。英国定居者后裔是第一批大规模来到宾夕法尼亚州的白人移民，他们建起了费城和周围的农业区。宾夕法尼亚州中部是一片被阿巴拉契亚山脉环绕、由 18 世纪中叶到达这里的德国定居者开发的富饶农田。宾夕法尼亚州中部的地形类似于弗吉尼亚州的山谷，在山丘之间可以看到小块的家庭农场。从 18 世纪 50 年代开始，一些苏格兰 – 爱尔兰长老会教徒开始在宾夕法尼亚州西部的山区定居。但到了 19 世纪初，弗吉尼亚州西部的大多数地区人烟稀少，人口主要居住在匹兹堡附近。

但是，宾夕法尼亚州最早的煤炭业却出现在西部各县。宾夕法尼亚州西部和弗吉尼亚州一样，都有巨大的烟煤储量，储煤面积达到了 14000 平方英里。除了布洛德托普地区，位于中南部的贝孚德、富尔顿和亨廷顿都有一大片煤矿，宾夕法尼亚州西部还有大量烟煤层，其中最有希望的就是面积将近 6000 平方英里，和俄亥俄州、西弗吉尼亚地区和马里兰州相连的匹兹堡煤层，这片煤层的平均厚度为 5~8 英尺。法国 – 印第安人战争期间，弗吉尼亚州西部的匹兹堡煤层才逐渐为世人所知，当时匹兹堡驻军指挥官修伊·梅斯（Hugh Mercer）上校在报告中称，"附近发现了优质煤炭和石灰岩"。

匹兹堡是宾夕法尼亚州西部的大都市，在 18 世纪晚期使用烟煤作为家用和锻造用的燃料。1784 年，亚瑟·李（Arthur Lee）造访位于俄亥俄州的亲友，留下了如下记述："城里烧的煤看起来不错……煤炭的充足供应对于该地区的未来发展非常重要。"3 年之后，一位来自德国的访客写道："俄亥俄州西部有大量煤炭，许多山谷中也发现了煤炭。"匹兹堡使用的大部分煤炭来自"煤山"，也就是现在的华盛顿山。这些煤炭的开采难度不高，都来自山体上暴露在外的煤层。随着木材供应越来越少，居民开始在家庭和工业中使用煤炭。随着匹兹堡人口越来越多，矿物燃料的用量也越来越大。1800 年，一位英国人在观察了匹兹堡之后写道："晴朗的天空上飘着一层烟雾，让我想起了令人窒息的伦敦。"

宾夕法尼亚州西部的早期采煤业和弗吉尼亚州的情况类似，都是作为农业的补充。19 世纪初，当地农民在农闲时会开采自己地里的煤炭。莫农加希拉河沿岸的煤层暴露于地表，匹兹堡的矿工用镐头和铲子敲下煤块，顺着河床的斜坡将煤块装进货船。这些兼职矿工在匹兹堡出售煤炭，每吨的单价为 1.5 美元。几十年后，全职矿工和中间商就从这种非正规的煤炭贸易中脱颖而出。罗伯特·沃森（Robert Watson）作为这类人中的代表，在莫农加希拉河谷和新奥尔良之间做着定期贸易。但是，美国早期的匹兹堡煤炭贸易规模较小，基本上只服务于若干个地区市场。

几乎整个北美的无烟煤都集中在宾夕法尼亚州东部。4 条主要的无烟煤带自西南向东北平行分布，形成 3 个大约 50 英里长、5 英里宽的大型产煤区：斯库基尔（包括塔玛卡西部的南部煤田和西中部煤田）、利哈伊（塔玛卡西边的南部煤田和西中部煤田）、怀俄明（北方无烟煤田）。和大多数烟煤煤田相比，无烟煤产区的面积看起来更小，因为无烟煤煤田大多集中在宾夕法尼亚州的拉克万纳县、卢泽恩县、斯库基尔和诺桑伯兰县。这些高度密集的无烟煤储煤量预计为 220 亿吨。

宾夕法尼亚州的无烟煤集中在东部山区，将无烟煤运往海边无疑是一件成本高昂且困难的事情。里士满的煤田靠近沿海地区，英国的纽卡斯尔和佛斯海湾海运便利。大自然似乎对旧自治领的早期煤炭贸易青睐有加，而无烟煤哪怕到了美国独立战争时期，都没有在全美达到里士满烟煤的声望。宾夕法尼亚州东部山区当时依然是一片地形崎岖的未开拓之地，白人定居者在并不肥沃的土地上耕作，在广袤的森林中狩猎。

在1791年，利哈伊地区的一位猎人在一棵树的树根处发现了一块被风暴吹出来的黑色石头。一年之后，利哈伊煤矿公司在这片区域挖出了少量煤炭，但因为利哈伊河河道没有经过升级，导致运输极为困难。斯库基尔地区的居民也发现了暴露在地表的无烟煤，但在一位当地铁匠开始在自己的铁匠铺里使用无烟煤之前，当地人都认为无烟煤是无用之物。怀俄明山谷无烟煤的最早使用记录是18世纪60年代，奥巴迪亚·戈尔法官在位于威尔克斯-巴里的自家铁匠铺里使用无烟煤。在19世纪的第一个十年里，当地的居民都在使用无烟煤替代木材取暖，但是系统性的无烟煤开采到了1812年战争之后才出现。宾夕法尼亚州几个新兴的科学团体注意到了无烟煤的巨大潜力，但是大部分消费者认为无烟煤并不是一种理想的替代品。因此，在19世纪最初的20年里，里士满或者英国的煤炭依然是东部大城市的标准矿物燃料。

1812年战争干扰了美国煤炭贸易，暴露出东部沿海地区对于里士满煤炭的依赖，但这也为无烟煤获得城市市场份额提供了机会。美国港口的英国海军让煤炭运输变得格外困难，像哈利·赫斯这样的人难以将弗吉尼亚州的煤炭送到费城，这就导致美国众多城市地区缺乏燃料。来自威尔克斯-巴里的雅各布·西斯特（Jacob Cist）抓住这个机会，将利哈伊无烟煤作为烟煤的替代物进行推销。在1814年秋天，他将500吨利哈伊无烟煤送到了费城，满足了1815年城市的燃料需求。但是，即将与英国讲和的消息很快终止了利哈伊无烟煤争取费城市场份额的努力。在困难时期，铁匠们认为无烟煤是一种可用的替代品，但是随着封锁的结束，里士满盆地烟煤的回归，再加上无烟煤燃烧困难的问题，无烟煤再次走向了舞台的边缘。

换言之，战争不过是暂时干扰了弗吉尼亚州煤矿的供货，但还没有完全让它被无烟煤取代。在费城、纽约和巴蒂摩尔的城市市场中，无烟煤暂时难以撼动木材和烟煤的市场地位。当弗吉尼亚州的矿主无法为市场提供足够的烟煤时，消费者就转而购买木材和进口煤炭。西斯特经常会贿赂费城的学徒工，让他们在锻炉里使用无烟煤，但在燃料危机之后，这种方式并没有提升无烟煤的产量。举例来说，亨利·阿伯特（Henry Abbet），作为一位铁匠和费城煤炭互助公司的主管，他在战争期间乐于使用无烟煤，但在1815年就继续使用弗吉尼亚州的煤炭。这种继续使用烟煤的事实完全是出于技术原因：无烟煤在传统的炉子和熔炉中难以燃烧。1812年战争期间的情况说明，城市消费者愿意在困难时期使用无烟煤，但在平时，烟煤依然是首选的家用矿物燃料。为了发展城市市场，无烟煤的支持者所需要的不仅是木材或者烟煤的暂时供应中断，还有燃料技术的持续变革。

雅各布·西斯特受到战争时期个人成功的鼓舞，继续为改变客户的燃料偏好而努力着。他和自己的商业搭档，艾萨克·查普曼（Isaac Chapman）和查理斯·曼勒（Charles Miner）

于 1814 年秋在费城继续通过个人拜访、传单和报纸广告推销无烟煤。他们卖出了一些无烟煤，但最重要的成果是在 1815 年 4 月出版了 200 份名为《关于利哈伊煤炭实用化之重要性的讨论》的小册子。西斯特在小册子中描述了无烟煤燃烧时释放的巨大能量，努力打消公众对于无烟煤燃烧困难的忧虑。这个小册子还提到，由于无烟煤燃烧时没有烟灰，美国消费者不必担心烟囱或者排烟管起火的问题："只要使用这种煤，就不必担心烟囱烟雾弥漫。"

西斯特在小册子中引用了一些证据，证明无烟煤远优于木材、木炭和烟煤。举例来说，宾夕法尼亚州银行的弗雷德里克·格拉夫（Frederick Graf）注意到，与木材相比，利哈伊煤炭价格更低，燃烧更旺盛，也没有烟雾弥漫和硫黄的味道，"实在是最适合家中使用的煤炭"。其他证据则重点对比了无烟煤和里士满的煤炭。来自宾夕法尼亚州诺坦普顿的铁匠和枪管制造师大卫·赫斯（David Hess）估计，1 蒲式耳的利哈伊煤炭的耐烧性和价值约等于 3 蒲式耳弗吉尼亚州煤炭。巴克斯县的约瑟夫·史密斯（Joseph Smith）估计，利哈伊煤炭是里士满煤炭价值的 2 倍，1 蒲式耳无烟煤的价值等于 10~12 蒲式耳最优质的木炭。"这些煤炭无疑最便宜、最耐烧，而且是家用供暖最理想的选择"，奥利弗·埃文斯（Oliver Evans）作为投资人和蒸汽机制造商也认为"无烟煤颇有前途"。西斯特的努力似乎得到了回报。无烟煤的销量从 1820 年的 365 吨增长到 1825 年的 33393 吨。

另外两个研究从科学的角度证明了无烟煤作为家用燃料和城市市场接受无烟煤的可能性。马库斯·布尔（Marcus Bull）是北美煤炭公司在斯库基尔地区的主管，他被认为是"一位绅士，受过良好的教育，言行举止无不体现谦虚的品质"。布尔进行了第一个实验，尝试测试各种木材和煤炭产生的热量。1823 年 11 月，他在一个 8 平方英尺的空间内，用一座 12 英寸高的炉子分别燃烧了同等重量的白蜡树、白桦树、枫树、橡树和松树木材，以及来自利哈伊和斯库基尔的无烟煤，来自纽卡斯尔和里士满的烟煤。布尔记录下每种燃料的比重，以及每一种燃料能在多长的时间内保持室温高于外部温度 10 摄氏度。他在实验中重复了这一流程，并听取了包括宾夕法尼亚大学化学教授罗伯特·赫尔在内的专家的意见。

他的实验"着重于实用性，而不是科学研究"，为了对比各种燃料的热值，他专门做了一个图表。得到的数据显示，无烟煤是家庭取暖最理想的燃料。布尔认为："特定燃料的热值和燃烧一定重量维持室温的能力成比例。"所以，布尔的对比研究是基于各种燃料在一定时间内，保持室内温度高于室外温度 10 摄氏度的能力。大部分木材可以保持 6.5 小时，烟煤可以在 9 个小时内维持这个温度标准，而无烟煤至少可以保持 13 个小时（见表 2-1）。布尔的实验结论让很多宾夕法尼亚人浮想联翩，其中以直接参与无烟煤贸易的人最为明显。

表 2-1　布尔的热值对比实验

使用燃料（453 克）	10 摄氏度温差持续时间
白蜡木	6 小时 40 分钟
核桃木	6 小时 40 分钟
泽西松	6 小时 40 分钟
纽卡斯尔煤（烟煤）	9 小时 10 分钟
里士满煤（烟煤）	9 小时 20 分钟
利哈伊煤（无烟煤）	13 小时 10 分钟
斯库基尔煤（无烟煤）	13 小时 40 分钟

　　但是，布尔的研究成果带来的商业愿景冲淡了研究成果对于科学界造成的影响。1826 年，布尔申请拉姆福德奖，这是由美国艺术与科学院赞助的奖项，颁发给那些在光、热领域作出研究贡献或者为技术升级作出贡献的人。然而，他很快就遇到了反对意见。负责评审的委员会指出了布尔实验中的缺陷，其中包括无力控制室外温度和使用干木材作为燃料。委员会认为，很多人使用的是不完全干燥的木材，当水分完全蒸发后，木材会损失一些热量。所以，任何参照"布尔的实验结果"的人"肯定会遇到问题"。两年后，雅各布·毕格罗（Jacob Bigelow）抱怨道："布尔先生的实验没有任何实际意义。"而布尔则引用烟煤和无烟煤用户的意见为自己辩护，并认为波士顿学院永远也不会尊重自己的实验结果。布尔质

问那些批评家："看看这些证明我的实验结果正确性的消费者意见，你们会用自己那套老掉牙的理论标准来验证它们吗？"或者这些批评家会说："这不过是人类在实践方面的建议，不值得信赖。"

本杰明·西利曼（Benjamin Silliman）作为美国最著名的科学家之一，也非常支持无烟煤，但他的观点并没有遭到多少非议。这位纽黑文耶鲁大学的化学教授在 1818 年创立了《美国科学月刊》，希望以此让美国的科学技术水平脱离州一级的水准。在 1822 年，西利曼的月刊发表了西斯特的促销册子中的内容，其中没有加入任何批判性的评论。四年之后，该月刊又刊登了西利曼的署名文章《关于宾夕法尼亚州无烟煤的相关特性及其经济用途的讨论》。鉴于西利曼和马库斯·布尔都是宾夕法尼亚州美国哲学学会的成员，和宾夕法尼亚州科学界关系密切，西利曼对无烟煤的态度也就毫不奇怪了。根据西利曼自传中的说法，《美国科学月刊》的目标是"滋养扩大化的爱国主义"，而为美国人努力找到一种潜在的燃料，无疑就是一件极有科学意义和爱国主义意味的事情。

西利曼在 1826 年的一篇文章中，将布尔乐观的科学研究和西斯特的目标结合在了一起。他将烟煤和无烟煤的样品塞进铸铁铁管，然后将这些铁管送入大型熔炉，让这些样品接触高温。这些管子通过一个伸缩杆和一个"液压"水箱相连，西利曼可以借此观察每个样品受热时释放的气体。然后，他点燃了各个样本释放的气体，认为"宾夕法尼亚州无烟煤的火焰更为旺盛，因此完全可以服务于未来的重大事业"。对于无烟煤在家用方面的可能性，他认为，"不论是客厅壁炉还是公寓供暖和做饭，利哈伊和斯库基尔煤炭的优势都非常明显"。西利曼在给出如何在家中点燃无烟煤的详细指导之后，他继续指出了无烟煤的丰富储量，以及无烟煤作为家用燃料的 11 个优点。其中最突出的优点是廉价、安全性、无烟煤的高热值、燃烧时副产品更少。

作为一名科学家，西利曼拒绝将无烟煤当作家用燃料大规模推广，他认为传统的壁炉、熔炉和火炉更适合使用里士满和英国的烟煤。"研究无烟煤并没有贬低烟煤的价值，它蕴含巨大的能量，而且相较于无烟煤，使用更为方便。"但是，所有对于西利曼支持无烟煤的怀疑，都被他在文中提到的 11 种优点所抵消。同年晚些时候，西利曼通过向美国艺术与科学院写信支持马库斯·布尔申请拉姆福德奖，进一步展示了自己对无烟煤的支持。而《美国科学月刊》之后刊登的文章，让无烟煤一直处于学界的关注之中。

虽然实验结果非常吸引人，但布尔明白，要想让无烟煤获得大规模的使用，就必须获得来自美国家庭的关注。科学家可以在实验条件下表明，和木材或者烟煤相比，无烟煤燃烧时间更长，燃烧温度更高，但是在燃料市场的实际应用就是另外一回事了。他写道："即便是在开放式壁炉使用少量的无烟煤，其难度也让它难以继续推广，所以必须降低使用难度。"无烟煤需要高温引燃，在成功引燃之后，还要和煤灰保持分离，才能保证没有燃烧的部分可以继续燃烧。在 19 世纪 20 年代，大部分壁炉、炉子和锻炉都在开放格栅上燃烧木材或者木炭，无法达到这个要求。《矿工月刊》的编辑因为布尔的实验结果而感到非常自豪，但是他们也小心翼翼地指出："问题……必须从使用和经济角度进行实验才能确定。"虽然布尔和西利曼在实验室中展示了无烟煤的优势，但对于无烟煤的倡导者而言，让大众能够接受无烟煤还是个大问题。

1824 年在费城成立的富兰克林机械技术推广研究中心，就是积极解决这个问题的机构之一。富兰克林中心的目标是促进技术和科学知识的传播，促进费城当地的经济发展，开发宾夕法尼亚州的自然资源。富兰克林研究中心的创始人一方面秉承着公平分享科技知识的理念，另一方面致力于促进宾夕法尼亚州的工业发展。因此，富兰克林中心虽然看上去是一个非政治性的教育机构，但它以宾夕法尼亚州为中心的策略让 19 世纪二三十年代原本松散的无烟煤推广计划变得更为活跃而清晰。它还将雅各布·西斯特这样的个人企业家和大型机构参与方连接在了一起。

富兰克林中心在 1824 年到 1838 年资助了各种工业，并颁发金奖、银奖和铜奖表彰各种技术成就，级别最高的金奖专门颁发给那些用于开发宾夕法尼亚州煤炭和钢铁的技术。富兰克林中心出版的《富兰克林月刊和美国机械师杂志》也记录了使用无烟煤的专利。在 19 世纪 30 年代最初的三年里，这本月刊报道了至少 8 个关于家用无烟煤的技术发明。这些发明包括烹饪炉子、烟叶烘烤炉和专为使用无烟煤而设计的壁炉格栅。月刊还刊登了一些赞扬无烟煤的来信，以此继续推广无烟煤。月刊编辑们曾经表示："我们认为无烟煤比烟煤更好，就像现在的厨房佣人知道烟煤比木材更好。"这些文章重点讲述格栅、炉子和壁炉，还给出了如何在家中燃烧无烟煤的说明和技术指导。

在 19 世纪 20 年代晚期和 30 年代早期，无烟煤的推广取得了成果，一些在城市出版的刊物中也出现了宣传无烟煤燃烧效率和通用性的文章。报纸对打消关于无烟煤的偏见起到了关键作用。举例来说，对于没有经验的人来说，因为无烟煤燃烧速度慢，肯定会对无烟煤鼓风，但这反而会延缓其燃烧速度。贩卖无烟煤的商人经常会付费刊发一些文章，以此打消民众的偏见。他们还将各种格栅、炉子和烟囱的技术文件表述成普通人可以听懂的语言：省钱。城市居民习惯于将无烟煤堆在开放的壁炉中，但是他们渐渐明白，只有使用格栅分离无烟煤和煤灰，才能保证其充分燃烧。斯库基尔采煤协会在 1833 年的报告称："和传统偏见作斗争并最终彻底消除这些偏见是非常必要的，而且要说服民众，使用无烟煤更便宜。在使用无烟煤之前，必须花大价钱用格栅取代常规的炉子，这无疑是非常冒险的。"无烟煤的支持者最终发现，在宾夕法尼亚州需要多方的努力才能促成这种转变。

与众不同的政治架构

是何种政体为无烟煤贸易提供了基本框架？独立战争时期和美国建国初期多变而复杂的政治历史，为宾夕法尼亚州积极支持经济发展奠定了基础，这和弗吉尼亚州政治氛围中弥漫的保守主义形成了对比。在旧自治领试图维护东部精英阶级的利益时，宾夕法尼亚州政府力求在东部和西部、城市和乡村、农民和工人，以及其他各类冲突中保持平衡。无烟煤产业的利益不过是整个大局势中的一部分，但到头来他们发现，宾夕法尼亚州的政体对自身的发展较为有利。无烟煤的支持者发现，只要能将煤炭贸易的发展和宾夕法尼亚州的整体繁荣挂钩，只要州政府开始为无烟煤贸易提供支持，就可以获得各类援助。

州政府对无烟煤贸易和其他经济活动的支持，最早可以追溯到独立战争时期。1775 年至 1776 年的州议会就和英国切断关系一事陷入了争吵，但同时也重建了宾夕法尼亚州的政府结构。费城的知识分子、不断增长的手工业者和西部的政客组成"激进"联盟，开展了一场组建新的州政府的运动，希望以此施加更大的影响，保证自己的利益。他们很快就在州议会遇到了忠诚派的反对。为了应对大陆会议作出的声明，极端派在

1776 年 5 月召开全州会议，会议地点选在了费城。本次会议从州议会手中夺取了控制权，组建了宾夕法尼亚州的军事动员机制对抗英国，呼吁在同年夏季晚些时候进行州制宪会议选举。

　　和同时期的弗吉尼亚州不同的是，宾夕法尼亚州 1776 年的会议标志着和殖民地时期的决裂，并组建了独立战争时期最有标志性的州政府结构。这次会议诞生了单一制的州议会作为立法机构，最高执行委员会负责执行，以及一个负责解决各种问题、每七年审查一次政府表现的审查委员会。宾夕法尼亚州议会至上的制度和旧自治领的体系类似。但和弗吉尼亚州不同的是，宾夕法尼亚州所有的纳税人都有权投票选举州议会、最高执行委员会和审查委员会的代表。这和殖民地时期的体系完全不同，那时只有拥有价值 50 英镑财产的自由人才有投票权。大会代表有意识地加强了新扩大的选民的权利，政府所有部门都通过普选产生，通过纳税人数比例分配议会席位，随着宾夕法尼亚州人口的变化，议会席位还会定期重新分配。

　　新的宾夕法尼亚州政府很快就成为"共和派"反对的焦点。18 世纪七八十年代，他们希望通过积极的社论运动，破坏极端的州政府结构。他们担心一个全能的州议会可能陷入宗派主义，并认为州政府对于一个相对较弱的执行部门的控制，会在宾夕法尼亚州的立法部门内部制造出一个暴君。批评家认为，执行委员会任命地方治安官和法院法官，州议会可以以

"行为不当"为由辞退他们。因此，宾夕法尼亚州议会也控制了司法部门。共和派提议修订宪法，建立一个两院制的立法机构、更强大的行政部门和独立的司法部门，他们相信这样可以限制立法部门的权力。相较于让州政府听命于选民的需求，宾夕法尼亚州的保守派更倾向于一个由三个均衡的政府部门组成的州政府结构。

虽然宾夕法尼亚州的极端派努力保留 1776 年的架构，然而保守派在 1787 年控制了州议会，并在 1789 年强制召开会议，在 1790 年通过了新的政治组织架构。以联邦宪法为指导原则，1789 年至 1790 年的会议打造了一个更为平衡的政府系统。经过普选选出的州长任期三年，最多连任两届，可以否决立法，宣布赦免，指挥宾夕法尼亚州民兵。1790 年的政府架构放弃了一院制立法机构，而是采用了由众议院和参议院组成的立法机构。这次会议放弃了审查委员会，让司法部门能够独立于立法部门和行政部门。

虽然 1790 年的政府架构代表着和 1776 年极端派提出的政府架构分道扬镳，但这次会议保留了对宾夕法尼亚州未来政策制定至关重要的内容。1790 年的政府架构保留了之前对自由选举权的要求，在宾夕法尼亚州居住满两年，并为自己的财产缴税的自由人，都可以为地区、州和联邦选举投票。此外，众议院、参议院和一院制的议会一样，依然是以人口为基础，根据宾夕法尼亚州人口变化定期调整选区（七年一次）。1776 年政府架构中的这些元素得以保留，进而挑战了 1790 年州政府结构中的保守特质。

18 世纪 90 年代的政治状态测试了宾夕法尼亚州政府架构调节地区冲突的能力。和西弗吉尼亚人一样，西宾夕法尼亚人对东部地区也抱有敌意，缺乏信任。联邦特许权税导致了 1794 年的威士忌叛乱，而华盛顿总统果断的处置扑灭了西宾夕法尼亚地区出现任何武力反对政府权威的可能。但是，想要修复宾夕法尼亚州东西两边的伤痕，需要州一级的长期努力。在接下来的几十年里，东部代表一直在设法平息那些抱怨立法部门忽视西部利益的声音。在美国建国早期，西宾夕法尼亚州偏远地区的异议不断发酵，但是西部代表却发现自己并没有在宪法改革和内部升级等方面被逐步边缘化，但他们在弗吉尼亚州的同僚却没有这种待遇。宾夕法尼亚州立法机构见证了 19 世纪早期的地区紧张局势，但是定期的选区调整、广泛的选举权、收费道路和河道升级项目，缓和了宾夕法尼亚州政局东西分裂造成的影响。

费城的商业利益、对新生的制铁业的需求和其他经济因素，为这场利益角逐增添了更多的元素。在 18 世纪 90 年代联邦党人和共和党人的斗争中，党派问题让情况进一步复杂化。随着 19 世纪早期州司法和民兵系统改革失败，宾夕法尼亚州的政策发展经常受到多样化因素的制约。但是，在应对这些问题的时候，宾夕法尼亚州的政治机构却体现出了高度的可塑

性。代表们经常可以组成有广泛基础的联盟，替换投票，选择
性地利用党派纪律克服政局瘫痪。

　　州首府的变更体现出宾夕法尼亚州面对经济、政治和文
化多样性时的政治灵活性。费城主导了宾夕法尼亚州的政治，
在宾夕法尼亚建州最初的 23 年一直是立法机构的所在地。随
着费城以西人口的不断增长，宾夕法尼亚州的政治中心也开始
向西转移。因此，州首府也在 1799 年转移到了兰卡斯特。到
了 1812 年，宾夕法尼亚州中部和西部的人口及影响力不断
增长，立法机构再次转移到了哈里斯堡，并一直保留到了现
在。虽然这看起来无关紧要，但是宾夕法尼亚州首府的实际
位置的转移，代表着州政府乐于在各个地区利益之间进行调节
和讨论的意愿。

　　无烟煤矿主因为宾夕法尼亚州立法机构善于协调产业中
各方利益的能力而受益。修建连接无烟煤产区和市场中心的运
河，代表着州政府从很早就开始参与无烟煤贸易。第一条运送
无烟煤的运河利用斯库基尔河，将斯库基尔县南部无烟煤煤田
和费城连接到了一起。升级斯库基尔河航行条件的想法最早
可以追溯到殖民时期，但截至 1815 年，大多数计划都失败了。
1815 年，费城的代表提出了《授权州长建立公司以便在斯库
基尔河修建船闸》的提案。该提案主张授权斯库基尔河道公
司 50 万美元作为初始资金，以升级从斯库基尔县米尔溪至费
城全长 114 英里的河道。这个法案明确了船闸和水坝的具体细

节，例如开始运营前五年 9% 的分红和之后最高 15% 的分红。
法案只允许公司拥有服务于河道升级的土地，1821 年的补充
法案进一步明确了这一限制条款。为了确保立法机构能通过这
个法案，斯库基尔河道公司的支持者接受了这一条款。这个限
制很可能是由这个项目的反对方提出的。随着越来越多的运输
商参与到费城的煤炭贸易，限制斯库基尔河道公司拥有储煤土
地的法案成为斯库基尔无烟煤产区的特色之一。

斯库基尔河道的升级工作早期受到了冬季工期缩短、有
经验的工程师短缺和筹资困难等问题的影响。1817 年，宾夕
法尼亚州立法机构为了支持这个项目，购买了价值 5 万美元的
斯库基尔河道公司股票。到 1825 年，从费城到芒特卡本的巷
道已经开放，距离设定的港口只有 2.5 英里。整个航道的开放
为斯库基尔河道公司提供了巨大的帮助，公司只收取了 7685
美元的河道使用费，但股本达到了 950000 美元，累计贷款
1030873.6 美元。公司的创始人并没有计划利用煤炭贸易扩大
经营规模，但到了 19 世纪 20 年代，公司主管希望无烟煤贸易
可以成为公司未来发展的主力。1821 年，公司总裁卡德瓦拉
德·埃文斯（Cadwalader Evans）估计，斯库基尔的无烟煤运
输在费城的市场份额将取代农产品和轻工业产品，成为公司的
主要收入来源之一。埃文斯估计，斯库基尔每蒲式耳 6 美分的
运输费，"将为股东带来 12 万美元的年收入，费城的燃料成本
将降低一半"。

　　在公司的早期运营中，煤炭运输量并不高，原木、面粉
和矿石这样的货物是运河运输中的常客。正如之前所提到的那
样，城市消费者对于无烟煤持怀疑态度，这就限制了 19 世纪
20 年代无烟煤的运输量。随着雅各布·西斯特和富兰克林中
心不断推广无烟煤，运往费城的无烟煤越来越多。到了 19 世
纪 30 年代，埃文斯的预言成为现实，煤炭运输成为公司的支
柱产业。如图 2-1 所示，斯库基尔运河的煤炭运输量在 1832
年超过了 10 万吨，占到了总运输量和运费总收入的 70%。
1837 年，斯库基尔河道公司运煤量超过 50 万吨，占到总运量
和运费收入的 80%。

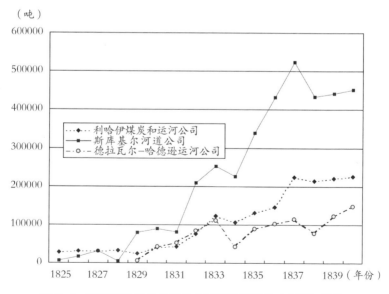

图 2-1　美国南北战争前三条主要潮汐运河的无烟煤运输状况

　　第二个主要运输业公司从一开始就计划推动无烟煤贸易。利哈伊运河公司利用利哈伊河，将宾夕法尼亚州中部无烟煤煤田的东部地区与德拉瓦尔河相连，并最终打通了通向费城的航道。为了升级利哈伊河从蒙奇查克（也就是今天的吉姆索普）到德拉瓦尔河部分的河道，乔舒亚·怀特、乔治·豪托（George Hauto）和厄斯金·哈泽德在 1818 年组建了利哈伊运河公司。虽然最初的计划是修建一条通向费城的运河，但煤炭贸易一直在影响着这一计划。多年之后，怀特回忆道："我当时对利哈伊的煤炭进行了调研，结果发现煤田面积达到了 1 万英亩。我立即就想到可以做些和煤炭相关的生意，投资利哈伊河的管理，然后让自己摆脱困境。"但是，利哈伊谷地的复杂地形和对于无烟煤的质疑，让很多宾夕法尼亚州的立法人员相信，他们给利哈伊运河公司的许可无疑是"给了他们自我毁灭的特权"（一名匿名立法人员的原话）。1820 年，利哈伊运河公司和利哈伊煤炭公司合并，后者用货车将煤炭从山区运到毛奇·查克。之后成立的利哈伊煤炭和运河公司有 20 万美元的注册资本。因为同时拥有采矿和运输权，该公司在利哈伊无烟煤产区迅速做大。1820 年，公司运输的第一批无烟煤不过 365吨，但这代表着运河运输常态化。在接下来的 5 年里，利哈伊煤炭和运河公司依然是唯一为无烟煤运输提供航道升级服务的公司，但斯库基尔河道公司在解决资本和工程问题之后，开始奋起直追。

两家公司的竞争可以从意识形态和实际层面进行分析。和法人权利有关的意识形态部分将在之后的内容中进行详述，从实际层面来说，无烟煤运输商之间的竞争是由斯库基尔和利哈伊地区不同的采煤体系导致的。事实证明，利哈伊煤炭和运河公司同时拥有采煤权和运输权是非常重要的，因为这让公司可以同时染指利哈伊地区的采煤和运煤业务。在1827年，利哈伊煤炭和运河公司修建了一条连通萨米特山煤矿和毛奇·查克的铁路，这是美国第一条运煤的铁路。与此同时，利哈伊煤炭和运河公司的主管们决定将河道升级为一套运河系统，以实现水位调节，容纳更大的货船。这些升级措施，加上利哈伊煤炭和运河公司拥有的8000英亩储煤区，意味着这家公司可以在19世纪20年代在宾夕法尼亚州无烟煤煤田开展大规模采煤作业。

虽然斯库基尔地区的矿主担心利哈伊煤炭和运河公司可能会通过操纵市场供货来控制煤价，但实际数据显示，竞争迫使两家公司将运量最大化。鉴于斯库基尔河道公司的收入来自运费，而不是销售，所以必须提高运量才能保障收益。为了保证公司河道范围内的运量，公司主管将运费维持在较低水平。随着19世纪20年代末和30年代初越来越多的斯库基尔煤炭运到了费城，利哈伊煤炭和运河公司需要提升产量，不然利哈伊煤炭在费城消费者中的优势就可能丧失殆尽。但利哈伊煤炭和运河公司没有加紧提高产量，而是像利哈伊地区的其他公司一样，将当地煤田租给了个体矿主。租户与利哈伊煤炭和运河公司因为煤炭产量的增长而大赚一笔，而那一套所谓的通过控制产量而维持高煤价的系统也从来没有出现。于是，来自两个地区的无烟煤都可以顺利到达费城，而煤价也在不断下降。和具有垄断性质的詹姆斯运河公司不同，无烟煤产区的运河为了费城煤炭市场而激烈竞争。

在煤炭贸易早期，德拉瓦尔和哈德逊运河公司也成了推动贸易发展的主要力量。1823 年，在得到来自纽约州和宾夕法尼亚州的许可证之后，德拉瓦尔和哈德逊运河公司修建了一条 106 英里长的运河，于 1828 年将沿海地区的哈德逊和宾夕法尼亚州的海斯戴尔连在一起。该公司之后修建了一条由蒸汽火车头驱动的铁路，可以直达宾夕法尼亚州北部卡代尔的无烟煤煤田。从 1829 年开始，该公司开始沿着这条路线运输无烟煤，两年后无烟煤就成了这条运河上最主要的货物。德拉瓦尔和哈德逊运河公司与利哈伊煤炭和运河公司一样，都有权开采、运输和出售煤炭。在煤炭贸易初期，纽约州是该公司的主要市场，而且没有竞争对手。和后者相比，该公司也不存在太多法律方面的障碍。德拉瓦尔和哈德逊运河的支持者将其视为"发展式运河"，类似于纽约州的艾尔运河。随着投资者们都将目光集中在纽约市的燃料需求上，无烟煤在这一过程中也越发重要。1831 年，一位股东曾这样写道："很多人对于无烟煤的特性并不完全了解，而且因为长期使用木材，对无烟煤存在偏见，所以无烟煤的推广还需要多下功夫。"随着无烟煤的成功推广，德拉瓦尔和哈德逊运河公司终于在美国内部一个最重要的家用和工业燃料市场获得了一席之地。

随着运输无烟煤的运河运量不断提升，矿主从便于开采的煤层大量开采无烟煤。斯库基尔地区的煤矿和里士满地区的煤矿结构类似。矿主从地主手中短租土地，这进一步鼓励矿主以尽可能低的成本提升采煤量。利哈伊煤炭和运河公司自己雇用劳工采煤，但是也将一部分土地租给小矿主。虽然两个地区都出现了深层矿井，但斯库基尔和里海地区在 19 世纪 20 年代主要开采靠近地面的煤层。和弗吉尼亚州的早期煤矿一样，这些采煤公司利用采煤沟或者采煤场的形式来采煤。和里士满盆地使用奴隶劳工的矿主不同，宾夕法尼亚州的矿主经常自己下矿采煤，或者雇用白人劳工。其中有些劳工是来自威尔士、康沃尔或者英格兰的新移民，一些人拥有采煤的实操经验，还有些人完全是被无烟煤地区的繁荣所吸引来的毫无经验的工人。不论这些矿工使用何种方式开采无烟煤，无烟煤产量都在不断攀升。开采靠近地表的煤层，只要多雇矿工就可以提高产量。和里士满盆地的同行不同，开采无烟煤的矿工发现自己的工作相对轻松，因为在 19 世纪 20 年代，大规模的无烟煤贸易才刚刚开始，很多煤层开采难度并不高。

19 世纪 30 年代早期，低廉的价格和稳定的运输让无烟煤成为一种重要的商品，为争夺城市市场作出了贡献。费城成为第一个大量使用无烟煤的城市，以及沿海地区无烟煤贸易的中心。1825 年，宾夕法尼亚州医院的经理报告，他们在这一年购买了 100 吨利哈伊的煤炭，节约了超过 1000 美元。医院的管理员萨米尔·曼森（Samuel Mason）写道："从经济性、舒适性和安全性的角度来说，我非常推荐使用无烟煤。"19 世纪 20 年代晚期到 30 年代早期，随着无烟煤供应量越来越多，木材越来越少，煤炭零售价开始降低。越来越多的城市居民了解了无烟煤的特性，无烟煤的价格成为燃料消费中的一个重要元素。举例来说，在 1831 年较冷的几个月里，一个家庭将为燃烧无烟煤的炉子花费 4.5 美元，而使用木材取暖的家庭将花费 21 美元。由于无烟煤价格便宜，而且燃烧效率高，无烟煤成为社会各阶层的理想燃料，这引起了费城燃料节约学会的注意。该学会认为"无烟煤应当成为较为贫穷的人的通用燃料"，而且应当为燃烧无烟煤开发更便宜的设备，"这不仅是为了房间取暖，更是为了烹饪和家用"。在 1831 年至 1832 年的冬天，费城消耗了大量无烟煤，以致出现了无烟煤短缺。很多人批评那些使用无烟煤做饭的人，因为这导致取暖用的无烟煤数量不足，煤价上涨。1833 年，费城消耗了超过 40 万美元的无烟煤，波兹维尔的《矿工月刊》估计，"煤炭将在几年之内取代木材作为燃料的位置"。

在东部沿海地区，无烟煤确实取代了木材和烟煤的地位。随着越来越多的人知道无烟煤燃烧热量更高，各个城市采购了更多的无烟煤，各地对于无烟煤的需求也越来越大。在波士顿，煤炭零售商同时销售宾夕法尼亚州无烟煤、纽卡斯尔烟煤和里士满烟煤，波士顿在 1834 年收到了超过 76000 吨无烟煤。巴蒂摩尔的《尼尔斯记事报》在 1831 年写到，无烟煤得到了广泛应用，并认为"无烟煤的成本是木材的十分之一，虽然后者非常方便，但前者节省时间，而且更安全"。在 1832 年，同样是来自《尼尔斯记事报》的记录，巴蒂摩尔的无烟煤价格超过了木材，但是"无烟煤在某些情况下更为方便，所以大家更喜欢用无烟煤"。

纽约市的无烟煤推广活动最为成功。在 1830 年，纽约人燃烧了 23605 吨无烟煤，这几乎是全纽约燃料消耗总量的四分之一。木材占燃料消耗总量的 60%，里士满的煤炭不足 10%，木炭勉强超过 5%。到了 1832 年，有超过 5 万吨无烟煤卖到了纽约，每吨零售单价为 10.65 美元，这占到了纽约市燃料零售总量的 38%。考虑到纽约人在木材（45%）、木炭（7%）和弗吉尼亚州烟煤（7%）上的花费，纽约市民在采购无烟煤取暖这方面的花费越来越大。1831 年至 1832 年冬季，无烟煤的短缺也证明了纽约市民对无烟煤的依赖。虽然存在短缺，但无烟煤在纽约市的销量持续增长，《纽约星座报》在 1832 年用一篇文章表达了对无烟煤的喜爱：

　　一缕红棕色的烟雾是如此缥缈；

　　如果点起明亮的炉火，这烟雾将继续扶摇直上，明亮的炉火温暖了众人；

煤是个好东西，炉膛变得温暖，

老实的人哟，多买点煤吧，

如果买的人多了，那可就没你的份了。

在纽约市无烟煤使用量飙升的过程中，最引人注目的一点是，当时无烟煤的价格要高于弗吉尼亚州的烟煤。采暖季的无烟煤批发价约是里士满烟煤的两倍（见表2-2）。1831年后的批发价对比数据已经无迹可寻，但是可以推测，1834年至1840年费城的无烟煤价格应该略低于每吨6美元。在19世纪40年代，无烟煤价格降到了每吨4美元，但是那时候使用里士满煤的费城人和纽约人已经不多了。价格的下降让城市消费者可以消费无烟煤，但价格并不能完全解释无烟煤的崛起。

表2-2　1827年至1831年纽约市煤炭每吨批发价（美元）

	1827年	1828年	1829年	1830年	1831年
里士满烟煤	6.71	6.34	5.92	5.92	5.09
英国烟煤	10.79	12.86	14.28	11.20	8.83
宾夕法尼亚州无烟煤	12.00	11.50	11.50	12.00	7.50

到19世纪30年代，无烟煤的家用适用性已经尽人皆知，对于无烟煤增产的呼声越来越高。随着宾夕法尼亚州无烟煤（特别是斯库基尔地区）产量的增长，1831年至1832年冬天，

无烟煤短缺已经成为历史。煤田价格和运输无烟煤运河的股票价格连续十年不断上涨，这让观察者大吃一惊。1836 年，《北美评论》这么写道："荒野似乎被施了魔法，一个全新的世界忽然出现了。"宾夕法尼亚州东部的山区成为新兴产业的中心，"荒野变得活跃起来，为个人企业注入活力，提供了无尽的财富，开启了新的商机，为整个联邦提供了全新的纽带。"3条运输无烟煤的运河的价值也水涨船高。1835 年，斯库基尔河道公司的股票卖价为 145 美元，几乎是股票在费城票面金额（50 美元）的 3 倍；利哈伊煤炭和运河公司票面金额为 50 美元的股份售价为 90.5 美元，德拉瓦尔和哈德逊运河公司票面金额为 100 美元的股份售价为 121 美元。

虽然对于生意的快速增长非常满意，但无烟煤的支持者对未来的无烟煤市场更加乐观。无烟煤的新用途，特别是在不断发展的钢铁产业中的应用，将进一步扩大无烟煤的需求，让斯库基尔、利哈伊和怀俄明的矿主大赚一笔。更重要的是，全州上下都在关心无烟煤的广泛应用。宾夕法尼亚州政府将对无烟煤产业的支持视为一种爱国行为。1826 年，州长约翰·安德鲁·舒尔茨（John Andrew Schulze）撰写文章，将联邦和煤炭联系起来，以此呼吁果断立法，"以便加速开发我们当前不了解的资源"。舒尔茨写道："我们的群山和荒野似乎将永远保持一幅荒凉的景象，但其中却蕴含着无数的宝藏，而其中资源最富饶的部分恰好位于我们的领土之中。"

为了应对 19 世纪 30 年代早期的财政危机，是否要对无烟煤收费的问题最终让州政府开始对无烟煤的推广活动施压。作为宾夕法尼亚州最有野心的经济项目，由州政府所有并维持运营的运河系统已经将州一级的财政状况逼到了极限。自 1823 年起，宾夕法尼亚州为了升级内部河道，选择通过借款，而不是向居民征集的方式筹集资金。因此，1831 年宾夕法尼亚州的债务估计为 1250 万美元，年度支付利息为 616850 美元。在满足基本的政府开销之后，宾夕法尼亚州财政只能支付当年三分之二的利息。税收曾经被视作不可能实施的政治政策，但现在为了偿还债务，宾夕法尼亚州已经别无选择。乔治·沃夫（George Wolf）在州长任期内预见了这一财政危机，他于 1830 年向立法机构提交了税收提案。这些提案大多针对富人、旅店和酒馆，内容包括提高县一级的税收，对烟煤和无烟煤每吨征税 25 美分。

税收提案在全州上下引起不小的震动，在无烟煤产区尤为如此。对于煤炭税的恐慌甚至让一些人认为，自己为州一级河道升级掏钱，只会让其他人获益。大多数反对税收提案的人认为，这些提案将影响宾夕法尼亚州的经济发展。1830 年 3 月，斯库基尔县的居民在波兹维尔召开会议，通过了多个与税收有关的决议。请愿者认为，"税收将会对各州的煤炭造成影响"，并"让新斯科舍、罗德岛州、马里兰州和弗吉尼亚州这些不受关税影响的地方，在外部市场低价销售我们的煤炭，进而影响我们的煤炭在市场的表现"。因此，他们认为"征税对于我们的煤炭贸易和各地的产煤商来说，都是致命的"。当立法机构在1830年冬季召开会议时，反煤炭税运动风头正劲。1831年1月和2月，立法机构收到了大量请愿。斯库基尔县前后发出了25份抗议，宾夕法尼亚州东部和中部各县也发出了不少反税抗议。

1831年1月，财政委员会也用各种办法反对煤炭税。在委员会看来，征税可能是提高财政收入的好办法，但对于全体宾夕法尼亚人和全体美国人而言，可不是一件好事。在委员会看来，征税从根本上来说是"不平等而且具有压迫性的""是对穷人征税""对其他州产煤区的矿主和企业而言，这是一种赏金"。委员会得出了如下结论，内部升级计划需要更多的财政收入，才能保证州政府不至于受到债务的影响，但像煤炭贸易这样重要的东西，不能因为所谓财务责任而成为牺牲品。委员会承认无烟煤在纽约等州外市场的价值，而反煤税活动的请愿中也反复提及这一点。1831年2月，众议院回绝了煤税法案。通过分析投票结果，可以看出以人口为基础的宾夕法尼亚州立法机构选区设置，在回绝煤税法案的过程中发挥了重要的作用，因为反对票中有四分之一来自费城的代表。而38个赞成票大多来自没有烟煤或者无烟煤产业的偏远县。如果费城支持煤税法案，那么法案就可以通过。整个宾夕法尼亚州都存在反对煤税法案的势力，但来自城市的代表贡献了关键的投票。

这个问题的重点并不在于煤税法案没有通过，而是在于反对派的论点。反对法案的人采用了一个极具说服力，而且将宾夕法尼亚州和无烟煤的未来紧密联系在一起的说法。19世纪30年代，无烟煤和宾夕法尼亚州的政治紧密联系在一起。州长沃夫受反对意见干扰，开始放弃支持煤税，但可能对煤炭贸易造成影响的短视政策影响了1832年沃夫的竞选。州长竞选人约瑟夫·瑞特纳（Joseph Ritner）也表达了不满。在他和沃夫竞争州长一职的时候，曾经在信中写道："对于这种宝贵的矿物，真正合适的政策不是为它的广泛应用设置阻碍，而是为各方提供协助，让煤炭能够顺利到达市场。"煤税法案在1831年被驳回之后，绝大多数人都认为州政府应当全力推广无烟煤。《矿工月刊》的一位记者认为，"宾夕法尼亚州应当和英国一样，高度重视自己的煤炭贸易"。十年后，宾夕法尼亚人发现自己家乡的经济和无烟煤紧密联系到了一起。

通过对比英国和宾夕法尼亚州的煤炭贸易，很多人认为宾夕法尼亚州应当效仿英国，用煤炭去炼铁。从18世纪70年代起，英国的制铁厂就使用烟煤或焦炭作为燃料。当无烟煤被美国家庭接受后，制铁业使用无烟煤也就是顺理成章的事情了。无烟煤虽然已经成为家用燃料，但作为工业燃料还存在技术问题。19世纪早期，不论英美两国的炼铁炉使用煤炭、木材还是木炭作为燃料，为了利用高温熔化矿石，都需要向其中导入空气辅助燃烧。19世纪20年代，英国的制铁商希望提

升炼铁效率，开始向炼铁炉中鼓入热风，这种技术又被称为
"热鼓风"，而他们的美国同行依然使用"冷鼓风"技术。但
是，由于无烟煤密度更高，冷鼓风技术效果并不理想。传统的
炼铁炉和无烟煤的燃烧条件并不配套。虽然无烟煤产区的铁匠
为了适应这种特殊的燃料，在自己的小型炼铁炉上安装了格
栅，将煤块和煤灰分离，但宾夕法尼亚州偏远地区的传统炼铁
炉并无法进行这种改装。乍看之下，无烟煤并不适合美国大多
数炼铁炉。

从 19 世纪 20 年代到 1830 年，一些私企出于经济原因，
开始研究使用无烟煤的炼铁炉。举例来说，富兰克林中心联合
其他希望用无烟煤进行冶铁的团体，继续在全国工业展览中展
示各类技术文件、实验成果和优质产品。19 世纪 30 年代，利
哈伊煤炭和运河公司承诺，对使用无烟煤冶铁的公司提供免
费的水能和廉价的煤炭，费城的尼古拉斯·比德尔（Nicholas
Biddle）甚至为此提供了 5000 美元的现金奖励。

为了让无烟煤冶铁早日成功，宾夕法尼亚人开始要求州
政府提供帮助。于是，他们开始利用州一级政府机构的巨大潜
力为私营企业背书，而宾夕法尼亚州的官员也因为无烟煤冶铁
可能带来的财富蠢蠢欲动。但是，宾夕法尼亚州需要的不仅是
等待私营企业开发无烟煤冶铁技术，因为这个行业在 19 世纪
是个资本密集型产业。也许私人企业可以说服一个家庭为家中
的壁炉或者煮饭的炉子购买无烟煤格栅，却无法说服整个行业

都使用无烟煤。《矿工月刊》在 1831 年写道："立法机构可以在节约时间这件事上作出贡献，比如说可以给生产 500 吨铁或者无烟煤的个人或集体 1 万~2 万美元的奖励，也可以给个体企业和资本家提供奖励，还可以在企业注册时提供特权。"无论如何，州政府必须参与到无烟煤冶铁的推广活动中。

通过赏金直接提供财政支持看起来是个好主意，但是对 19 世纪 30 年代宾夕法尼亚州的立法机构来说，这种办法并不实际。州政府财政已经岌岌可危，不可能为无烟煤冶铁提供直接的财政支持。宾夕法尼亚州立法机构的开放构架也对州政府为煤炭贸易提供直接支持造成了阻碍，因为各方相互冲突的利益，让为无烟煤冶铁提供财政支持成为不可能。在 1838 年代表大会上，克里尔菲尔德县的 J. H. 拉瓦迪（J. H. Laverty）提出了一个议案，要求为他所在地区的两位企业家提供补助，以奖励"他们使用焦炭或矿物燃料冶铁的努力和成就"。大多数代表表示同意，因为这份议案明确了"政府应当通过象征性的举措奖励这些企业"。但是，他们无法确定谁可以获得这种奖励。当有人提出修正案，要求向费耶特县的 F. H. 奥丽菲特（F. H. Oliphant）颁发同样的补助时，拉瓦迪的提案就被搁置了。第二年，来自费城的两位议员提交了一项提案，要求设立一个奖项，使用无烟煤或者烟煤生产铁的公司，每生产 100 吨铁都可以获得奖励，但这项提案没有获得足够的支持。

到最后，宾夕法尼亚州政府直接参与到了无烟煤冶铁的

推广活动中，但没有为技术创新提供任何直接的资金支持。立
法机构在 1836 年通过了一项名为《关于鼓励使用焦炭及矿物
燃料冶铁或用作他途》的法案，规定符合标准的冶铁公司只要
使用煤炭，而不是木炭，就可以获得公司执照。这项执照要求
公司的最低资本标准为 10 万美元，最高不超过 50 万美元，同
时允许公司在一个县内或者两个县内合计拥有最多 2000 英亩
的土地。州立法机构在 19 世纪 30 年代将生产型企业的注册权
牢牢抓在手里，所以通过一部公司注册法来推动无烟煤冶铁，
无疑是具有争议的。通常来说，成立公司还需要州政府颁发的
许可证，很多政府官员都讨厌这一流程，而且其中不可避免地
存在腐败。实际上，雷特纳州长于 1836 年宣布，大企业存在
很强的投机偏好，"沉迷于不劳而获"，而且对个体企业家造成
了严重影响。许可证的反对派和使用木炭冶铁的利益团体中，
很少有人反对这个法案。支持者认为这个法案可以促进煤铁两
个行业的融合，进而回避法案可能会制造出垄断性企业的指
责。虽然这部法案主要关注无烟煤，但是关于烟煤的部分也赢
得了来自宾夕法尼亚州中部和西部的支持。

　　1840 年，无烟煤冶铁技术终于成熟，利哈伊吊车钢铁公
司的大卫·托马斯（David Thomas）将威尔士热鼓风技术实用
化，而这个公司就是根据普通公司注册法于 1839 年成立的。
利哈伊吊车钢铁公司在阿伦敦市附近取得的突破，在冶铁界掀
起一股风潮，宾夕法尼亚州东部和中部地区出现了很多使用无

烟煤的炼铁炉。1841 年，距离利哈伊吊车钢铁公司取得的突
破不过刚刚一年，化学家和地质学家沃尔特·约翰逊（Walter
Johnson）就在宾夕法尼亚州发现了至少 11 座使用无烟煤的炼
铁炉，其中至少三座是根据 1836 年法案建立的。他认为"是
整个行业促成了无烟煤炼铁炉的成功，它让宾夕法尼亚州登上
了繁荣的顶峰"。也是在这一年，伦敦银行家在美国的联络人
汇报，冶铁业在使用无烟煤之后，节约了 25% 的成本，而且
"只要用无烟煤的地方，业主就会用最新的改装设备，大家都
认为使用无烟煤生产的铁质量更好"。

在技术创新、企业家的推动和政府推广下，无烟煤冶铁
技术终于主导了美国的钢铁生产。截至 1844 年，使用无烟煤
产出的钢铁在全美价格最低，宾夕法尼亚州无烟煤炼铁炉让
全美钢铁生产量在 19 世纪 40 年代骤增。正如无烟煤主导了煤
炭市场那样，使用无烟煤的熔炉很快成为全美钢铁生产的主
力。从 1830 年到 1860 年，全美铁路长度增加了 10 倍，为铁
轨、火车和其他铁路零件提供了巨大的市场。美国急于满足铁
路对于钢铁的需求，但这个市场早期却被廉价的英国产品占据
先机，这一点在铁轨市场尤为明显。在无烟煤冶铁逐渐崛起的
时候，关税依然保持在较低的水平，这意味着技术的进步取代
了关税的作用，帮助美国各家钢铁公司可以和进口钢铁竞争。

宾夕法尼亚州对于无烟煤冶铁的投资最终为工业经济的
发展作出了贡献。截至 1854 年，全美 46% 的生铁被燃烧无烟

煤的炼铁炉融化，6 年之后，这个数值上升到了 56%。也许无烟煤作为政治和科技因素相互作用的最佳体现，就是它短暂的优势期。从 19 世纪 70 年代开始，随着宾夕法尼亚州柯尼斯维尔丰富的炼焦煤田投产，冶铁业逐渐放弃无烟煤，转而使用烟煤和焦煤。1896 年，无烟煤冶炼的生铁只占到全国产量的 1%。

无烟煤冶铁在 19 世纪初的成功故事，不能完全归功于宾夕法尼亚州 1836 年颁布的法案或者拒绝征税。到了 1846 年，只有 3 家公司是根据 1836 年法案成立的，而这 3 家公司当时共有 36 座无烟煤熔炉，只占整个州无烟煤冶铁业产量的 20%。急于通过无烟煤冶铁赢利的企业家并不会局限于普通的许可证，而是利用了多种组织架构，包括独资企业、有限合资企业和立法机构许可的股份制公司。而州政府通过包括 1836 年法案在内的各种支持，为使用无烟煤作为燃料的企业提供了便利。更重要的是，对于 1831 年煤税提案的讨论意味着，煤炭在宾夕法尼亚州的政治经济中占据了特殊的地位，州立法机构为一场将企业家、科学家和政客联合起来的无烟煤推广活动提供了支持。

模式成型

在无烟煤占领东部沿海市场的时候，里士满盆地的煤炭业在忙些什么呢？简单来说，他们什么都没干。弗吉尼亚州不存在类似宾夕法尼亚州富兰克林中心的机构，当地科学界对煤炭毫无兴趣。州立法人员可能表达了对弗吉尼亚州矿主的同情，但是没有提供太多实际支持。弗吉尼亚州议会的代表要求哈利·赫斯在投票反对查斯特菲尔德县煤炭贸易的时候，不要"过于认真地审查相关内容"。与此同时，宾夕法尼亚州无烟煤独领风骚，而里士满盆地的反应则可说是非常迟钝。1841年，《亨特商业杂志》写道，弗吉尼亚州的煤炭贸易"处于一种轻松、漫不经心、毫无进取心的状态，完全符合旧自治领的精神面貌，我们完全可以想到一句谚语，'年迈的弗吉尼亚州绝对不会累'，而这句谚语完全是基于日常观察总结出的结果"。

从19世纪20年代开始，里士满盆地在美国煤炭贸易中的地位开始衰落。宾夕法尼亚州无烟煤声名鹊起，占据了越来越多的城市市场份额，而里士满盆地烟煤在沿海地区的用量也开始减少（见图2-2）。1836年之后，城市消费者使用的里士满烟煤数量还不及英国进口煤。10年前，纽约、波士顿和费城的煤炭批发商向哈利·赫斯发出无数发货请求，而现在里士满盆地在美国煤炭贸易中的地位却大不如前。由于缺乏应对宾夕法尼亚州推广计划的方案，里士满的矿主发现自己正被逐步赶出市场。

更糟糕的是，关于无烟煤的推荐信中还会附带对比两种煤炭具体特性的证据。对于里士满烟煤最严重的批判在于，它存在自燃的可能。1828年，《宾夕法尼亚州记事报》报道了若

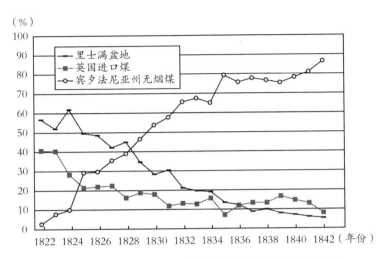

图 2-2　1822 年至 1842 年各产地海陆运输煤炭消耗比

干起储藏室内煤炭自燃的事件，每次报道都小心地标明"弗吉尼亚州煤炭"是罪魁祸首。10年后，《美国科学月刊》以《又一起弗吉尼亚州煤炭自燃事件》为标题，报道了一起类似的事故。由于缺乏科学技术团体进行反制，也没有发表声明驳斥这些论断，里士满煤炭的形象大打折扣，但宾夕法尼亚州无烟煤的名声却不断高涨。

更重要的是，匹兹堡①发生的一切说明，虽然有里士满的经验在前，但当地的烟煤储量对于一座发展中的城市非常重

---

①　匹兹堡（Pittsburgh）位于美国宾夕法尼亚州西南部，是宾夕法尼亚州仅次于费城的第二大城市，曾是美国著名的钢铁工业城市。——编者注

要。随着 1812 年战争影响了宾夕法尼亚州西部和沿海城市的煤炭贸易，匹兹堡的制造业经济依靠价低量足的烟煤继续发展。以匹兹堡为例，1815 年当地钢铁产量的价值是 1810 年的 7 倍。玻璃和青铜的产量增幅也与之类似，而这一切都是基于当地的煤炭储量。1826 年，宾夕法尼亚州西部的烟煤年产量超过了 20 万吨。10 年后，这个数值就超过了 45 万吨。虽然弗吉尼亚州的煤炭因为"质量低劣"而受到影响，但匹兹堡的经验说明，烟煤和无烟煤在地质特性上的差异，并不是里士满盆地衰落的主因。

由于缺乏无烟煤推广活动中的政府支持，像哈利·赫斯这样的弗吉尼亚矿主无法和宾夕法尼亚州的同行在东部市场竞争。19 世纪，弗吉尼亚州的煤炭业因为缺乏技术人员和州政府的积极支持，一直处于苦苦挣扎的境地，而在 19 世纪最初的几十年里，考虑到弗吉尼亚州烟煤所占据的优势，这个情况更为明显。1835 年，里士满地区的煤炭年产量已经超过了 20 万吨，但是在 19 世纪四五十年代，其产量却维持在 10 万 ~14 万吨。内战爆发之后，矿业工程师"再次发现"里士满的煤矿，认为这是一种优质的燃料。他们认为，里士满煤炭的糟糕名声更多是因为当地公司的采矿方法不正确，而不是煤炭的地质特性所导致的。但是，得出这个结论的时间点对于里士满盆地的煤炭贸易来说已经太晚了，里士满再也没有重新夺回 19 世纪初的优势地位。

无烟煤和里士满烟煤在美国煤炭贸易最初几十年的竞争，已经证明私有领域和公共领域的参与方可以影响社会各阶层对于煤炭的需求。随着时间的推移，对于煤炭的需求越来越大，弗吉尼亚州和宾夕法尼亚州的煤矿主开始寻求州政府的支持。19世纪二三十年代，无烟煤的崛起和里士满盆地的衰落，确定了宾夕法尼亚州的强劲势头和弗吉尼亚州的停滞状态。弗吉尼亚州其他地区的矿主为了保证自己的收益，只能向自己的同僚学习，走上不同的道路。就像雅各布·西斯特、富兰克林中心和其他公共激励措施打破了里士满盆地在美国早期煤炭贸易中的优势地位，他们希望州政府的支持可以改变这种漫不经心的模式。然而，两个州所实施的各类内部升级举措、地质考察和公司许可证政策表明，自1812年战争之后，宾夕法尼亚州和弗吉尼亚州独特的政局进一步巩固了自己煤炭贸易的发展道路，而不是对此作出改进。

第三章

树干与树枝：州内网络改良和煤炭贸易

1828 年夏，125 名弗吉尼亚人参加了一场在夏洛茨维尔召开的内部升级会议，这些人大多来自詹姆斯河沿线的各县。前任总统詹姆斯·麦迪逊担任大会主席，参会代表们连续 6 天就州政府资助的交通网络的未来进行了讨论。很多人对旧自治领现存的规模较小的收费道路和运河公司颇为不满。因此，大会的主题就集中在立法机构对于当前各个项目的支持程度上。虽然夏洛茨维尔的代表建议立法机构应继续支持谢南多厄河、罗阿诺克河和波托马克河的升级工作，但詹姆斯河与卡纳瓦河的升级工作却是呼声最高的项目。代表们认为这个升级项目"不仅获得了全州上下的支持，而且这条河的承载力也是众多河流中最高的……从发展弗吉尼亚州和西部经济的角度来说，这条河的潜力最大"。除此之外，随着詹姆斯河完成重组，州政府控制了整个审计计划。代表们估计，从这个计划中获得的路费可以充实弗吉尼亚州的财政，并为其他项目提供支持。他们认为，"弗吉尼亚州积极地选择了这条道路，而且主动为此努力了一段时间"。真知灼见可以为这种坚持正名吗？

夏洛茨维尔的代表为州政府资助的内部升级网络设计了一个巧妙的蓝图。1825 年，纽约州的艾尔运河从奥尔巴尼将哈德逊河、布法罗城和五大湖连接在一起，此时距离项目开工不过 8 年。在正式投入运营的第一年，艾尔运河的运费营收超过了纽约建筑债务的年利息，装载着原木、小麦、小型贵重物品的重型货船，以及追求速度或享受的旅客都会选择这条航线。截至 1837 年，艾尔运河的收益完全还清了纽约修建运河所欠下的债务。这条水道缩短了大宗货物和贵重货物的运输时间与成本。19 世纪 30 年代，从布法罗到纽约市的运费从每吨 100 美元降到了每吨 9 美元。这为纽约州西部各县打开了发展的大门，布法罗、锡拉丘兹（雪城）和罗切斯特也因为临近艾尔运河而受益。更重要的是，艾尔运河作为纽约州政府修建的公共项目，展示出州政府资助的内部升级网络是如何影响经济的。

弗吉尼亚州和宾夕法尼亚州争先恐后地复制纽约州的运河实验，内部升级政策中相互交错的利益，代表了两个州政策制定采取的不同路线。在这两套系统中，煤炭有非常重要的地位。在宾夕法尼亚州，立法机构的开放构架和对于妥协的需求，让各方利益都可以施加影响。尚未开发的无烟煤和烟煤在这种政治格局中发挥着作用，随之而来的公共工程升级将煤炭和市场联系在了一起。来自无烟煤公司的压力，避免了宾夕法尼亚州政府主导的升级项目和个体运煤商发生竞争。为了在修建公共设施的同时能够处理各方利益，宾夕法尼亚州政府积极作出回应，在保证发展的同时，避免发生大倒退。

与之形成对比的是，弗吉尼亚州在制定政策时，只关注包括煤炭业在内的少数派的利益，其中包括改造詹姆斯河和卡纳瓦运河系统，或者通过私人投资将各个运输网络连接起来。詹姆斯河运输网络对沿海地区和泛阿勒格尼烟煤富集区的发展造成了影响，而弗吉尼亚州则因为缺少资本，将私有运河排除在运输网络之外。和哈里斯堡不同，弗吉尼亚州的立法机构并不能满足内部升级中的各方利益。因此，它更倾向于詹姆斯和卡纳瓦运输路线。但是，这种内部发展的差异导致宾夕法尼亚州无烟煤和里士满烟煤之间的差距越来越大，旧自治领西部烟煤地区的发展受到阻碍，而宾夕法尼亚州无烟煤却在顺利发展。

东部与西部：詹姆斯河、卡纳瓦运河和地区政策

弗吉尼亚州西部的煤田和里士满盆地一样，都需要在运输方面进行大量的资本投资，才能提升煤炭产量，并保证自己的产品可以运到市场上。在卡纳瓦谷地，当地的制盐商使用了大量煤炭，但对当地矿主来说，俄亥俄谷地能为自己带来更多利益。举例来说，辛辛那提的一位商人在 1818 年估计，卡纳瓦和俄亥俄两地年平均煤炭消耗量为 116000 蒲式耳。1820 年，

蒸汽船安德鲁·多纳丽号成功沿着卡纳瓦河到达查尔斯顿，这预示着蒸汽船既是煤炭的主要用户，也是重要的煤炭运输手段。卡纳瓦地区的小规模煤炭开采，主要是为了弥补越发稀少的木材，但最终煤炭却成为制盐业的主要燃料。一名西弗吉尼亚地区的矿主雇用的矿工通常不超过 10 人，主要用黑人奴隶作为熟练矿工和普通劳动力。因为最早开发的煤层距离地表很近，在卡纳瓦煤炭贸易早期，很少有煤矿需要排水或者通风系统。很多煤矿属于制盐厂，或者由独立承包商租地开设。

卡纳瓦的煤炭贸易和北方匹兹堡的无烟煤产业相比，有很多相似点。当地企业家采矿满足本地的煤炭需求，然后发现大量可以赢利的煤层，于是增加产量，并开始对外出口煤炭。卡纳瓦谷地和匹兹堡之间只存在一个明显差别。煤炭开采对于卡纳瓦谷地未来的经济发展非常重要，但是作为生命线的卡纳瓦运河却没有得到升级，这片区域也和弗吉尼亚州其他地区分隔开来。运载沉重货物的货船需要比卡纳瓦河自然河道更深的航道。除了开发西部市场，卡纳瓦谷地的矿主还预见了弗吉尼亚州中部和东部制造业带来的市场。矿主认为，如果西弗吉尼亚地区丰富的矿物资源可以送到谷地和沿海地区，那么整个弗吉尼亚州都会因泛阿勒格尼地区丰富的自然资源而获利。因此，州一级的升级工程可以为旧自治领西部煤炭贸易提供巨大的帮助。

弗吉尼亚州西部地区的矿主很快就发现，他们希望沿着卡纳瓦河发展煤炭运输的计划，需要一个东部同行所没有的东西：詹姆斯河公司。但是，随着詹姆斯河公司成为州一级的公司，他们很快就在弗吉尼亚州保守的政局中找到了自己的位置。1812 年，立法部门设立了一个委员会，研究如何利用格林拜尔河和纽尔河，将詹姆斯河与卡纳瓦滨海地区连接起来。委员会之后得出结论，弗吉尼亚州"中部水道对于未来的经济发展具有极高的价值"。根据这份报告制订的计划交给了立法机构，但是 1812 年战争延误了计划的具体实施。4 年后，州议会通过了一项法案，以"通过运河、其他大河以及公共道路提升自治领交通"为目标，设立一个内部升级资金。

随着立法机构内部逐渐接受在俄亥俄河体系内建设一条潮汐运河，詹姆斯河公司开始逐步在州内部获得认可。1820 年，由于詹姆斯河公司未能提升詹姆斯河沿线河道的通信能力，因此不得不进行重组，接受州政府控制。在新的管理层领导下，詹姆斯河公司负责卡纳瓦河从大瀑布到俄亥俄河河口部分的升级工作——修建一条从大瀑布到西弗吉尼亚邓洛普溪口的陆路，以及一条从邓洛普溪到普拉森特岛，平行于詹姆斯河的运河，以提升詹姆斯河普拉森特岛至沿海地区的河道运输能力。立法部门还要求詹姆斯河公司作为代理人，为了自治领的利益完成这些工作，州政府官员每年派遣 9 名专员监督东西两端的工程进度，但同时保留董事会继续管理公司。为了补偿被剥夺的管理权，弗吉尼亚州政府保证原先的持股人在 12 年里享受股票票面金额 12% 的分红，之后则提升至 15%。3 年后，州议会将现任公司总裁换由州长担任，董事会换成了弗吉尼亚州副州长、财政局局长和旧自治领正副审计员。州议会另外指派专员负责詹姆斯河与卡纳瓦河的升级工作。更重要的是，公司所有贷款由弗吉尼亚州背书，公共工程委员会持有公司全部700股股票中的427股。到1823年，詹姆斯河公司已经完全变成了一家公营企业。

虽然发生了这些事情，西弗吉尼亚地区的工业发展依然有不少阻力。与此同时，政治支持的重心开始转向州一级的工程。弗吉尼亚州4个主要地区的白人人口分布差异并不明显，但在代表数量分配这件事上，沿海地区在州议会有75名代表和7名参议员，皮德蒙特地区有58名代表和8名参议员，东弗吉尼亚占据了立法机构62%的席位。卡纳瓦谷地有28名代表和4名参议员，泛阿勒格尼以西地区有52名代表和5名参议员，占据38%的席位。参众两院三分之二的席位被蓄奴的东部地区占据。1828年，大多数拥有投票权的弗吉尼亚白人希望通过制宪会议，把这个问题解决。西部利益团体对于自己在州政府内部升级计划中的实际话语权和州议会的未来表示怀疑。

1829年至1830年，制宪会议很快就发生了分裂。东部代表倾向基于联邦宪法的、混合着自由人和奴隶的人口结构，但西部代表要求州议会只采纳白人男性的投票。除此之外，只有自由人和拥有超过50英亩土地的人，才能拥有弗吉尼亚州投票权的规定，自动剥夺了三分之二至四分之三白人男性的投票权。在 1851 年之前，真正投票的白人只占白人总人口的 6%~9%。鉴于这样的事实，西部代表希望白人男性都能拥有投票权，这不仅可以增加弗吉尼亚白人的投票数，还可以增加西部地区在投票时的话语权。

在为期三个半月的制宪会议上，东部代表态度强硬，甚至暗示要破坏旧自治领的奴隶制。虽然讨论主要集中在是否要将白人男性普选权作为选区划分的基础，东部代表还担心耗费巨大的内部升级计划缴纳的税款会从东部流向西部。这次的会议变成了一场对包括詹姆斯·麦迪逊、詹姆斯·摩尔（James Monroe）和约翰·马歇尔（John Marshall）这样的人的称赞。但到最后，是来自罗阿诺克的约翰·兰道夫（John Randolph）和里士满的本杰明·瓦金斯·利哈伊（Benjamin Watkins Leigh）主导了大会，竭力压制可能的改革。东部的代表推行混合制的代表制度，立法部门选区划分将以州内白人人口和 60% 的黑人人口为基础来确定选区。而支持改革的代表希望根据白人人口数量来确定选区。在讨论过多个妥协性计划之后，大会最终决定组建特别委员会，通过了新的选区划分方案。

大会对州议会的区域划分进行了些许改动，但是权力重心依然在蓝岭山脉的东部。特别委员会将众议院的席位从 212 席降到了 134 席，参议院席位从 24 席增加到了 32 席，同时裁定 1841 年之前不得进行选区重新划定，如果需要进行重新划定，应当得到众议院三分之二的赞成票。1830 年 4 月，新宪法虽然在蓝岭山脉以西没有成功，但还是以 26055 票比 15563 票通过。西弗吉尼亚地区对这种妥协并不满意，1830 年宪法所创造出的保守性框架在接下来的 20 年里，都无法保证弗吉尼亚白人的普选权。白人普选权在 1850 年至 1851 年的制宪大会上才成为现实，但州议会以奴隶和自由人为基础的混合制选区划分一直持续到了内战，这种制度导致了东部蓄奴县的强势和西部各县的弱势。

因此，西弗吉尼亚地区煤炭贸易的未来掌握在东部蓄奴各县控制的立法机构手中。由于缺乏其他由政府允许并得到官方资金支持的运输项目，卡纳瓦谷地的居民严重依赖州政府资助的詹姆斯河公司，这样才能保证通向西部市场的渠道畅通无阻。在19世纪20年代早期，制盐商对于詹姆斯河公司在卡纳瓦河升级方面的不作为，向立法机构请愿，希望巴蒂摩尔和俄亥俄铁路公司修建一条穿过卡纳瓦山谷直达俄亥俄的铁路。东部的代表在1827年曾经成功限制巴蒂摩尔和俄亥俄公司在小卡纳瓦河口以北修建车站，这一次他们又成功了。立法机构的地区投票也驳回了斯汤顿和波托马克公司以及林奇博格和纽尔河公司修建铁路的计划。由于没有其他替代计划，那卡瓦地区的矿主只能依靠詹姆斯河公司。

由于詹姆斯河公司无法满足该地区对于运输的需求，西部地区的矿主完全有理由寻求替代方案。重组之后的詹姆斯河公司同时开展了 3 个计划，以完成从俄亥俄到沿海地区的河道升级。第一个计划位于詹姆斯河上游 30 英里，连通了里士满盆地和梅登瀑布。第二个计划是连接查尔斯顿和位于蓝岭山脉科温顿卡纳瓦收费公路。第三个计划包括卡纳瓦河至俄亥俄的升级工作。公共工程委员会希望来自煤炭贸易的收入可以抵消第一个计划的成本，用收费公路的收入支付第二个计划，而卡纳瓦河道升级的经费则来自运盐的运输费。虽然詹姆斯河公司最终完成了这三个计划，但相关收入高于成本的假设被证明是不切实际的，直至内战爆发，詹姆斯和卡纳瓦运河系统也没有达到艾尔运河的体量。

举例来说，詹姆斯河公司的 3 个计划里，卡纳瓦河升级项目吸引的交通运量是最少的。卡纳瓦河的升级项目使用丁坝扩展水道，通过泄洪道和河道中的低地进一步加深水道。1830年，从查尔斯顿到位于普拉森特卡纳瓦河口的航段升级完成，全程 58 英里。但是，这并不能保证卡纳瓦河的水深可以让蒸汽船随时航行，也不足以保证向俄亥俄地区运输大量的盐或者煤炭。除此之外，公司在卡纳瓦收费公路和河道升级项目上花费的资金是原计划的 2 倍，这让很多矿主和制盐商苦不堪言。里士满盆地矿主的遭遇已经证明，收费道路无法维持不断发展的煤炭贸易，卡纳瓦谷地的居民抱怨自己的需求难以得到满足。很明显，盐和煤炭贸易需要对河道进行进一步翻新和扩宽，而州政府控制下的詹姆斯河公司并未做到这一点。

19 世纪二三十年代，里士满盆地弥漫着对内部升级项目不满的情绪。随着盐价从 1820 年的每蒲式耳 37 美分降到了1826 年的每蒲式耳 12 美分，卡纳瓦谷地的制盐商不得不面对生意规模的萎缩。收费道路带来的高昂成本和詹姆斯河公司不可靠的航运服务，对该区域盐出口业务的未来造成了影响。随着制盐产业陷入停滞，煤矿主们希望继续生产，满足俄亥俄地区和密西西比河河谷的市场需求。虽然矿主多次要求立法机构提供帮助，但州政府控制下的詹姆斯河公司依然将升级工作的重心放在了东部。举例来说，众议院的一个关于道路和内陆航运的委员会提议，应当提升詹姆斯河东部的运费，以补偿西部的运费。但东部代表在地区投票中以高票数否决了这个提案。在他们看来，詹姆斯河与卡纳瓦河的审计项目是公共工程委员会编造的"阴谋"，"通过向商界收取更高的路费，以满足州一级的财政需要，但这是通过对一个群体收税来满足所有人的需求。"

由于詹姆斯河公司在州政府的委托之下负责升级工作，西弗吉尼亚地区的人认识到，在制宪大会上阻挠改革的势力（东部蓄奴势力），也是他们在俄亥俄河谷煤盐贸易中处于弱势地位的原因所在。对于资金的估算报告则进一步支持了这种批评。弗吉尼亚州副审计员提到，1831 年花费在詹姆斯河和卡纳瓦河上的 1300 万美元中，将近 80% 都用在了詹姆斯河从沿海地区到蓝岭山脉的航段。虽然东弗吉尼亚人坚称，自己缴纳了绝大部分税收，就应该享受更多的资助，但和开发一条类似纽约艾尔运河的雄心壮志相比，这种短视似乎是一种倒行逆施。西弗吉尼亚人对此嗤之以鼻。《温切斯特共和党人》在1830年12月发出警告："虽然泛阿勒格尼各县认为，内部升级计划的资金分配是非常合理的，但州内的分裂也是近在眼前的事实。即便这种事情不会立即发生，也是早晚的事情。"

由于詹姆斯河公司没有将俄亥俄河与弗吉尼亚州沿海地区相连，州内运河的支持者敦促旧自治领对整个升级计划采用更有组织的管理，严格控制财务流向。1832年2月，一个与之有关的众议院决议因为57赞成、67票反对的投票结果没有获得通过。这次投票助长了州议会在内战前的基本政策走向，最终导致西弗吉尼亚地区公共工程升级计划的失败。代表们投票支持由公众控制州内运河，意味着弗吉尼亚州公共工程升级计划的规划范围，将包括匹兹堡、里士满、诺福克等冉冉升起的商业中心和其他西部各县。鉴于州内部升级计划通常会得到因为这些公共升级项目而获利的县的投票，所以没有直接从詹姆斯和卡纳瓦水道获利的弗吉尼亚州西北部的十一个县中，却有十个县为州政府控制公共工程的议案投了赞成票，就不得不让人感到非常惊讶了。这个议题中蕴含的意义已经超过了基本的经济利益。在67票反对票中，只有5票来自蓝岭山脉以西的地区代表。绝大多数反对票来自沿海农业区和皮德蒙特各县的代表。投票结果显示了东部蓄奴势力和州政府、城市，以及西部势力团体之间的冲突。如果立法机构选区划分的基础是弗吉尼亚州自由人口的分布，而不是以自由人和奴隶的混合制为基础，那么最后结果可能就与众不同。但是，主导州议会的东部蓄奴势力将公共利益从詹姆斯河与卡纳瓦河项目中完全剔除了。

随着地区争端愈演愈烈，卡纳瓦谷地的煤炭产业不断发展，詹姆斯河公司在 19 世纪 30 年代早期又进行了一次转型。1832 年，立法机构给詹姆斯河和卡纳瓦河公司颁发了执照，并将自治领控制下的詹姆斯河公司股份直接转入新公司。1835 年，个体投资人认购了剩余 60% 的股份。不幸的是，西弗吉尼亚地区的居民对此并不感到兴奋，因为他们对这一切已经再熟悉不过了。由于资金不足和糟糕的管理，卡纳瓦河的升级工作陷入停滞，即便西部代表在州议会上多次提及此事，也无法为詹姆斯河和卡纳瓦河公司争取更多的经费。因此，卡纳瓦河沿线的矿主依然无法介入俄亥俄地区和密西西比谷地的煤炭市场。

弗吉尼亚州糟糕的内部升级计划，导致卡纳瓦谷地无法进入新市场。1835年，卡纳瓦谷地的煤产量已经达到133300吨，却依然只能供应给当地的制盐商。虽然当地制盐商是煤炭的主要客户，卡纳瓦谷地的矿主仍希望可以进入弗吉尼亚州以外的市场。19世纪40年代，俄亥俄和密西西比地区的用煤量开始大幅上涨，俄亥俄河运输量在五年中大幅增长，从1845年的106414吨上涨到1850年的342407吨。卡纳瓦县居民要求詹姆斯河和卡纳瓦河公司对"西边不断发展的州和城市"所处的河段增加投入，并提醒公司主管："我们每年都在为辛辛那提和路易斯维尔，以及俄亥俄河和密西西比河沿线的市镇提供煤炭。"

19 世纪 40 年代晚期，查尔斯顿以东发现了大量烛煤，成为卡纳瓦河沿线地区资源丰富的又一例证。烛煤作为烟煤的一种，可以通过挤压和蒸馏转变为液态，在 19 世纪中期，烛煤用于生产照明用的煤油和润滑油。这项发现给了卡纳瓦谷地居民新的希望，这片地区出现了许多生产煤油的新公司。当地居民向州议会表示，城市居民对于照明用煤油的需求，将在东部产生一个收益颇丰的市场。但是，卡纳瓦谷地依然没有通向弗吉尼亚州内运河位于布坎南的水路终点，因为这一部分从来就没有建成。因此，他们说："我们和州内其他道路，以及其他各县的商路完全隔绝，仿佛我们根本不在落基山地区。"

对于詹姆斯河和卡纳瓦河公司为什么没有在19世纪40年代升级卡纳瓦河，以满足当地煤炭贸易的需求，存在多种可能的解释。也许主管们确实在准备卡纳瓦河的升级计划，但是19世纪30年代末期的金融危机让筹资变得格外困难。詹姆斯河和卡纳瓦河公司还要面对州内铁路计划支持者的反对，铁路可能也占用了升级项目的资金。升级计划的批评者认为，詹姆斯河和卡纳瓦河公司的管理层挥霍了来自公共工程委员会的援助。实际上，该公司的财务情况确实导致了立法机构在19世纪40年代的两次调查，其目的是调查州政府资金是否存在管理不当的情况。詹姆斯河和卡纳瓦河公司在两次调查中都有惊无险，被认定并不存在渎职或者违规行为，但关于公司敲诈和管理不当的指控影响了公司声誉。

但是，考虑到公司和弗吉尼亚州之间的关系，资金管理的调查就显得毫无意义了。在内战之前的这段时期里，确实存在为内部升级计划提供资金的情况，但是州政府与詹姆斯河和卡纳瓦河公司之间的特殊关系，注定了这家公司不会默默退出历史舞台。除此之外，如果州议会和这家公司之间的关系中最显著的特征就是吝啬的话，那么州议会为什么要在1846年提供1500万美元的贷款，以完成布坎南运河的修建工作，通过里士满的码头将运河修到沿海地区呢？詹姆斯河和卡纳瓦河公司大多数时间负债累累，州议会反对派对此火冒三丈也就不难理解了。但是，这也博得了许多立法人员的同情，这就保证了公司在前内战时期可以利用州政府提供的资金来偿还债务。州议会中的反对派否决了全面资助詹姆斯河和卡纳瓦河公司的计划，但是州政府一直参与其中。

另一个可能的答案是政党政治让州议会和公共工程委员会对卡纳瓦河升级计划失去了信心。毕竟卡纳瓦县在前内战时期，一直都是辉格党[①]的堡垒。鉴于州议会在这段时期一直处

---

① 美国的辉格党前身为 1791 年成立的民主共和党。1825 年，民主共和党发生分裂，其中一派在约翰·昆西·亚当斯的带领下出走，改名为国民共和党，1834 年改称辉格党。——编者注

于民主党的控制之下，任何关于詹姆斯河和卡纳瓦河公司、州
议会或者公共工程委员会的党派问题，都会影响到卡纳瓦地区
的利益。但是，这个解释也并不能说明问题。首先，前内战时
期立法机构对于内部升级的投票是一个地区问题，而不是党派
问题。虽然两党制系统于 19 世纪三四十年代出现，并由此产
生了很多颇具争议的事务，但因为内部升级计划而引起的党派
争端却不是很多。在那段时期，弗吉尼亚州的两党制系统也处
于波动之中。弗吉尼亚州的民主党和辉格党在 19 世纪 30 年代
都希望在重大政治事务中确立自己的位置，而党派事务中明
确的党派划分，要等到 1840 年威廉·亨利·哈里森（William
Henry Harrison）的"小木屋"总统竞选中才会出现。因此，
对于詹姆斯河和卡纳瓦河公司问题的投票要早于州议会出现明
确的党派分割。

卡纳瓦河升级计划之所以失败，要归咎于坚持反对西部
矿主的东部代表。虽然西部各县的居民，以及詹姆斯河和卡纳
瓦河公司反复请求，但东部代表主导的立法机构还是没有通过
卡纳瓦河的升级计划。由于巴蒂摩尔至俄亥俄、斯汤顿至波托
马克、林奇堡至纽尔河的铁路都没有在东部代表主导的立法
机构获得通过，西部的矿主们孤立无援。举例来说，1845 年，
詹姆斯河和卡纳瓦河公司的一群股东放弃了只用水路运输的打
算，转而希望修建一条通向查尔斯顿的铁路，而运河则通向
布坎南，河道升级计划则覆盖从查尔斯顿到俄亥俄河的航段。

这份由股东起草的草案要求州政府为卡纳瓦河升级计划提供资金，但是没有通过地区投票。1848年，詹姆斯河和卡纳瓦河公司的总工程师向立法机构"求援"，并表示卡纳瓦河升级计划需要资金支持。他写道："煤炭贸易产生的利润无法计算，农业区的富饶程度远超州内其他地区，仅凭以上两点就应该考虑卡纳瓦县爱国民众的诉求，他们不应当被继续无视。"詹姆斯河和卡纳瓦河公司的董事会也同意这位工程师的观点，他们要求州政府拨款60万美元修建一套船闸系统，让蒸汽船可以在卡纳瓦河航行，以"开发煤矿中的财富"。州议会还是没有批准这个计划。1850年，自治领估计詹姆斯河和卡纳瓦河公司为了完成升级计划，已经花费了516万美元，但卡纳瓦地区的工程进度只完成了3%。

由于立法机构的地区势力依赖于选区，所以当煤炭贸易因为东部代表主导的立法机构而受影响时，卡纳瓦县成为弗吉尼亚州选区改革运动的中心之一。在1831年至1832年州议会的讨论中，随着一场关于旧自治领奴隶制未来的讨论落下帷幕，弗吉尼亚州的地区对立愈演愈烈。与此同时，反蓄奴势力几乎通过了逐步解放奴隶的提案。随着奴隶解放几乎成为定局，很多东部大奴隶主都认为西部的改革派仅次于新英格兰废奴主义者，对弗吉尼亚州"奇特制度"的未来造成了威胁。西部的改革派拒绝承认他们会释放奴隶，或者平等地对待自由黑人，他们想要的不过是弗吉尼亚白人之间的平等。1841年，本杰明·H. 史密斯、乔治·夏默思和斯派塞·帕特里克在州议会代表卡纳瓦县，提交了一份长篇请愿书，要求给所有白人男性普选权，重组立法机构。他们说："东部大部分代表和议员都认为应当确保当地奴隶主的安全，而且下大力气提醒他们，如果让西部势力渗透立法机构，可能会出现各种危险。"请愿者认为，卡纳瓦县在 1840 年有 2560 名奴隶，占全县将近20% 的人口，东部代表没有理由怀疑所有的西部代表都和废奴主义者同在一条战线。卡纳瓦县的请愿者坚称"政府不可能给不同种族的人同等的权利"，而且因为"只有白人才能享受政治权利"，他们不可能和北方的废奴主义者有任何共同利益。

但是，不能只用奴隶制来解释这段时期所有地区之间的紧张关系。东部代表也许相信西部代表同意保留奴隶制，但是，他们不能容忍西部居民试图将从东部收来的税用于西部的发展建设项目。选区改革和财政项目也相互影响。1842 年，一个众议院委员会被组织起来，讨论是否需要重新划分选区，以"反映白人人口的分布"，同时申明 1830 年大会上的妥协策略是"为了保留一种无法延续的地区优势，我们不能否认这一点"。众议院委员会中的东部代表发表了自己的少数派报告，他们认为州议会选区的调整将会影响自己的产权。东部代表认为："政府应该保护人和财产，它应当出于利益和必要性调整自己的组织形式。"毫无疑问的是，这种不安来自将税收收入用于类似卡纳瓦河升级计划等有利于西弗吉尼亚地区的项目。

为了保护自己的财产，东部代表认为："我们有平等的人权和更多的产权，其中一些权利在我们的社会中是独一无二的，我们在社会中的比重更高，应当有更多的权力，并获得相应的保护。"他们对来自西弗吉尼亚地区的同行说："这并不是有意排除个人普选权，但如果牵扯到政府内部项目交错的各方利益时，还是应当按照规矩办事。"

西弗吉尼亚地区的工业发展和更公平的选区分配走到了一起，前内战时期弗吉尼亚州的政治改革和内部升级的联合并非偶然。实际上，卡纳瓦地区的煤炭贸易和前内战时期的选区重组高度重合。很多支持选区重组的社区领导人也支持詹姆斯河和卡纳瓦河公司的计划。针对这两个项目，西弗吉尼亚地区的居民都认为正义和爱国主义支持着自己。大多数西部代表都认为，重新划分白人选区并不会影响各个地区的利益，反而会将旧自治领团结起来。一位坚持让州政府为詹姆斯河和卡纳瓦河公司提供更多资金的代表认为："如果弗吉尼亚人坚持狭隘自私的政策，只在乎自己地区的利益，那么周围的邻居就会将弗吉尼亚州远远抛在后面。"鉴于许多西弗吉尼亚人手中的奴隶对于盐和煤炭贸易来说非常重要，卡纳瓦地区的改革者也质疑奴隶选区划分的合理性，而不是奴隶制的合理性。但里士满地区并没有注意到这种区别。

1851 年的宪法通过赋予所有白人男性投票权，并承诺在 19 世纪 60 年代进行州议会改革，在一定程度上缓解了地区之间的紧张关系。东部代表并没有因为 19 世纪 50 年代的政治改革放弃对于西弗吉尼亚地区可能破坏以奴隶制为基础的农业的疑虑，而西弗吉尼亚地区的白人依然认为，东部的同胞相信保存奴隶制远比维护民主宪法更重要。由于河道升级依然没有完成，俄亥俄河上游的竞争对手在盐和煤炭贸易上占据优势。因此，卡纳瓦县的烟煤产量在 19 世纪 50 年代大幅下降。图 3-1 展示了卡纳瓦地区煤炭产量的变化。

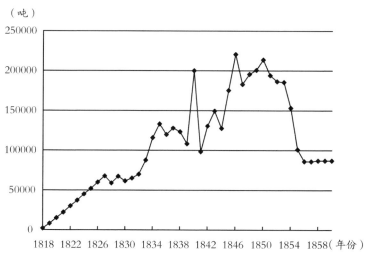

图 3-1　1818 年至 1860 年卡纳瓦县的烟煤产量

　　实际上，詹姆斯河和卡纳瓦河公司对于卡纳瓦河升级计划的不作为，是西弗吉尼亚地区煤炭贸易在前内战时期的主要障碍之一。个别私人公司希望开发烛煤，但是收效甚微。19 世纪 50 年代，拥有采矿权和运输权的采矿生产型公司出现在卡纳瓦谷地，但他们也受制于詹姆斯河和卡纳瓦河公司。很多公司都承认，卡纳瓦河河道是个大问题。1857 年，旧自治领煤炭钢铁开采和生产公司的一艘平底船在卡纳瓦河触礁沉没，损失了 10000 蒲式耳煤炭。詹姆斯河和卡纳瓦河公司的卡纳瓦河升级计划进展缓慢，当地矿主难以筹集资金，吸引投资者。举例来说，1857 年夏，约翰·巴里（John Barry）在纽约为卡纳瓦县佩特溪煤炭公司筹款。对巴里的雇主来说，卡纳瓦河煤炭贸易的巨大潜力是最大的卖点。但是，当巴里听到卡纳瓦河升级计划陷入了"等待立法机构干预的僵局"时，他难过地通知矿主克里斯托弗·夸尔斯·汤普金斯（Christopher Quarles Tompkins）："我认为佩特溪煤矿公司现在不得不维持现状。"筹集资金的努力已经失败，一年之后，巴里对汤普金斯说："在河道升级计划完成之前，佩特溪地区不可能有任何发展。"

前内战时期的卡纳瓦河升级计划充斥着不和谐、不信任和失之交臂的机会。1858年，州议会回应了关于建立一个由卡纳瓦当地居民独立组成的卡纳瓦管理委员会，监督卡纳瓦河未来的升级计划。卡纳瓦管理委员会中的两名成员是该地区新兴煤炭公司的代理人，他们关于发行公债来为河道升级筹集资金的计划，意味着卡纳瓦地区的矿主开始采取全新的行动。詹姆斯河和卡纳瓦河公司于1859年试图否决这笔贷款，撤销管理委员会监督在自己辖地内开展建设的权利。州议会最后选择支持卡纳瓦管理委员会，批准使用詹姆斯河和卡纳瓦河公司30万美

元的股份，用于卡纳瓦河河道升级计划。但是，在升级计划完
成之前，内战终结了弗吉尼亚州政府在卡纳瓦河升级计划中扮
演的角色。

旧自治领州政府资金资助的审计项目倾向于沿海地区和
皮德蒙特地区，而不是处于萌芽阶段的工业区。州议会并不平
等的选区划分让这个政策成为现实，这也符合州政府的保守倾
向。在弗吉尼亚州的地区争端中，詹姆斯河和卡纳瓦河西部的
煤炭贸易遭受了损失。弗吉尼亚西部地区的矿主发现，自己无
缘前内战时期诱人的俄亥俄和密西西比市场。但可以明确的
是，保守的州政府在经济发展中扮演的角色，在地区政治中受
到了影响。

前内战时期的弗吉尼亚州议会一直进行着一场零和游戏，
一个地区的胜利意味着另一个地区的失败。有些东部代表将西
弗吉尼亚地区的发展看作对自己经济利益的威胁，他们利用多
数席位的优势，否决西部代表提出的内部升级计划。这种不信
任在某种程度上可以看作对奴隶制未来的担忧，但是正如他们
对于奴隶制的讨论一样，前内战时期弗吉尼亚州的地区争端，
大多可以被认为是对"发展"的不同理解。阿勒格尼山脉以东
的弗吉尼亚人担心，西部各县不断强化的经济特权，会导致更
多的资金用于远离他们势力范围的升级计划，增加对奴隶的税
收。虽然像亨利·怀斯（Henry Wise）这样的西部蓄奴政客，
对消除关于弗吉尼亚州奴隶制未来的担忧起到了一定作用，但

地区争端在1850年至1851年宪法改革之后并没有结束。因此，东部势力对诸如卡纳瓦煤炭贸易的破坏，并没有像对于弗吉尼亚州政体的未来设想一样，引起太多关于奴隶制的争议。

主线，支线，还是两个都要？
宾夕法尼亚州的实践

乍看之下，宾夕法尼亚州的地理特征也会产生与弗吉尼亚州公共工程项目类似的问题。宾夕法尼亚州的山脉将整个州分成多个特色鲜明的地区，每个地区都有不同的市场：费城专注于东部沿海贸易；匹兹堡专注于俄亥俄谷地不断发展的贸易；宾夕法尼亚州中部地区希望和北部的纽约和南部的巴蒂摩尔连在一起。但是，宾夕法尼亚州反应迅速的州政府在州内部设施升级工作中扮演了重要的角色。弗吉尼亚州滨海地区和皮德蒙特地区的代表牺牲了西部地区的利益，在州议会中行使权力。而宾夕法尼亚州的代表在为各地区的利益相互竞争时，更倾向于保持平衡，通过妥协创造一个覆盖面更广、结构更臃肿、效率较为低下的公共工程项目。对于宾夕法尼亚州的煤炭贸易而言，需要将还没有开发的煤田和城市市场连起来，增加州内部的煤炭运输量，避免和已经存在的东部无烟煤运河和铁路发生竞争。因此，宾夕法尼亚州的公共工程成为体现立法机构灵活的政策治理能力的最佳例证：优点是有利于发展煤炭贸易，缺点是具有野心的项目几乎在州内破产。

出于和弗吉尼亚州詹姆斯河及卡纳瓦河航道同样的初衷，宾夕法尼亚州也启动了一个由政府资金支持的升级项目。在18世纪晚期和19世纪早期，州政府在运输项目中扮演了非常有限的角色。从1785年开始，立法机构通过法案，升级钱伯斯堡至匹兹堡的收费道路。宾夕法尼亚州主要通过私人公司完成升级工作，偶尔会购买这些公司的股票。19世纪20年代，宾夕法尼亚州收费道路和运河系统的覆盖面积位于美国前列，这样的成就大多是由私人企业和公私联合投资完成的。1822年，收费道路通过认购和拨款，累计获得640万美元的资金，其中180万美元来自宾夕法尼亚州财政局。一年后，宾夕法尼亚州内部升级项目又获得1050万美元的投资，其中230万美元来自公共资金。

纽约州艾尔运河的经验已经说明，为了开发西部市场，协调有序的大规模项目已经成为必需。1825年10月，当连接五大湖的水道完工后，纽约州可能统治美国东西部贸易，这对许多费城商人来说是不可接受的。马里兰州南部积极建设收费道路和运河，将巴蒂摩尔河与俄亥俄连为一体，这影响了费城的商业利益。为了应对艾尔河取得的成功，哈里斯堡的立法人员于1824年5月通过了一项法案，指派了3名政务官研究匹兹堡至费城之间可能的商路。这份报告于1825年2月完成，内容包括建议立即修建一条从匹兹堡到费城的运河。按照委员会的说法，这个项目带来的收入"可以支持政府和州内所有儿童的教育费用"，为州经济的发展提供助力。这份报告为宾夕法尼亚州以艾尔运河体系为参照，进行州内部的升级工作打下了基础，而这些工程又被称为宾夕法尼亚州的"州内工程"。

州内工程于 1826 年在政治层面开始讨论，但最终成形的时间是在两年后。学会等组织为在宾夕法尼亚州内部建立一条主干线提供了理论依据，宾夕法尼亚州立法机构的结构为那些希望用州内工程为自己的选区带来便利的代表提供了发声渠道。在这种斗争中，党派隶属让位于地区归属，代表们为了自己的选区能被州内工程覆盖而不停地争论。宾夕法尼亚州南部各县并不欢迎主干线的方案，因为如果在这里修建一条主干线，会分流切萨皮克和俄亥俄运河的运输量。萨斯奎哈纳河谷上游的居民，以及北部支流中的一些煤炭从业人员也认为，1826 年的计划无视了这片区域中丰富的矿物资源。这些团体和其他不在主干线覆盖范围之内的各县形成了一个团体，在立法机构中投票反对州内工程的项目。

弗吉尼亚州的地区争端否决了州内部的升级工作，宾夕法尼亚州关于内部升级的政治斗争则导致州内工程设计了多条支线运河。支线运河将和主干线东西走向的地区连接起来，并起码暂时平息了对州内工程的反对意见。在 19 世纪 20 年代晚期和 30 年代早期，立法人员因为运输的问题分成了两派。"主干线派"认为，连接宾夕法尼亚州最东端和最西端的主干线最重要，"支线派"则认为相互连接的交通网络才是州政府资助的升级工程的真正价值所在。但是，双方都认可州政府资助的审计项目，认为这种工程可以保证州未来经济的发展。因此，他们达成一个协议，设立运河委员负责建设主干线的同时建设支线运河。虽然这些二级项目会分流主干线项目的资金和组织资源，影响主干线项目的最终完工时间，但为了哈里斯堡主干线项目可以获得立法机构足够的支持，这么做又是必要的。主干线派的马修·卡里（Mathew Carey）在 1831 年写道："为了确保主干线项目可以获得多数支持，应当支持一些少数派项目。"

州内工程中主干线和支线项目相结合的情况，成为立法流程中典型的"互助选票"，不同的利益团体在一个法案中支持对方的计划，以此获得尽可能多的支持并保证法案的通过。宾夕法尼亚州的立法机构经常出现关于内部升级项目资金、离婚、养老金、收费道路股份认购和其他各种事务的法律文件。立法机构的成员无法单独就这样一个"公共法案"投赞成或者反对票，因此会将投票的重心转向通过法案上。宾夕法尼亚州1838 年的宪法改革，通过将每次投票限制到一个文件中，有效阻止了正式的互助选票。但是，立法人员承诺为彼此的法案投票的非正式互助选票却延续到了今天。因此，很多当代人和历史学家将互助选票看作各州升级项目中政府产生浪费和腐败的主因。从宾夕法尼亚州州内工程开始，这种非正式的互助选票就破坏了效率，并导致项目的财务失败。

毫无疑问的是，互助选票影响了州内工程主干线的按时完工。但是，和弗吉尼亚州同时期因为地区争端而导致的项目瘫痪相比，宾夕法尼亚州的州内工程从政治层面上讲无疑是成功的。宾夕法尼亚州和弗吉尼亚州不同，前者为了应对人口变动并代表前内战时期州内部的白人人口，会定期调整立法机构的选区划分。选区划分中的公平性确保宾夕法尼亚州的立法机构相互妥协，任何一个地区或者团体都不可能收集足够多的选票，让众议院或者参议院接受他们的提案。代表们会用一种平等主义来对待这种去中心化的结构，但这让情况进一步复杂。在他们看来，一个内部升级项目不是一种特权，而是一种权利。在大举进行运河建设的 19 世纪 30 年代，这种模式在北部各州非常常见。

互助选票并没有变成发展的阻碍，而是将州内工程从宾夕法尼亚州参议两院的一项复杂多样的事物，变成一个实际的计划。州内工程的通过不仅需要正规的政策制定流程，也经过了大量的非正式谈判，但这些都是民主政治的组成部分。毕竟，州内工程的最终成果对主干线派和支线派都有利。马修·克里这样的内部升级计划的支持者认为，"这种所谓的'互助选票'是妥协精神的产物，只有在它用于获取不正当利益或者不正当目标，以及为了某种阴谋或者满足一方势力的时候，才显得非必要。"为了修建更多的支线运河而牺牲主干线的经济收益和速度，最终从政治层面上拯救了州内工程，其部分原因是为了发展宾夕法尼亚州的煤炭贸易。

关于州内工程的讨论经常涉及煤炭贸易。主干线派和支线运河的支持者会以无烟煤运河为基础，支持大规模的运河体系。举例来说，众议院筹款委员会的报告曾经提及，斯库基尔运河公司用煤炭保证州政府运营的运输体系的财政稳健性，并提到了"宾夕法尼亚州无限的矿物资源"。委员会提醒众议院的代表们，"用于支撑运河的财富并不是埋在地下，也没有长翅膀飞走"。支持者也利用斯库基尔和利哈伊运河的案例，强调产煤区和内部升级计划之间的关系。当有人怀疑州内工程不能立即产生收益时，这种论点对运河管理委员会就很有利了。

州内工程最初的支持者还引用了英国的案例，认为宾夕法尼亚州也会采取类似的发展道路。他们认为，运输煤炭的支线运河将为主干线提供早期业务，为州内工程沿线的铁、盐和其他工业提供帮助。正如英国的经济实力建立在煤炭之上，公共工程升级计划的支持者认为，宾夕法尼亚州也可以这么做。纽约州缺乏煤炭资源的事实，让政策制定者更青睐这种充满爱国主义的论点。马修·卡里经过计算，得出英国人均煤炭消耗量接近 1 吨。他希望宾夕法尼亚人的煤炭消耗量也可以达到这个水平，通过未来的路费收入为"宾夕法尼亚州的运河打造美好的未来"。卡里写道："一想到宾夕法尼亚州丰富的煤炭资源可供未来使用，就不禁让人感到兴奋。"

1835 年，州内工程开始成形。工人们在这一年完成了匹

兹堡至费城 350 英里的主干线运河，消耗经费估计为 1200 万
美元。虽然最初只是一条运河，但州内工程的主干线实际包含
陆路和水路运输。东西走向的主干线以一段连通费城和哥伦比
亚的铁路开始，沿着萨斯奎哈纳河向东可以到达朱尼亚塔河
谷，主干线的终点位于宾夕法尼亚州中部山地的霍利迪斯堡。
阿勒格尼铁路运输是一套颇有创意的运输系统，它通过固定式
蒸汽机将列车拉上坡地，这套系统将霍利迪斯堡和约翰斯顿连
接在一起。最后，运河西段通过若干条河流最终到达莫农加希
拉河，连通了从约翰斯顿到匹兹堡的 104 英里路程。主干线沿
着阿勒格尼河横穿宾夕法尼亚州西部的烟煤产区、匹兹堡东北
部，以及宾夕法尼亚州中南部的布洛德托普地区。

　　州内工程和其他十条支线运河中，有三条对宾夕法尼亚
州的煤炭贸易非常重要，但只有其中一条吸引了来自个人竞争
者的关注。首先，北部支流（1834 年完工）沿着萨斯奎哈纳
河修建，最终到达拉克瓦纳溪，通过萨斯奎哈纳河将主干线
运河和北部无烟煤煤田连通到一起。西部支流（1835 年完工）
将萨斯奎哈纳河延伸到宾夕法尼亚州中北部的西部烟煤煤田。
德拉瓦尔支流（1832 年完工）提升了利哈伊煤炭运河公司从
伊斯顿到费城以北 18 英里处布里斯托镇的运力。前两条支线
运河将宾夕法尼亚州的偏远地区和中心市场相连，反映出州内
工程中的政治因素。德拉瓦尔支流让宾夕法尼亚州可以接入不
断增长的利哈伊河运量，利哈伊煤炭和运河公司对此非常恼

火。宾夕法尼亚州州内工程与利哈伊煤炭和运河公司之间可能存在的竞争，对于斯库基尔地区的采煤业来说是一件好事，而支持德拉瓦尔支流的人也利用利哈伊煤炭和运河公司的河道升级计划为自己的项目辩护。鉴于立法机构已经授予利哈伊煤炭和运河公司煤炭开采和运输权，德拉瓦尔支流运河的支持者认为，应当再给利哈伊地区的矿主一条通向市场的路线。

州内工程的诞生，证明了宾夕法尼亚州立法机构在各个经济利益团体之间进行妥协的必要性，但这项工程并没有立即取得优异的表现。首先，州内工程缺乏坚定的领导。从理论上说，由三名政务官组成的运河管理委员会负责监督整个州内工程。但在州内工程完工之前，立法人员发现自己建立了一套容易出错，而且很难进行改革的机构。根据 1833 年委员会的报告，"虽然不存在腐败的可能"，但因为缺乏有层次的管理，"所以很难发现整个体系中存在的问题"。州内工程施工期间，关于合同分配、支付方式和其他弊端的投诉层出不穷。来自少数派的立法人员还将这些问题公之于众。和主干线派与支流派之间的斗争不同，党派斗争在这件事上对州内工程造成了影响。因此，州内工程的管理机构从始至终都显得力不从心。

州内工程的政治内核，体现出宾夕法尼亚州政府为了提振自己的煤炭工业，不惜花费大力气。当三名政务官汇报称，州政府所有的费城和哥伦比亚铁道公司的火车在 1835 年烧掉了 6000 美元的木材，以及不到 1000 美元的焦炭和烟煤时，无烟煤势力团体开始采取行动了。1838 年，州长约瑟夫·雷特纳宣布"使用无烟煤作为燃料，在火车引擎中产生蒸汽的实验已经成功"，费城和哥伦比亚铁道公司购买了若干台使用煤炭的引擎。虽然使用无烟煤的引擎很受政客欢迎，但是费城和哥伦比亚铁道公司发现它并不实用，于是继续使用木材和烟煤作为燃料。从政治角度来说，在州内工程中使用无烟煤作为燃料的引擎非常有吸引力，但是设计缺陷和效率问题让这个想法毫无前途，可是州政府依然为此花费了几千美元。私人所有的费城和雷丁铁路公司也使用了燃烧无烟煤的引擎，但这是 19 世纪 50 年代的事情了。

像无烟煤蒸汽引擎这样的问题，让政治私利和财政实力之间的矛盾愈发明显。在主干线运河开通后，1837 年的经济危机让通过贷款和信贷为州内工程付款的可能愈发渺茫。因为选民深陷经济危机，哈里斯堡的立法人员拒绝大幅增税（其中包括煤税），只通过了一些从政治角度来看较为安全的措施，其中包括对股票分红、家具、奢侈品和州政府职员工资的轻度加税。最终，立法机构发现财政危机不可避免。1842 年，宾夕法尼亚州暂停向债权方支付利息，因为财政情况已经不允许他们这么做。众议院筹款委员会的成员报告称，宾夕法尼亚州长期欠款总额为 3800 万美元。"繁荣的日子似乎一去不复返了，我们现在得依靠自己的资源了。"州政府破产的可能性掩盖了税收的政治后果。1844 年，大卫·雷腾豪斯·波特（David Rittenhouse

Porter）启动了一个更为极端的计划，宾夕法尼亚州将对个人和不动产收税，"以此筹集足够的资金支付公共债务的利息，确保州政府正常运作"。

随着债务失控和控制债务的极端方案的提出，公众对于州内工程的支持也开始衰退。1840 年，运河政务官在年度报告中承认，在州内工程项目早期"是无法立即产生收益的"，州内工程中的一些项目"并没有采用最稳妥、最具有经济性的计划"。但是，为了拯救州内工程越发糟糕的声望，他们也承认运河项目将造福"当前没有覆盖到的产煤和产铁区"，农业和工业也会因此受益。在同一场会议中，内陆运河和内部升级委员会的成员建议冻结州内工程的"疯狂事业"，"给宾夕法尼亚州一段时间，恢复糟糕的财政"。与州内工程的早期境遇形成反差的是，委员会成员认为"爱国的公民会同意在短时间内暂停这些项目，让他们的家园能够从这座迷宫中脱身"。

巨额的公共债务和州内工程无法在短时间内赢利的事实，让它作为公共投资的受欢迎程度不断下降，立法机构考虑对其进行清算处理，以便恢复民众对宾夕法尼亚州信贷的信心，减轻建设和维护项目造成的财政负担。而连接费城和匹兹堡的主干线运河，作为州内工程的核心，它的出售工作却漫长而充满争议。1844 年，一份质疑出售主干线运河的公民决议，以 2 万多的票数获得了通过。也是在这一年，一份批准以 2000 万美元出售费城至匹兹堡航段运河的法案获得通过，任何一家私人公司都不会为一条需要花费 1600 万美元才能建成的运河付钱。1846 年成立的宾夕法尼亚铁路公司最终成为可能的买家。该公司的铁路和主干线运河基本保持平行，而且公司主管因为公司铁路和州内工程争夺运量，不得不向州财政局缴纳吨位税，而一直颇有微词。

1854 年，宾夕法尼亚州将出售价格降至 1000 万美元，1857 年接受了宾夕法尼亚铁路公司 750 万美元的报价。公司主管同意再支付 250 万美元，以此免去吨位税，但是宾夕法尼亚州法院却宣布此举违宪。19 世纪二三十年代，爱国主义狂热逐渐消退，立法机构对于公共交通投资的态度也今非昔比。参议院财政调查协会 1858 年提出："我们完全可以进行如下假设，宾夕法尼亚人民对由州政府提出的任何升级项目，无论这种项目是当下的，还是未来才会出现的，都没有展现出足够的信心。"该委员会认为："州政府主持的内部升级项目无法成功或保持赢利，对于财政局来说，这些项目没有产生收益，反而是净支出。出于对公共福利的保障和对人民的尊重，应当立即出售这些项目。"

宾夕法尼亚州的州内工程虽然从政治层面已经破产，但确实有助于开发几处最有价值的煤田。主干线的西部支流于 1830 年在约翰斯顿完工，为柯尼莫和阿勒格尼河沿线的印第安纳州威斯特摩兰和阿姆斯特朗各县的小规模无烟煤开采企业提供了帮助。连接匹兹堡和烟煤煤田的西部支流，巩固了匹兹堡作为烟煤通往俄亥俄州和密西西比河谷的集散中心的地位。
1834 年，西弗吉尼亚地区的矿主开采了 380000 吨煤，相较
于 1829 年提升了 35%。而这时距离西部支流建成还有一年时
间。也是在这一年，《尼尔斯记事报》估计每年有 10 万美元的
煤炭顺着俄亥俄河离开匹兹堡。这种生机勃勃的贸易很大程度
上要归功于州内工程将多个区域联系在一起。匹兹堡成为煤炭
出口区的核心港口，而卡纳瓦谷地的矿主因为被弗吉尼亚州内
部升级计划边缘化而苦不堪言。匹兹堡的煤炭贸易在 19 世纪
三四十年代的蓬勃发展，更多要归功于政治因素，而不是自然
因素。

宾夕法尼亚州中部开辟的新无烟煤煤田，则是宾夕法尼
亚州州内工程对煤炭贸易影响力的又一个例证。在萨斯奎哈纳
到今天布莱尔县的霍利迪斯堡的航线上，矿主利用这条航道将
煤炭送往东边，1840 年之后，还可以通过萨斯奎哈纳至沿海
地区的运河将煤炭送到切斯皮克湾。布莱尔县附近的煤炭产量
从 1836 年的 4000 吨上涨到 1839 年的 31000 吨，在三年的时
间里上涨了 675%。霍利迪斯堡最完整的煤炭运输记录显示，
从宾夕法尼亚州中部通过州内工程运输的煤炭，从 1843 年的
16251 吨上涨到 10 年后的 53977 吨。

除了主干线运河，支线运河为产煤区和宾夕法尼亚州的
市场中心提供了持续的交通联系。为了开发北部或者怀俄明州
丰富的无烟煤煤田，这个方向上需要至少一条运河。北部支线

运河于1834年完工，连接萨斯奎哈纳河畔的诺桑伯兰到威尔克斯巴里以北10英里的旧炉大坝，运河管理专员为了照顾偏远地区，设置了一个运费费率上限，进而推动了萨斯奎哈纳地区的无烟煤贸易。因此，越来越多的无烟煤通过北部支流运输，这就促进了威尔克斯巴里的煤炭产量提升和北部支流的路费收入。实际上，和其他北方无烟煤煤田的运输商相比，德拉瓦尔和哈德逊运河公司在北部支流运河与其他私企的竞争令人满意。表3-1展示了北部煤田从博尔维克运输的煤炭量和在总产量中的占比，以及德拉瓦尔和哈德逊运河公司从霍内斯代尔运输的煤炭总量。因为州内工程煤炭运量的数据并不完整，关于博尔维克有据可查的资料只存在于1844年至1849年。尽管如此，这些数据说明在北部无烟煤煤田的发展中，公有和私有运输商都作出了自己的贡献。

表 3-1　北方无烟煤区的公共和私有运输商运量表

运量和占比	1844 年	1845 年	1846 年	1847 年	1848 年	1849 年
北部支流运河煤炭运量（吨）和占比	116018 23.8%	178401 29.7%	188375 27.4%	429033 52.6%	237271 26.2%	259080 26.8%
德拉瓦尔和哈德逊运河公司煤炭运量（吨）和占比	251005 51.5%	273535 45.5%	320000 46.5%	386203 47.4%	437500 48.3%	454240 47.0%

但是，北部支流运河的维护费用实在是太高了。运河管

理专员无法回绝利哈伊煤炭和运河公司修建连通威尔克斯巴里的铁路的请求。19 世纪 40 年代，向北部无烟煤煤田延伸的德拉瓦尔和哈德逊公司的运河和铁路，也开始分流北部支流运河的运量。在州政府的运营之下，北部支流运河创造了 130 万美元的净收入，使它成为少数盈利超过成本的支线项目之一。在州政府的运营之下，鲜有能够盈利的支线运河项目。举例来说，在 1858 年出售之前，西部支流运河的花费远超收入，差额达到 150700 美元。海狸溪和福莱斯溪支流运河分别损失了 172048 美元和 138092 美元，前者的亏损达到了原收入的三分之一。1845 年之后，州政府移交了支线运河管理权，这期间产生了更多的损失。除创造了净收入外，北部支流运河是最成功的支线运河之一。它成功助力了新的无烟煤产区的发展，还将不少北方无烟煤煤田的运量转移到了宾夕法尼亚州。

在州政府控制期间，另一条对宾夕法尼亚州无烟煤产业影响重大的运河是德拉瓦尔运河。利哈伊煤炭和运河公司向立法机构请愿，希望得到授权，以便在 19 世纪 20 年代继续升级德拉瓦尔运河。但是立法代表认为，这可能会让利哈伊煤炭和运河公司垄断宾夕法尼亚州东北部的运输。运河管理专员批准该公司于 1827 年在德拉瓦尔河沿线进行勘测，并在同年开工。1832 年，宾夕法尼亚州将利哈伊煤炭和运河公司位于伊斯顿的南部站点和德拉瓦尔河的布里斯顿连在一起。虽然运河管理专员希望让德拉瓦尔支线运河变成利哈伊煤炭和运河公司运河系

统的延伸，但运量的问题确实是无法忽视的。利哈伊煤炭和运
河公司的运河设计通行 100 吨的货船。德拉瓦尔支流运河的设
计标准上限是通行 67 吨的货船，但 1841 年只能通行 55 吨至
60 吨的货船。这种低容量的运河让运煤船难以从利哈伊煤炭和
运河公司的运河进入州政府的运河，这就增加了利哈伊地区煤
炭通过公用运河运往费城的成本。不仅如此，德拉瓦尔支流运
河还存在水量不足的问题。春季洪水破坏了运河，而旱季的运
河水位不足 5 英尺。

但是，德拉瓦尔运河设计上的失误不过是支线运河众多
问题中的一部分。纽约州、宾夕法尼亚州和新泽西州对于德拉
瓦尔运河运量之间的政治斗争，最终导致了这个计划的失败。
宾夕法尼亚州运河管理专员对于任何可能让运量转移到邻近州
的行为都非常警惕，希望保持德拉瓦尔河在州际运输中的优势
地位。举例来说，管理专员拒绝在布莱克艾丁修建一个外通船
闸，让德拉瓦尔运河与新泽西州的德拉瓦尔河部分和拉里坦运
河相连。结果，原本通向新泽西州的运煤船不得不通过德拉瓦
尔运河前往布里斯托，然后再顺着德拉瓦尔运河到达拉里坦运
河。即便管理专员在 1846 年同意修建船闸，他们依然对前往
布里斯托的船收取同等路费。运河管理专员希望他们可以从利
哈伊煤炭贸易中获益，但是德拉瓦尔运河项目还是失败了。

在宾夕法尼亚州承担了测绘和初期建设费用之后，一些
支流运河被证明对煤炭贸易非常重要，这说明州内工程在破产

之后依然对宾夕法尼亚州的煤炭贸易有巨大价值。举例来说，艾尔运河延长段全长 106 英里，连通了舍纳格河与艾尔湖，工程造价达 300 万美元。1842 年之后，多份请愿书要求放弃昂贵的州内工程计划，而艾尔运河延伸段的维护者认为，该地区的煤炭贸易"尚处于胚胎期"，未来的发展将"很有可能发现现在仍未知的煤矿"。支持艾尔运河延伸段的人还提交了关于布法罗和周围地区煤炭需求的详细报告，并承诺单纯是蒸汽船油料这一项，"就可以让我们忙活好一阵子"。对于处于财政困难期的宾夕法尼亚州而言，这种预测报告并没有得到太多欢迎。1843 年，宾夕法尼亚州将艾尔支线运河交给艾尔运河公司，终止了艾尔湖煤炭贸易中的公共投资。在 19 世纪 40 年代晚期和 50 年代早期，匹兹堡至艾尔湖的煤炭运量大幅增长。到 1853 年，艾尔地区接收了 103031 吨无烟煤，占到了五大湖区煤炭贸易的很大一部分。长期来看，对于这一支线运河的投资得到了承认，但是在短时间内，立法机构的政治斗争强迫州内工程出售艾尔运河延伸段。

不可否认的是，州内工程中的政治因素影响了宾夕法尼亚州进一步用州政府资金资助内部升级项目。主干线和支线运河同时开工，代理商和政府雇员混乱的记账方式，以及长期规划的缺乏，共同影响了州内工程的财政状况。卡特·古德里奇（Carter Goodrich）在 19 世纪美国公共运河和铁路的研究中认为，州政府资助的升级项目背后的推动力是"经济处于不断发展中，但除此之外还要考虑各种看似缺乏关联的收益和这些收益对于经济发展的影响"。宾夕法尼亚州煤炭和州内工程的经验充分体现了这一观点。州政府资助的运河将尚未开发的产煤区和市场中心联系起来，为已经开发的地区增加了出口通道，为邻近各州提供了交通便利。除此之外，由于哈里斯堡地区提议的主线和支流运河的建设影响，州政府资金的影响会更小。

19 世纪 50 年代，燃料经济和蒸汽动力中的技术进步，让铁路运输煤炭和其他大件商品有利可图。对于已经建成的和未来的采矿公司，铁路运输为煤炭贸易提出了全新的挑战。在弗吉尼亚州，詹姆斯河与卡纳瓦运河是 19 世纪 50 年代弗吉尼亚州内部升级计划的核心工程，政治因素和其他因素共同影响了州内铁路系统的发展。在 19 世纪四五十年代——宾夕法尼亚州铁路大规模建设期间，州政府已经很大程度上不再参与内部升级项目。随着铁路开始和运河竞争，宾夕法尼亚州确实存在地区竞争的问题，但是运输政策从立法机构向私有领域的转移，让宾夕法尼亚州规避了在里士满反复出现的零和关系。以州政府资金为主的内部升级计划，对弗吉尼亚西部地区烟煤的发展产生了破坏性影响，地区政治造就了旧自治领运输网络。

虽然宾夕法尼亚州内工程存在腐败的问题，以及各种错误操作造成了州内的财政危机，但州内工程依然是公共工程的典范。但是各种对于州内工程的讨论中，通常都没有提及内部升级项目在短期之内无法赢利，美国几乎所有州政府资助的运输系统都会因为后来的政治斗争而陷入困难。除此之外，考虑到存在与私人运河竞争和在早期连通市场的需求，宾夕法尼亚州的运输系统带来的益处无法被量化，而很多经济历史学家都没有注意到这一点。宾夕法尼亚州在州内工程之后颁布的运输政策也难以分析。1857 年，波茨维尔的《矿工月刊》曾经抱怨"缺乏供需关系的监管体系，以及大量经不起推敲的计算，推动了私人利益的助长"，将煤炭贸易变成一场"只有掌握最多资源的人才能获胜的机会游戏"。不论是秩序还是理性，虽然它们可以详尽描述州内工程对煤炭贸易的影响，但对于私人运输商来说，就显得力不从心了。

但不可否认的是，宾夕法尼亚州更为灵活开放的政府结构，打造了一套在长期和短期时间内都可以为煤炭贸易提供便利的交通网络。不幸的是，州内工程的历史体现了弗吉尼亚州政策制定策略的悲剧。如果没有州政府出资提升运河，宾夕法尼亚州就不会成为经济强州，但在短时间内，州财政局似乎也不会立即恢复元气。宾夕法尼亚州内工程的互助选票和政治狂欢，为已经开发煤炭的地区和煤炭贸易尚未铺开的地区都提供了不少便利。

弗吉尼亚西部地区的矿主遇到了各种各样的麻烦。旧自治领对于政府资助的内部升级项目的态度，体现了其政治经济中的缺点。为了确保在州议会中的权力，县中奴隶人口较多的代表积极反对州政府结构重组。类似卡纳瓦运河升级项目这样的西部项目成为地区权力斗争的牺牲品。卡纳瓦谷地煤炭贸易依然局限于满足当地的需求，矿主缺乏一条稳定的水道，将煤炭出口到俄亥俄州及密西西比河谷。州政府的资金依然被东部保守派控制，旧自治领西部势力的利益依然处于内部升级政策中的边缘地位。

第四章

"秘密宝藏"和肮脏的政治：南北战争前宾夕法尼亚州和弗吉尼亚州的地质考察

1839年，20岁的彼得·莱斯利（J. Peter Lesley）在分析宾夕法尼亚州南部无烟煤产区时，给妹妹写信道："你很难相信美丽与畸形、艺术与自然、美好与丑恶、荒芜和泥土，是如何在这里以诡异的形式混合在一起的。"虽然在波茨维尔外围的煤矿里，"鲜花和泥土、煤炭形成了奇怪的对比"，这位年轻的科学家却"对此感到非常开心"。无烟煤贸易完全改变了这个山区小镇，莱斯利无时无刻不会听到"漂砾""巷道""码头"或者"煤炭"。他给祖母写信说："我不认为这里的树或鸟会说'煤炭'这个词，但头脑冷静的投机商估计可以算出这种事情什么时候会成真。"但是在当地矿主看来，莱斯利作为州地质考察队的代表，却是个值得怀疑的人物。"我们需要尽可能保证低调，这对于考察来说稀松平常。"几周后，莱斯利又写道："我与社会脱节，与我为伴的是几本书、一匹马、笔和几位好友。"

　　莱斯利的低调被证明是明智的选择。尚处于萌芽期的地质勘探和矿主一厢情愿的乐观，让大型煤层的探测工作在 19 世纪最初的 30 年里非常困难。随着煤炭需求的增长，出现了许多关于大型矿脉贴近地表的传言。斯库基尔县在 19 世纪二三十年代出现的流言蜚语，无疑是一个糟糕的先例。很多想开采无烟煤的人花了大价钱租地，最终却没有挖出一块煤。《费城报》在 1829 年报道，颇有事业心的律师们起草和出售的土地使用证所覆盖的土地面积，已经达到斯库基尔县土地面积的 2 倍。而里士满盆地什么地区有何种煤炭，也完全是当地煤炭事业支持者和地主的一厢情愿。关于宾夕法尼亚州和弗吉尼亚州的大山中埋藏着无数煤炭的传言保证了煤炭贸易的利益，但是土地投机者和当地支持者影响了煤炭巨头的投资意愿。

　　对于谨慎的投资者来说，为了避免这些问题，只能寻求专业勘测人员的帮助。美国科学家在这类工程中通常扮演顾问的角色。耶鲁大学的化学家本杰明·西利曼于 1836 年前往弗吉尼亚州，为一群英国买家评估里士满矿业公司的土地，而莱斯利之后从事的地质顾问被证明是一个收入不菲的工作。但是雇用科学家进行勘测是一项耗时又花钱的投资，对宾夕法尼亚州和弗吉尼亚州西部富含烟煤的各县来说，情况更是如此。在实业家看来，一个更节省资金的办法，是由州政府批准并承担覆盖整个州的地质勘探的费用。立法机构会指派一名地质学家并为其支付年薪，这位地质学家将负责一场为期数年的勘探工作，以年度报告的形式汇报勘探结果，最后发布一份权威的调查结果。1823年，北卡罗来纳州组织了全州范围内的地质勘探，南卡罗来纳州、马萨诸塞州和田纳西州都在1831年组织了类似的勘探工作。截至1850年，宾夕法尼亚州和弗吉尼亚州也都雇了地质学家。

在前内战时期，这些州政府主导的地质勘探成为科技和经济发展的集合体。企业家认为这种勘探颇有吸引力，因为经济成本转移到了公共领域；科学家则将勘探当作稳定的工作和追求新知识的机会。但是，说服政治家可不容易，虽然很多立法代表都希望开发州内的矿物资源，同意将其他项目的资金转移到勘探计划上。为了绕过多疑的政客，让犹豫不决的立法机构通过这个计划，早期勘探计划的支持者开始借用爱国主义论调。前内战时期的勘探计划，是一个经济、科学和爱国主义的结合体。

弗吉尼亚州和宾夕法尼亚州于19世纪30年代启动了勘探计划。亨利·达尔文·罗杰斯（Henry Darwin Rogers）和威廉·巴顿·罗杰斯（William Barton Rogers）兄弟都是资历丰富的科学家。虽然这两位地质学家是兄弟，但是弗吉尼亚州和宾夕法尼亚州的勘探活动，很大程度上因为二人的政治倾向而大相径庭。亨利·达尔文·罗杰斯负责的宾夕法尼亚州的勘探计划原本得到了费城学术界的支持，而且他工作热情旺盛，但因为对州内煤炭和钢铁业不切实际的期待而受到了诸多干扰。亨利固执的管理风格也对勘探活动造成了影响，但是宾夕法尼亚州的勘探计划为煤炭贸易找到了新的煤田，提供了关于煤炭储量的关键信息。威廉·巴顿·罗杰斯负责的弗吉尼亚州的勘探活动则受到了旧自治领东西部地区对立情绪的影响。正如内部升级项目中发生的一切，弗吉尼亚州的政治结构也影响了地质勘探工作。由于两个州的财政困难，勘探工作于19世纪40年代早期结束，但是，前内战时期开展的勘探工作进一步明确了宾夕法尼亚州和弗吉尼亚州不同的政治经济路线，地质领域也没有摆脱旧自治领的地区纷争。

地质爱国主义：
宾夕法尼亚州测绘计划的渊源

宾夕法尼亚州早期地质勘测的推动者，正是那些在19世纪二三十年代推动无烟煤贸易的个人和组织。地质勘探的早期提倡者是身为费城律师和富兰克林中心成员的彼得·布朗尼（Peter Browne），他在19世纪20年代早期就开始推动地质勘探，但等待他的只有冷漠、无知和敌视。在1826年9月富兰克林中心召开的会议上，布朗尼强调了地质勘探的经济和科学价值。富兰克林中心建立了一个专门研究这个提案的委员会，研究结果表明，"这个提案对于个人和立法机构来说都非常真诚，能够很好地调动政府进行地质勘探和自然资源调查，保证资源发展"。1826 年，在学术需求和爱国主义的推动下，在宾夕法尼亚州展开系统性地质勘探的计划得到了富兰克林中心的支持。

虽然宾夕法尼亚州不是第一个开展此类活动的州，但是煤炭贸易越发重要的地位让宾夕法尼亚州的勘探计划成为全国范围内的重要项目。一个支持勘探计划的立法委员会论证了这个项目的另一个优势：自给自足。1833 年，该委员会认为，"宾夕法尼亚州的矿产资源广泛用于各行各业，而在这之前，这些物资都需要从国外或者邻近各州进口"。大规模勘探进一步强化了宾夕法尼亚州作为煤炭、钢铁和其他重要矿物资源富集州的地位。本杰明·西利曼在《美国科学月刊》上说："州政府应当全力投入这一事业，我们的土地中富含各种矿藏，而且我们几乎位于美国的地质中心，这些都可以说得上是幸事。"

由宾夕法尼亚州商界和科学界人士于 1832 年组建的宾夕法尼亚州地质学会，为大规模地质勘探提供了巨大帮助。组建这个组织的目的在于"确定宾夕法尼亚州岩层的特性和结构"，探索新的科学知识，并发现"这些资源在各行各业中的用途以及为人类的舒适和生活提供帮助的可能"。宾夕法尼亚州地质学会和富兰克林中心一样，都是州一级爱国主义和科学进取精神的结合体，成员也有很多是来自费城的著名人物。该学会希望通过组织规模更小的地质学团体，鼓励他们向立法机构请愿，在哈里斯堡以发放大量宣传材料的方式，为宾夕法尼亚州的地质勘探提供支持。宾夕法尼亚州立法机构的应对方法则是，将各种请愿、抗议和法案留在后期再进行讨论。

虽然委员会已经提出了计划，但还没有确定具体规模。各种报告中提到了勘探计划的科学价值，认可了其中各个学术单位，但是随着勘探计划得到立法机构越来越多的支持，项目中的学术成分却越来越少了。1834 年，众议院委员会认为，勘探计划可以帮助宾夕法尼亚州发现更多的铁矿、盐矿和煤矿，"吸引资本家和其他有创业意愿的个人"，"大量财富将流入宾夕法尼亚州"。这份报告还提到马萨诸塞州也启动了类似的勘查，并询问其他资源更少的州，为了开发自己的地质资源，是否也会采取类似的行动。"宾夕法尼亚州有更丰富的资源，难道要对此无动于衷吗？"随着勘探计划逐渐脱离费城学术圈的理想化环境，转入哈里斯堡，计划中的爱国主义和经济利益成分就越来越多了。

地质勘探的经济价值为立法机构在 1835 年至 1836 年会议中通过法案提供了便利。1835 年 12 月，州长乔治·沃夫在提交给立法机构的最后一份报告中，认为地质勘探对于"发展我们富饶美丽的家园的各种资源"有"巨大价值"。为了回应州长对于勘探计划的背书，宾夕法尼亚州专门成立了一个委员会负责评估勘探计划对经济发展的影响。查尔斯·特雷格（Charles Trego）作为费城的代表和宾夕法尼亚州地质学会的成员，起草了一份报告，对此发出警告，如果没有一位富有经验的地质学家"在那些缺乏地质学知识的人天天经过的地方找到存在矿物资源的明确证据，那么矿物资源将永远不会被发现，永远也无法用于生产"。特雷格作为一位地质学家，也希望通过勘探计划推动科学发展。作为立法机构的一员，他知道单凭科学是不能让法案通过的，而他起草的报告也说明了勘探计划的巨大潜力。

由于美国的地质学发展尚处于起步阶段，所以不能确定勘探计划是否可以获得通过。宾夕法尼亚州地质学会最终成长为美国国内颇受尊重的地质学组织，但在 19 世纪 30 年代，学会中的很多成员只是勉强认为地质学属于正统的自然科学。亚历山大·达拉斯·巴切（Alexander Dallas Bache）作为美国国家科学院的首任院长和科学界颇有影响力的成员，一直认为美国地质学家都是业余人士，拒绝让他们加入费城的富兰克林中心。勘探计划中的经济价值打消了很多立法代表的怀疑，但想要让勘探计划通过，还需要更多的证据支持。

对于宾夕法尼亚州的勘探计划而言，更多的支持证据来自美国科学界的新星——亨利·达尔文·罗杰斯。他曾经是位于巴蒂摩尔的马里兰大学的讲师、狄更斯学院的化学家和自然哲学教授，并于 1833 年成为第一位被伦敦地质学会接纳的美国人。两年之后，他成为新泽西州政府的地质顾问，但是宾夕法尼亚州的高山和谷地对亨利·达尔文·罗杰斯更有吸引力。

虽然他不是宾夕法尼亚州地质学会的成员，但他的学术背景，以及与费城科学界的良好关系，使他成为负责勘探项目的理想人选。亚历山大·达拉斯·巴切虽然并不喜欢地质学家，但他尊重亨利·达尔文·罗杰斯，并与他合著了一篇关于宾夕法尼亚州煤炭特性的文章。当亨利·达尔文·罗杰斯于 1836 年 1 月到达哈里斯堡，就勘探计划进行公共演讲的时候，他是州政府地质顾问的唯一选择。

有了这位著名的地质学家，勘探计划的支持者推出了一个更复杂的计划。布朗尼估计，将宾夕法尼亚州划分成 26 个区域进行全面勘探，整个勘探计划预计耗时 5 年，年成本为 3000 美元。勘探结束后，将耗时一年完成关于各个区域的地图、批注和报告，估计耗资 20000 美元。除了初步测绘和出版报告，亨利·达尔文·罗杰斯希望在每个县建立一个地质学"陈列柜"（展示 19 世纪发现的所有矿物样本）。一个大型展览将花费最多 5000 美元。在州长约瑟夫·雷特纳、众议院任职的钢铁商泰迪尔斯·史蒂文斯（Thaddeus Stevens）和参议院中支持内部升级项目的弗雷德里克·法拉利（Frederick Fraley）的支持下，关于开展宾夕法尼亚州地质勘探的提案终于进入 1835 年至 1836 年立法机构会议的讨论。1836 年 3 月下旬，结合了爱国主义和经济通用性的勘探计划说服了足够多的人，并最终获得通过。在党派斗争较为激烈的时候，勘探计划并没有受到立法机构内部对立的党派、需求或者影响的干预。西部地主的代表，无烟煤贸易的从业人员和唯利是图的资本家，都发现了勘探计划中的商机。在经济形势一片大好的 1836 年，他们的乐观并不是没有道理的。

重现荣光：
弗吉尼亚州勘探计划的渊源

当宾夕法尼亚州勘探计划备受期待的时候，弗吉尼亚州开展地质勘探的动机却与之大相径庭。1830年，弗吉尼亚州的向外移民逐渐掏空了州内的人口，这让旧自治领的专家忧心忡忡。举例来说，列克星敦华盛顿大学的亨利·鲁夫那（Henry Ruffner）教授估计，1790年到1840年，弗吉尼亚州流失的人口超过了梅森–迪克森线以北各州流失人口的总和。其他观察家发现，这次人口迁移的主力是正处于壮年的年轻白人男性。政治家提出了一系列阻止人口和财富流失的举措，其中包括内部项目升级、减税、更好的教育和更多的政治自由。为了让弗吉尼亚人不迁徙到其他州，一场小规模的反奴隶制运动推动了废奴和殖民活动。这确实促使立法机构在1832年1月公开讨论废奴，并最终导致奴隶的逐步解放。州内地质勘探的争议程度虽然不及废奴运动，受欢迎程度也不及州内升级计划，但是在19世纪30年代，勘探州内的矿产资源确实是阻止州内人员外迁、恢复旧自治领昔日荣光的计划之一。

1833 年，彼得·布朗尼作为宾夕法尼亚州勘探计划的支持者，在弗吉尼亚州完成了一次地质考察。布朗尼沿着谢南多厄峡谷向斯汤顿前进，穿过捷宁山口的群山，造访隐藏于阿勒格尼山脉中富含矿物质的温泉，然后向东穿过夏洛茨维尔和里士满，到达詹姆斯河河口。这趟旅行给了他灵感，他在写给州长约翰·弗洛伊德（John Floyd）的信中提到，弗吉尼亚州的自然景观"让人不禁反思自己的事业"，并建议州长在宾夕法尼亚州展开地质勘探。布朗尼提到弗吉尼亚州有两大地质特征值得仔细研究。他认为，弗吉尼亚州似乎随处都可以找到无烟煤和铁矿这样宝贵的矿产，西部各县还有富含矿物质的泉水。然后，布朗尼提到了地质勘探所带来的实际利益和科学价值。地质勘探不仅可以促进科学发展，还可以提高地价，布朗尼认为这将"开发出大量有价值的矿物原料，为迁往最西边的移民提供一张支票"，还能为产业发展和州内升级工作提供支持。

弗洛伊德州长为了让该州摆脱当前困境制订了各种计划，同时高度重视布朗尼的建议。1833 年 12 月，他对弗吉尼亚州的立法机构说："我们需要商业。虽然各县的土壤有所不同，但商业会让各个县都富有起来，只要土壤肥沃，商业繁荣，依靠恰当的管理和升级，我们的公民将变得空前富足。"弗洛伊德指出西部各县没有得到充分的发展，希望立法机构将道路和运河向西延伸，以此提振州内经济。除了道路和运河，他还提到，"我们不应当忽视埋藏在地下的宝藏，只要专业人士进行一番勘查，就可以找到这些资源，让资本家了解这些资源的价值和用处，他们肯定会将这些资源投入商业运作，进而创造出新的赢利渠道。"除了弗吉尼亚州的铁、黄金和铅，弗洛伊德还将"近乎无限的烟煤储量"看作一种颇有潜力的资产。

州长将布朗尼的信交给立法机构，让他们作出决定。同年晚些时候，里士满的《南方文学信差报》重印了这封信，他们也支持地质勘探的计划。《南方文学信差报》提出了一个问题："难道为了省下这区区几千美元，就要牺牲它可能带来的无穷收益吗？"

1834年到1835年的立法会议上，支持地质勘探的请愿者说服立法机构设立了一个委员会，专门研究地质勘探的相关事宜。为了确定地质勘探的必要性和将以何种形式开展勘探工作，委员会向州内最著名的科学家寻求帮助。其中就包括威廉·巴顿·罗杰斯的哥哥亨利·达尔文·罗杰斯。此时的威廉·巴顿·罗杰斯是威廉堡威廉-玛丽学院的自然哲学教授。虽然他没有接受过地质学的专业训练，但是他哥哥亨利·达尔文·罗杰斯和伦敦地质学会的交流，让他本人对这门新兴学科充满兴趣。1834年，威廉·巴顿·罗杰斯还在《农夫记事报》发表了一篇关于州内无机肥料的文章。他在文章中提议："只要无机肥料有存在的可能，就应当立即开始相关的搜索工作。"和同时期的许多科学家一样，威廉·巴顿·罗杰斯对于地质学家可以在公共领域就职感到非常兴奋。1834年11月，他在给哥哥亨利·达尔文·罗杰斯的信中写道："我在弗吉尼亚州越来越出名了，机会也越来越多了。"他谨慎地补充道，"为了确保能从立法机构得到支持，或者说能够促使他们采取类似的行动，需要我和朋友共同努力。"

万幸的是，弗吉尼亚州的勘探计划有一些颇具影响力的支持者。其中包括威廉·巴顿·罗杰斯的好朋友，约瑟夫·C.卡贝尔（Joseph C. Cabell），一个拥有庞大的政治和社交关系网的州议员，同时他也是詹姆斯河和卡纳瓦运河公司的组织人。威廉·巴顿·罗杰斯和卡贝尔密切合作，推动勘探计划，1835年，威廉·巴顿·罗杰斯向立法机构提交了一份报告。威廉·巴顿·罗杰斯和自己的哥哥一样，也是一位科学家，而不是政治经济学家。但是，他提交给立法机构的报告主要讨论了勘探计划带来的经济效益。他认为，一次地质勘探将"为全体弗吉尼亚人创造巨大的利益"，"证明当前州内被认为缺乏资源的地区实际上富含各类矿产，各个企业一定会积极参与勘探"。除了强调经济适用性，这份报告还强调了弗吉尼亚州富含无机肥料。只要是富含铁、煤炭和其他矿物资源的地方，就有可能引起某些人的兴趣，这种通过在弗吉尼亚州境内开采矿物资源，使弗吉尼亚州重获生机的计划，获得了以农业利益集团为主的立法机构的欢迎。

在报告获得成功之后，威廉·巴顿·罗杰斯于1835年2月9日亲自前往参议院推广勘探计划。后来，他向亨利·达尔文·罗杰斯承认，自己当时非常紧张。但是，他回忆道："我当时勇敢地站了出来，我认为地质学阐明了一些非常重要的真相，展示了弗吉尼亚州先天具有的一些优势。"鉴于威廉·巴顿·罗杰斯提到的勘探能带来的经济收益和他所做的演讲，立法机构通过了法案，批准成立弗吉尼亚州公共工程委员会，指派专人负责基本勘查工作，为土壤、矿物和富含矿物质的水体进行化学分析，并负责划拨经费。这项法案限制了公共工程委员会用于基本勘查工作的经费总额为 1500 美元，要求支派的地质学家在立法机构下次开会时提交"地质勘探实施计划"。

对于州政府委派的地质学家而言，基本勘查工作是一个绝佳的机会，他们可以收集必要的证据，向立法机构证明进行一次永久勘探的必要性。在法案通过之后，威廉·巴顿·罗杰斯就被州政府委派负责这项工作，他于 1835 年从纽波特纽斯出发，穿过里士满和夏洛茨维尔，进入斯汤顿的群山，此行的终点位于俄亥俄河畔的亨廷顿。1836 年 1 月，威廉·巴顿·罗杰斯向立法机构提交了报告，总结了自己的勘查成果，说明了地质勘探的目标。他计划将弗吉尼亚州分成 5 个主要区域：沿海地区、皮德蒙特和谢南多厄谷地各为一个地质单位，将阿勒格尼山区分为两个地质单位。首先，他花了大量时间研究弗吉尼亚州泥灰、海绿石砂和石膏的位置，这些矿物质对于恢复土壤肥力至关重要。他认为，这些矿物"将让那些任何改良措施都无能为力的贫瘠土壤变得肥沃"。除了对农业领域的帮助，

黑金时代

煤炭、政治与美国的工业化抉择

威廉·巴顿·罗杰斯还强调了弗吉尼亚州地质宝藏的工业潜力，这对于西部各县来说尤为如此。威廉·巴顿·罗杰斯似乎沉迷于西弗吉尼亚地区的经济潜力。他写道："这个地区的资源如此丰富，随着这些资源的开发，当地居民的企业、财富和智力发展也会受到巨大影响。"

为了获得立法机构的支持，宾夕法尼亚州和弗吉尼亚州的勘探计划都加入了爱国主义元素。威廉·巴顿·罗杰斯的报告中提及了提振农业和工业发展的目标，并小心翼翼地将纯科学的目标忽略。这种策略非常成功，法案很轻松地获得了通过。州议会批准州政府雇用的地质学家可以配备几位助手（单次勘探不超过 5 人），还要为州矿物陈列柜、弗吉尼亚州的大学和研究院提供样本，这些活动的年度经费上限为 5000 美元，而且要向立法机构提交年度报告。但是法案中引人注目的一点是没有限定地质勘探的期限，这对于州一级的地质勘探来说非常不同寻常。每年发放的预算意味着地质勘探可以无限期地进行下去。实际上，这也意味着威廉·巴顿·罗杰斯每年都要申请经费。正如实际执行情况所展示的那样，这种拨款结构在更大程度上是对勘探活动的一种限制。

弗吉尼亚州勘探计划从一开始就围绕着经济复兴和留住不断流失的人口这两个目标。对旧自治领而言，这意味着拯救裹足不前的农业领域。在 19 世纪 30 年代，旧自治领依然是国家烟草的主要出产地，但是人口和资本都流向西南部生产棉花的各州。很多弗吉尼亚人认为，如果弗吉尼亚州的年轻人在门口就能看到一个生机勃勃的未来，就可以终止这场向西的移民运动。正如威廉·巴顿·罗杰斯所说，地质勘探在这项战略中有它独到的价值。1836 年 1 月,《里士满信使和半周编汇》在报道中支持长期勘探的计划，编辑们是这么写的："自治领的人们很快就会看见无穷的机遇，这足以让他们留在自己的家园，因为所有物资都足以支持他们的产业、工业和繁荣。"威廉·巴顿·罗杰斯的勘探工作和自己哥哥的工作一样，从开始就备受各方期待。亨利·达尔文·罗杰斯的任务是寻找宾夕法尼亚人已经明确需要的各种物资。但是，弗吉尼亚州地质勘探的主要任务却是对冲衰退的经济。

地质勘探过程中遇到的实际问题

在弗吉尼亚州和宾夕法尼亚州，科学和爱国主义都为地质勘探方案的通过提供了助力。但是，哈里斯堡和里士满雄心勃勃的计划，代表了罗杰斯兄弟对于科学的追求和立法机构的期望之间的妥协。在宾夕法尼亚州，亨利·达尔文·罗杰斯从计划开始就小心翼翼地在勘探过程中保证学术和经济的平衡，但这种不稳定的混合最终分崩离析。宾夕法尼亚州政府纵容了各种批评，最终影响了勘探计划的进度。威廉·巴顿·罗杰斯在弗吉尼亚州见证了科学与工业的冲突，尤其是以东部蓄奴各县为代表的农业团体主导了勘探活动。在两个州的勘探计划中，工作的重心在几年时间发生的转移，也体现出19世纪三四十年代宾夕法尼亚州和弗吉尼亚州政治经济的区别。

罗杰斯兄弟为了保证勘探计划得以通过，压制了自己对于学术的追求，满足立法机构里支持自己的人的利益，但他们还是在勘探工作中加入了一些属于自己的元素。两人在书信交流中，都展示了自己对于学术研究的追求。1829年，亨利·达尔文·罗杰斯在信中写道："哦，知识真是让人感到兴奋！我们可以和各种人打交道……但只有在私下才能探求大自然的秘密。"和政客打交道需要大量的精力和耐心。威廉·巴顿·罗杰斯在信中写道："（立法机构）的支持者都没有做好准备，将模糊的概念和想法变成一个可见的计划。"他提醒哥哥："你必须大胆地反复向这些人展示自己，引起他们的注意，只有如此才能保证他们的关注。"

罗杰斯兄弟满足了施加于自己专业工作之上的政治需求，但前提是这样做可以收集实现更高级别目标的关键数据。实际上，他们希望可以利用各自作为州政府委派地质学家的机会，在工作过程中收集数据，创建一套关于造山运动的理论。1834年夏，他们在西弗吉尼亚地区的群山中研究地质层，将阿巴拉契亚山脉看作一个挑战传统造山理论的完美实验室。19世纪早期盛行的理论认为，山脉的形成是因为地壳冷却收缩，或者是因为地壳下岩浆的垂直压力。罗杰斯兄弟认为，阿巴拉契亚山脉证明山脉的形成是在横向和纵向作用力的共同作用下，让最上层的地层翻倒或者重叠造成的结果。这种观点虽然对学术圈非常重要，但是对支持勘探计划的立法代表们来说无关紧要。因此，罗杰斯兄弟只能在长期的学术目标和雇主的短期追求之间寻求平衡。

亨利·达尔文·罗杰斯希望用最终报告满足政经两界的听众，把主要的科学发现专门用于出版。作为科学手段的坚定追随者，他不想为了满足立法机构短期的目标，就公布并不成熟的发现。1836年4月，亨利·达尔文·罗杰斯提醒弟弟，"耐心是非常必要的，因为州政府不会详细检查工作"。亨利·达尔文·罗杰斯对于宾夕法尼亚州地质状况的最终报告，可以等到所有实地考察完成之后再发布。亨利·达尔文·罗杰斯注意到之前的勘探工作已经屈服于政治压力，"不能放弃这些计划，最好不要在一开始就犯错"。

亨利·达尔文·罗杰斯的早期工作和宾夕法尼亚州煤炭业存在交集。关于勘探计划，他最初决定将整个州分为三部分：南部，包含宾夕法尼亚州中部、东北部和无烟煤区的阿巴拉契亚区，包含西部各县的阿勒格尼区。为了满足宾夕法尼亚州对于无烟煤的需求，以及满足自己对于造山运动的好奇，亨利·达尔文·罗杰斯选择阿巴拉契亚区作为勘探的重点。他的第一份报告体现了这种科学和经济并重的特点，以及他对于在勘探过程中匆忙下结论的厌恶。他认为，"我们之所以在下结

论之前进行反复打磨，是因为我们匆匆得出的结论通常会关系
到各方利益，包括全国上下各行各业和各方资本"。

亨利·达尔文·罗杰斯的第一份报告涵盖了宾夕法尼亚
州山区的地层，第二份年度报告则包含了关于斯库基尔县煤层
的讨论。州长雷特纳在 1837 年到 1838 年的立法机构会议上宣
布："这个季度的勘探工作涵盖所有的无烟煤层以及州内众多
的铁矿富集区。"1838 年 2 月的报告则关注萨斯奎哈纳河与德
拉瓦尔河之间的地区，记录了各种石灰石、铁矿石、砂石和石
板的信息。在这一年里，亨利·达尔文·罗杰斯花费了大部分
时间在南部无烟煤区寻找煤层。他预测斯库基尔县的煤层都出
于上冲断层，并被造山运动中的侧向压力击碎。早期无烟煤开
采因为煤层受到挤压而相对简单，煤炭几乎可以直接掉进车斗
里。但是，亨利·达尔文·罗杰斯警告说，继续开采"这种近
乎垂直和过分倾斜的煤层"，会让斯库基尔县低成本的采矿作
业变得"极为不稳定"。亨利·达尔文·罗杰斯注意到，"聪明
的矿主"早就注意到了这一点，但是北部倾斜的煤层从长期来
看产量不足的特点并没有引起注意，"那些并不明智的公司并
不在乎这一点"。鉴于无烟煤煤田有许多失败的创业和采矿投
资，宾夕法尼亚州的矿主对这种研究结果并不感到意外。

这份报告还强调了在无烟煤地区应当进行更细致的考察。
亨利·达尔文·罗杰斯指出，许多人认为斯库基尔县无烟煤易
于开采的特点实际上是一个弱点。对于州政府委任的地质学

家而言，这是一个非常不明智的举动。像依诺克·麦金尼斯（Enoch McGinness）这样的当地地质学家立即行动起来，反驳亨利·达尔文·罗杰斯的发现。斯库基尔县并没有因为这份报告受到太大的影响，但亨利·达尔文·罗杰斯很快就受到了打击。在亨利·达尔文·罗杰斯递交了第三份报告之后，诺坦普顿县的理查德·布劳德海德（Richard Brodhead）提议建立一个委员会，审议是否有必要继续进行勘探工作。勘探工作刚刚开展三年就遭到这种攻击，对整个计划的未来造成了重大的影响。布劳德海德 1839 年的提议并没有获得立法机构的支持，但是诺坦普顿县的民主党保守派依然坚定地反对亨利·达尔文·罗杰斯和宾夕法尼亚州的勘探计划。

宾夕法尼亚州西部地区的煤炭业势力发现勘探计划的年度报告有很强的适用性，但不能产生直接的经济效益。在第三份年度报告中，亨利·达尔文·罗杰斯提到了西部地区可能存在储煤区，但因为拒绝匆忙下结论，导致他没有为资本投资提供太多的指导意见。亨利·达尔文·罗杰斯提到坎布里亚县的斯托尼河存在煤层，但同时说明春季融雪水会导致煤矿在夏季无法作业。他写道："我们并不只是确认煤层厚度和质量，还要依靠其他数据开发县内的煤炭。"亨利·达尔文·罗杰斯对于匹兹堡的煤层持非常乐观的态度，将其描述为"西部最重要，也是最容易开采的煤层"。但是，这位州政府委派的地质学家只在最终报告中提供了详细的分析。在下一份报告中，亨利·达尔文·罗杰斯提到宾夕法尼亚州北部阿勒格尼山脉中"有几处刚刚被发现并已经开始开采的煤层","该地区所有的重要煤层都被发现了"。也是在这一份报告中,他提到了宾夕法尼亚州中北部莱康明、克林顿和泰奥加县丰富的铁矿和煤炭,以及西部阿姆斯特朗、克拉里恩、韦南戈、巴特尔、比弗和梅西尔县的煤炭。相较于无烟煤产区,西部烟煤产区可以通过地质勘探活动获得更多的利益。

与此同时,威廉·巴顿·罗杰斯的勘探工作进展顺利,但是每年一次的拨款让他不得不打起精神,确保弗吉尼亚州立法机构对勘探计划的支持。和冷酷而自大的哥哥不同,威廉·巴顿·罗杰斯非常珍惜作为勘探计划推广者的角色。而立法机构也积极回应了威廉·巴顿·罗杰斯早期的演讲。1837年的演讲为他赢得了3900美元的资助,以及当地报纸的赞美。威廉·巴顿·罗杰斯强调,弗吉尼亚州的使命是"开发自然资源","我们应当控制住移民大潮,让我们的公民留在他们父辈曾经耕种的土地上,为他们提供强大的支持"。《里士满辉格党和公共顾问》报道说,威廉·巴顿·罗杰斯"对于我们州内无穷财富和美好生活的畅想,唤起了很多人的爱国主义情怀和自豪感"。威廉·巴顿·罗杰斯反复提醒立法机构,地质勘探对于州内发展非常重要,但是用爱国主义来传递这个消息并不是没有代价。亨利·达尔文·罗杰斯面对压力,为了能够取得成果一直保持着耐心。亨利·达尔文·罗杰斯写道:"不必在乎那些缺乏耐心的人和事，这对于我们的社会和制度来说是不可避免的。如果我们感觉不到它们，就不会受到伤害。就是因为没有耐心，才导致纽约州勘探的失败。"

但是，威廉·巴顿·罗杰斯的勘探计划不可避免地感受到了政治压力。当勘探计划开始实施的时候，弗吉尼亚州的立法机构依然处于东部势力的控制之下。弗吉尼亚州的经济繁荣一直和土地紧密相连，而一个旨在应对旧自治领经济下行的地质勘探计划，应当将注意力放在农业领域，特别是应当放在寻找可以作为肥料的矿物质上。截至19世纪早期，大规模种植和糟糕的农作物管理已经耗尽了许多弗吉尼亚州农田的肥力。一些农民尝试使用包括石膏和石灰在内的无机肥恢复土壤肥力。截至1818年，类似的努力并没有获得多少回报，直到艾德蒙·拉芬（Edmund Ruffin）在自己位于乔治王子县的种植园试用了一种被称为"泥灰岩"的柔软的粉状矿物质之后，情况才有所改观。他的研究显示，泥灰岩可以提升40%的农作物产量，拉芬作为《农民记事报》的作者和编辑，开始推广这种矿物。他认为使用化肥可以提升弗吉尼亚州种植园的生产力，而他之后也成为美国南方鼎鼎有名的拥奴主义分子。种植园主对农学的关注，造成了一种很独特的局面，科学和政治在弗吉尼亚州结合，奴隶制通过推动地质学发展来保证自己的存续。1833年，汉普登悉尼大学校长在弗吉尼亚州历史哲学协会对拉芬作出了如下评价："根据他公布的关于含钙有机肥料的研究，可以看出他不仅是个实干家，还是个科研能手。"拉芬没有直接参与弗吉尼亚州的地质勘探，但是泥灰岩对于恢复弗吉尼亚州奴隶种植园土壤肥力的潜力，很可能对勘探计划的规模和具体执行造成了影响。

搜索泥灰岩和其他矿物肥料的工作，限制了威廉·巴顿·罗杰斯在弗吉尼亚州西部各县完成自己目标的进程。威廉·巴顿·罗杰斯和他的哥哥都对造山运动很感兴趣，在提交给委员会的报告和初步勘探的报告中，威廉·巴顿·罗杰斯强调了西弗吉尼亚地区丰富的煤炭资源。但是，因为年度经费需要一个农业势力占主导的立法机构批准，所以勘探活动必须花费大把时间，寻求一种更为实际的形式。宾夕法尼亚州铁煤领域的支持者也希望亨利·达尔文·罗杰斯在勘探过程中可以照顾他们的利益，而弗吉尼亚州立法机构同样将经济利益放在第一位。和自己在宾夕法尼亚州的兄弟不同，威廉希望通过地质勘探为农业作出贡献。这种解释看起来非常正常。毕竟，威廉·巴顿·罗杰斯在 1834 年为《农民记事报》撰写关于弗吉尼亚州泥灰岩的文章时，和拉芬保持了紧密的合作关系。

在威廉·巴顿·罗杰斯的 6 份年度报告中，关于泥灰岩、石灰岩、海绿石砂和其他矿物肥料的内容占据了很大篇幅。很多时候，煤炭在报告中的地位都不及泥炭岩。1837 年，威廉·巴顿·罗杰斯的第一份年度报告中提到了弗吉尼亚州的泥炭岩，对于其作为肥料的潜力进行了谨慎的预测。在第二份报告中，威廉·巴顿·罗杰斯提到，由于缺乏助手和资金，导致勘探计划延误，但手下的一支勘探队在沿海地区对泥灰岩进行了大量研究。在全部 6 份年度报告中，有 4 份关注出产泥灰岩的地区。对于弗吉尼亚州矿物资源的勘探，很大程度上受制于州内部农业集团的利益，威廉·巴顿·罗杰斯的地质勘探回应了他们的需求。根据后期勘探工作的实际情况可以看出，侧重于矿物肥料的勘探工作，牺牲了西部产煤区的利益。

当威廉·巴顿·罗杰斯在农业、科学和工业三者之间寻求平衡的时候，宾夕法尼亚州的勘探工作遭到了来自各方的攻击。勘探辅助人员和当地矿主之间沟通不畅，因此产生了许多摩擦。亨利·达尔文·罗杰斯作为勘探工作的负责人，负责工作的最终执行，但是团队中的辅助人员完成了绝大多数的勘探、化学分析和制图工作，这些工作对于勘探计划至关重要。亨利·达尔文·罗杰斯的手下有大约 25 名助手，由于当时没有正式的地质学培训，州一级的地质勘探变成了辅助人员的现场培训班，他们在这里学习确认和调查地层，进行详细的记录，现场制作地图，并在实验室里分析标本。宾夕法尼亚州的勘探工作也与之类似，众多辅助人员在现场工作中引领着勘探进程。但是，这场勘探行动除了需要科学技能，还需要政治方面的技能。勘探工作的辅助人员认为"自己比城镇居民、矿主和操作人员技高一筹"。这些辅助人员也许并不明白，他们除了是亨利·达尔文·罗杰斯的手下，也是州一级地质勘探计划的形象大使。

彼得·莱斯利作为辅助人员，参加宾夕法尼亚州地质勘探计划时不过 20 岁，他的态度是这种沟通不畅的最佳例证。莱斯利凭借着自己和亨利共事的经历，成为全美数一数二的地质学家，在 1874 年至 1888 年负责指挥宾夕法尼亚州的第二次地质勘探。但在 1839 年，莱斯利认为无烟煤矿矿主"坚持不透露关于无烟煤的实际情况"，"卑鄙而肮脏"，他本人坚信"煤矿里腐败丛生"。这种态度一定程度上来源于当时宾夕法尼亚州中产阶级的排外主义。但 40 年后，莱斯利依然坚信矿主们对于勘探工作并没有任何感激之情，因为"当时科学并不为大多数人所知，对他们而言，科学和鸟兽鸣叫没有区别"。在勘探期间，莱斯利在宾夕法尼亚州的矿主中受到冷落，似乎也并不奇怪。

事实上，在勘探工作的后期，宾夕法尼亚州对于勘探工作对州内经济能作出多少贡献是持有怀疑的。1838 年 4 月，立法机构通过了一项附带 6000 美元的提案，要求州政府委派的地质学家"调查当前的采煤和冶铁技术"，然后尽快提交相关报告。这说明宾夕法尼亚州立法机构希望建立以无烟煤为燃料的钢铁产业。说得更准确一点，这项提案代表着立法代表和矿主希望可以在靠近无烟煤煤田的地区找到铁矿石。斯库基尔县采煤协会在 1835 年报告说："在煤田附近可以找到铁矿，再加上用无烟煤熔炼矿石的计划，将为所有人创造新的财富。我们所有人都希望可以看到自己梦想成真的那一天。"1838 年之后，亨利·达尔文·罗杰斯尝试在年度报告中加入关于铁矿石、铁矿位置和化学成分的内容。但是，地质勘探过程中并没有在无烟煤煤田附近找到新的铁矿脉。彼得·莱斯利后来将1839 年描述为"第一次勘探中的钢铁之年"，这是因为立法机构施加压力，希望找到便于开采的铁矿。莱斯利后来写道："最优秀的地质勘探人员也不可能找到不存在的东西，不可能为那些需要花费大力气才能获得的东西找到实际用处。"亨利肯定会想到，这种在无烟煤产区周围寻找铁矿脉的行为，是对勘探计划的干扰。但是，这项任务与立法机构对于州一级地质勘探工作的预想契合，而亨利·达尔文·罗杰斯未能取得任何实际成果，也对他的计划造成了影响。

1841 年，勘探计划需要立法机构提供更多的拨款。但是，由于在勘探工作中的傲慢态度，以及亨利·达尔文·罗杰斯没有发现新的铁矿和煤矿的客观事实，政治环境对勘探计划并不友好。立法机构组织的一个委员会提议，拨款 12000 美元，以继续推进勘探计划。理查德·布劳德海德作为诺桑普兰县的代表，于两年前反对勘探计划，时下他作为委员会的成员，提交了一份少数派报告。他认为，勘探工作资金管理混乱，亨利也没有按照计划在各县设立矿物样本展览柜。布劳德海德还提到了宾夕法尼亚州不断增长的公共债务和对于更大财务责任的需求。这份少数派报告称："宾夕法尼亚人民热爱独立，讨厌债务，为了继续推进勘探计划而去借钱，无疑是一件既不公正也不公平的事情。立法机构在此期间可以裁撤一些不必要的部门，通过改革继续覆行职责。"虽然 12000 美元的拨款获得通过，但是立法机构内部不少人对此表示不满。一位投了反对票的议员嘲讽道："这项法案没有包含任何关于动物之间如何相互吸引，以及水体气味为何这样重要的条文。"

亨利·达尔文·罗杰斯也许发现了其中的暗示，于是他提出所有的勘探工作将于 1842 年完成。他在这一年提交了一份简短的年度报告，说明实地勘探工作已经在去年完成，并讨论了最终总结报告将以何种形式提交。最后一年实地考察的大部分工作集中于煤层勘探，但亨利·达尔文·罗杰斯并没有提供详细的信息。亨利·达尔文·罗杰斯提到了贝孚德和亨廷顿县的布洛德托普地区的"复杂性"，勘探队在怀俄明和拉卡万纳无烟煤区耗时太久。亨利·达尔文·罗杰斯称，最后的报告中包含六年勘探工作中收集到的详尽信息，多张地形图、地质剖面图和地层剖面图。亨利·达尔文·罗杰斯最后提出，"勘探将主要为经济服务，工作的主要精力将集中在这一方面"，并承诺实地考察的所有结果"都会得到仔细地记录，如果有必要，还会采用图标和图例的形式"。

由于 1841 年的法案只为最终报告提供了 2200 美元的预算，亨利·达尔文·罗杰斯认为，必须强调这份文件的重要性。如果他可以将这份报告和煤炭、钢铁产业挂钩，那么立法机构就可以为报告提供更多的经费。他明白立法机构对于是否为勘探计划提供更多的经费的问题犹豫不决，于是强调了最后的总结报告对于勘探计划的成功至关重要。对于其中多个地质剖面的内容，亨利·达尔文·罗杰斯威胁道："如果这些信息不能得到发表，或者存在瑕疵，那么民众就无法使用富饶的煤田。"随着勘探计划的实地考察部分终于圆满完成，亨利·达尔文·罗杰斯认为自己可以无视各种反对意见，专注于最后的报告。1841年，他在给威廉·巴顿·罗杰斯的信中写道："如果有必要的话，我决心花两年时间完成最终的报告，而不是继续看着自己的健康状况每况愈下，或者让自己六年的勘探工作付诸东流。因此，我今年冬天绝对不会要求立法机构为出版工作提供任何帮助，而是告诉他们，我已经开始撰写最后的报告。"

在弗吉尼亚州，威廉·巴顿·罗杰斯成功地在自己的科学事业和农业利益集团寻找矿物肥料的需求之间，找到了政治层面的平衡点，但是他忽视了州内矿业集团的利益。正如针对内部升级计划而出现的地区矛盾所暗示的那样，弗吉尼亚州东西部之间的对立，暴露了旧自治领对于奴隶制未来的不同态度。威廉·巴顿·罗杰斯报告中对于泥灰岩的大量说明，表明东部蓄奴集团成为地质勘探计划的重点关照对象。布朗尼的最初提案不是集中于西部富含各种矿物的山区吗？州长支持勘探计划的时候，不是也提到西部山区的矿物资源了吗？实际上，整个勘探计划和关于内部升级计划的政治斗争一样，都变成了一场零和游戏，东部只有牺牲西部的利益才能维持自己的利益。通过进一步研究勘探计划的具体实施情况，也可以证明这是一场针对弗吉尼亚州西部各县的阴谋。

宾夕法尼亚州勘探辅助人员的高傲态度成为一个棘手的问题，威廉·巴顿·罗杰斯也发现助手无法完成大部分实地工作。1840 年，威廉·巴顿·罗杰斯写道："我经常因为发现有些事情被遗漏而感到愤怒，根据常识和研究模式，这些信息恰恰是非常重要的。"他认为自己"实地工作一周的成果，比一群助手无头无脑工作几个月取得的成果都要多"。实际上，弗吉尼亚州的勘探辅助人员和宾夕法尼亚州的同行相比，缺乏完成手中工作的天赋和经验。他们中有些人曾经在纽约州或者俄亥俄州参与勘探作业，但是他们还没有达到罗杰斯兄弟对于地质学家的高标准。除此之外，威廉·巴顿·罗杰斯手下最优秀的助手还没有完成培训，就辞职从事其他工作了。

除此之外，分配到弗吉尼亚州西部各县的辅助人员发现这里的工作条件非常恶劣，自己无法完成准确而详细的调查报告。西弗吉尼亚地区多山地，让这里的生活和工作条件都比较差。查尔斯·B. 海登（Charles B. Hayden）作为当时在贝克利县寻找煤矿的辅助人员，对当地的条件作出了如下评价："煤岩依然是个大麻烦。地质状况复杂，暴露于地表的煤岩少之又少，地形非常崎岖，我们还要在 35 摄氏度的环境下在山区徒步前进，真是让人无法忍受。"他还提到因为"传播疫病的虫子"而整夜无法入睡，"捏死臭虫的时候会发出清脆的噼啪声"。克莱布·布里格斯（Caleb Briggs）发现，即便是定位地层这样简单的勘探工作，也变得非常困难。在他写给威廉·巴顿·罗杰斯的信中提到，该地区与外界通信不畅，以及自己面临着财务问题。他在 1839 年 10 月写道："我现在浑身衣服破烂，但更糟的是，我连补衣服的钱都没有了。我现在的状态，就是这里的人所谓的'凑合'。"布里格斯继续写道："我就不该干这活，要是我下个夏天还干这活，肯定会死在外面。"不管在哪里，实地勘探都不是一件容易的事情，并不是只有弗吉尼亚州的辅助人员在野外吃苦。但是，这些因素严重影响了威廉·巴顿·罗杰斯的助手在弗吉尼亚州产煤区的数据收集工作。所以，威廉·巴顿·罗杰斯在撰写年度报告的时候，关于西部产煤区的材料虽然看起来很有希望，但也反映出辅助人员杂乱而不完整的工作状态。

西部地区可以用于工业的矿物并不是弗吉尼亚州勘探计划的唯一受害者。里士满盆地的煤炭业也因为勘探计划中的政治因素受到影响。直到 1840 年，威廉·巴顿·罗杰斯才派人去勘探东弗吉尼亚地区的烟煤产区。这位助手名叫萨米尔·路易斯（Samuel Lewis），曾经负责勘探詹姆斯河与北卡罗来纳州边界之间的皮德蒙特地区，这项工作对于缺乏经验的人来说是很困难的。威廉·巴顿·罗杰斯在那一年的报告中附带了一份包括查斯特菲尔德、波瓦坦、古奇兰和亨利科县煤炭的化学成分分析报告，但是提供样本的一些煤矿已经关闭了。他承诺，路易斯提供的额外数据"将详细说明该地区内所有煤层的化学特性和经济价值"。但是，在最终印刷出版的文件中，这些研究结果却无影无踪，因为弗吉尼亚州立法机构在第二年就终止了勘探活动。

威廉·巴顿·罗杰斯对此也有一定的责任。1838 年，反对意见主要集中于年度报告的实际作用上。威廉·巴顿·罗杰斯写道："我知道有人会反对我的工作，一想到立法机构内部有人对我的工作成果一知半解，却拿它当作发泄怒火或者卖弄文字的对象，我就火冒三丈。"他还提道："我完全受制于无知之人和没有教养之人。"第二年，威廉·巴顿·罗杰斯在写给哥哥的信中，提到了立法机构内部对于勘探工作的反对。他写道："我去年在众议院发表讲话的时候，一个话都说不利索的无知之徒对我发动了攻击。他从自己县里随手捡了几块石头放在我面前，其中有几块红色的石头、白色的石头，还有几块带着斑点的石头。当我开始阐述各种术语的时候，他开始质疑这些术语都是我编出来的。"也就是在这次会议上，代表们就勘探计划意见不一，但是这种争吵说明，将"动物磁性"和"水体气味"这种理论和地质学相连的无知之论，并不只限于宾夕法尼亚州参议院。更重要的是，这意味着弗吉尼亚州立法机构的一些人和宾夕法尼亚州的同行一样，都对地质勘探的实际价值保持怀疑。无论威廉·巴顿·罗杰斯如何让自己的报告在西部的利益集团和东部的资助方之间保持平衡，他都必须提供成果。位于里士满的州审计办公室的一位顾问告诫威廉·巴顿·罗杰斯："立法机构缺乏耐心，希望你的工作可以提供有用的实际成果。也许你可以尽可能提供有用的信息，同时还能保证最后的报告不会受到影响。"

1841年3月，立法机构经过投票，决定为勘探工作再提供一年的经费。之所以作出这样的决定，是因为当时经济不景气，以及州内升级计划的巨额利息需要支付。威廉·巴顿·罗杰斯用1842年的简短报告，来为自己的最终报告做宣传。威廉·巴顿·罗杰斯写道："依靠这份报告和勘探收集到的数据，我们可以从勘探工作中获得巨大的经济和科学利益，我将在下次立法部门会议上提交这份报告。"正如他的兄弟一样，威廉·巴顿·罗杰斯希望最终报告是自己在地质学领域的大作，也可以借此打消人们对自己的中伤。

出版困局

对于罗杰斯兄弟而言，勘探计划的终结肯定充满了不愉快。在宾夕法尼亚州，最终报告的出版推迟到了1858年。亨利·达尔文·罗杰斯工作细致的习惯导致了报告草稿的拖延，勘探活动的政敌也令支持者难以从立法机构获得经费。

1843 年，立法机构提供了 2200 美元的经费，以完成之前计划
好的矿物样本展示柜和最终报告的出版工作，但亨利·达尔
文·罗杰斯发现这些钱并不够用。到 1845 年，由于州政府已
经花费了 76000 美元在勘探活动上，因此为最终报告提供的经
费很少，亨利·达尔文·罗杰斯对此表示了异议。他还作出保
证，只要有额外的资金，就可以"让读者清晰地了解自治领丰
富的矿物资源分布"。两年后，参议两院组织的联合委员会同
意了亨利·达尔文·罗杰斯关于"应当探明宾夕法尼亚州丰富
的矿藏"的看法。但是，立法机构拒绝为亨利·达尔文·罗杰
斯提供额外的资金，以完成最后的报告。

在之后的十年里，宾夕法尼亚州立法机构很少提及地质
勘探，只有类似美国科学促进会和自然科学院这样的机构，
还在反复为勘探请愿，希望可以重启勘探计划。但是，亨
利·达尔文·罗杰斯的政敌让宾夕法尼亚州的勘探计划直到
1855 年才获得进一步拨款。查尔斯·特雷格，作为立法机构
内部勘探计划的早期支持者和亨利·达尔文·罗杰斯 1837 年
至 1840 年的助手，于 1842 年出版了一本名为《宾夕法尼亚州
地理学》的书，虽然关于地质学的章节借鉴了很多测绘工作的
成果，但没有提及亨利·达尔文·罗杰斯的名字。特雷格认
为，亨利·达尔文·罗杰斯在测绘工作中不够重视自己的助
手，没有在年度报告中认可助手的贡献和在勘探工作以外所做
的科研工作。特雷格在 19 世纪 40 年代就职于宾夕法尼亚州立

法机构，为了报复亨利·达尔文·罗杰斯，他一直拖延最终报告的出版。亨利·达尔文·罗杰斯招人讨厌的性格以及来自政敌的阻挠，影响了最终报告的出版。彼得·莱斯利回忆道："地质勘探一直饱受怀疑和厌恶，以致不得不停了下来。"

采矿业为勘探计划提供了支援，虽然矿主对于亨利·达尔文·罗杰斯在第二份报告中忽视斯库基尔无烟煤产区的做法感到不满，但他们确实需要亨利·达尔文·罗杰斯在第一份报告中承诺提供的地质数据。州一级地质勘探的报告是宾夕法尼亚州产煤区少有的全面勘探报告。威廉·帕克·福克（William Parker Foulke）作为一位关注科学和煤炭业的费城人，开始在立法机构展开游说，希望重启勘探活动。福克认为，最好不让亨利·达尔文·罗杰斯靠近哈里斯堡，而是雇用查理·赫金斯（Charles Hegins）作为说客。接下来的游说工作计划几乎完全集中于最终报告的经济发展方面，并再次使用当初的爱国主义宣传。福克给财政调查委员会的乔治·S.哈特（George S. Hart）写信说道："有必要利用科学知识找到我们所有的资源，指导我们的工业。"福克认为，和其他方式相比，"为了让全世界都能注意到我们的优势，应当用一份地质报告详细阐述我们的土地、矿脉和矿床"。

与此同时，亨利·达尔文·罗杰斯在波士顿得到了帮助，他在1845年搬到了波士顿，在哈佛大学任教，以此摆脱自己的政敌。此时亨利·达尔文·罗杰斯心中仍有怨气，他的信件也体现出对宾夕法尼亚州采矿业的不满，所以福克决定让他远离哈里斯堡。亨利·达尔文·罗杰斯在 1851 年写道："大量采煤和冶铁业投资的失败，和对矿物和地层缺乏详细了解是存在直接关系的。"

立法机构将亨利·达尔文·罗杰斯弃置一旁，将勘探计划的经济价值放在讨论的中心地位。1851 年，宾夕法尼亚州终于通过了一份法案，同意出版最后的报告。同年夏天，无烟煤产区恢复实地勘探，立法机构内部的支持者终于打消了疑虑。但是，让联合委员会负责监督出版工作最终被证明是一场灾难。争夺出版合同的政治斗争导致州政府损失了 4000 美元，而且一份成文的报告都没有出版。1854 年，《矿工月刊》报道称，1836 年至 1842 年的勘探工作总共消耗了 76760 美元，1851 年政府又为最终报告的成文和短暂重启的实地勘探划拨了 32000 美元。编辑们要求提供 1000 份最终报告，并提出警告："都花了这么多钱了，是时候让我们看到些成果了。"1854 年，亨利·达尔文·罗杰斯负责出版这份报告。因为缴纳了保证金，并承诺报告完成之后为州政府提供 1000 份副本，他于 1855 年 5 月拿到了合同。这一年夏天，他前往苏格兰的格拉斯哥大学任教，并修改最终报告。

1858 年，亨利·达尔文·罗杰斯完成了最终报告。《宾夕法尼亚州地理学》以上下两册的形式出版，总页数超过 1600 页，包含一套地图和地质剖面图。上册包含宾夕法尼亚州各个地质区、地层，以及对于山脉、矿物和景观的详细描述。亨利·达尔文·罗杰斯遵守承诺，在下册提及了宾夕法尼亚州地质学中的经济价值。他写道："除了地质学家，资本家和议员都在关注宾夕法尼亚州的大片煤田。"亨利·达尔文·罗杰斯熟练地调和各方利益，重点关注宾夕法尼亚州还没有开发的烟煤和无烟煤层。对于南部的无烟煤区，他认为这些地区都没有得到开发，"无论关于这些地区的数据能带来多少的短期利益，这些信息对于这片地区工业的发展都有着巨大的价值"。

距离他轻视斯库基尔地区已经过去了二十多年，亨利·达尔文·罗杰斯为了避免仇视，将更多的注意力集中于未来的发展。如果能早日展现一些外交手段，那么最终报告就有可能早点出版。在《宾夕法尼亚州地质学》中，亨利为宾夕法尼亚州西部产煤区的未来开发者提供了明确的指导。在他关于印第安纳县的讨论中，亨利·达尔文·罗杰斯认为有关部门"应当为铁矿、煤炭、石灰岩的开采提供便利，而且这些矿物所在的地区还有非常充足的水能"。亨利·达尔文·罗杰斯还附上了一份名为"宾夕法尼亚州烟煤和无烟煤产区与各个市场关系图"的地图。《宾夕法尼亚州地质学》乐观的论调得到了支持者的好评，认为这是给资本投资的一部优秀的指导丛书。《宾夕法尼亚州地质学》为开发州内煤田提供了一份切实可行的计划蓝图，只不过似乎在时效性上并不理想。实际上，为了寻找新的煤炭和铁矿，亨利·达尔文·罗杰斯的这套著作在 1868 年再次出版。一位评论员写道："和其他地质报告相比，他的这份地质报告数据最为充实，准确度最高。"

威廉·巴顿·罗杰斯希望在弗吉尼亚州为勘探计划撰写最终报告，他也遇到了类似的问题。和宾夕法尼亚州一样，弗吉尼亚州也因为 19 世纪 40 年代雄心勃勃的内部升级计划而背上了沉重的债务。立法机构在 1842 年提供了一小笔拨款后，威廉·巴顿·罗杰斯将自己的注意力转向在弗吉尼亚大学教授自然哲学，偶尔他也会尝试说服立法机构重启勘探计划。就职于州审计办公室的小詹姆斯·布朗（James Brown Jr.）作为勘探计划的支持者，曾在 1844 年敦促威廉前往首府。他在信中写道："亲自拜访立法机构的成员，对于公众和你自己来说都有好处。你必须至少提前一天，从大学那里要到几天假期。"但是，这些努力并没有成功。布朗在 1845 年写到，资助最终报告的提案因为具有微弱优势的反对票而没有通过。他在给威廉·巴顿·罗杰斯的信中写道："如果你可以从大学中多抽出一些时间，我相信这个提案一定可以通过。公众也希望你可以尽快将勘探工作的成果展示出来。"

威廉·巴顿·罗杰斯因为弗吉尼亚大学的工作忙得不可开交。19 世纪三四十年代，夏洛茨维尔出现了大规模暴动，威廉·巴顿·罗杰斯忙于镇压工作。这不可避免地影响了地质勘探的重启计划。1849 年，布朗指责威廉·巴顿·罗杰斯："现在立法机构里了解勘探计划实质的人可能还不到六个，应该有人来给他们讲讲勘探计划到底是怎么回事。"

由于缺乏类似宾夕法尼亚州煤炭或者钢铁领域的强力支持者，最终报告的成形依然阻碍重重。宾夕法尼亚州的煤炭业虽然时不时地表达出了对亨利·达尔文·罗杰斯的不满，但他们也明白亨利·达尔文·罗杰斯的地质勘探结果可以为自己所用。因此，为了保证最终报告的出版，福克和他的同伴才会让亨利·达尔文·罗杰斯的报告从政治角度上看起来非常诱人。而弗吉尼亚州的勘探工作并没有得到类似的支持。到 19 世纪 50 年代，勘探计划所扮演的角色和地质学的价值在弗吉尼亚州依然没有定论。《里士满辉格党和公共顾问》发表了评论员文章，指明勘探计划的最终报告还没有出版，很多人甚至不知道这个计划的存在。编辑们写道："很多人认为地质学不过是寻找矿物宝藏，换言之就是有组织地淘金，又或是寻找其他有价值的矿物。到目前为止，勘探活动确实在州内搜索了各种矿物，并确定了其储量。"但是，为了避免弗吉尼亚人认为勘探计划的主要任务就是勘探矿物，《里士满辉格党和公共顾问》指出，"勘探计划的主要目标应当是促进州农业资源的发展"。

宾夕法尼亚州勘探计划的支持者虽然让亨利·达尔文·罗杰斯头疼，但他们也不确定勘探计划的真正目的究竟应该是什么。他们的设想并没有得到像罗杰斯兄弟这样的地质学家的尊重，但起码他们完成了最终报告。出于建立一所技术学校的梦想和教学的职责，威廉·巴顿·罗杰斯于 1853 年搬到了波士顿，他在这里又见到了亨利·达尔文·罗杰斯。1854
年，他为了争取项目经费，发动了最后一次努力。但是，威
廉·巴顿·罗杰斯说服立法代表已经是二十年前的事情了。他
给亨利·达尔文·罗杰斯写信说道："我已经受够了等待立法
机构的行动了。我已经受够了游说工作，我现在连这几个字都
不想听。"关于经费的法案在众议院获得通过，但在参议院遇
到了麻烦。威廉·巴顿·罗杰斯于1854年3月离开了里士满，
在波士顿开始了一番新事业。1865年，他协助成立了麻省理
工学院，成为学校的第一任校长。但是，他并没有完全放弃弗
吉尼亚州的地质勘探工作。1882年，威廉·巴顿·罗杰斯在
学校的开学仪式上发表演讲时倒在了演讲台上。在生命的最后
时刻，他反复提到两个字："烟煤"。

　　在宾夕法尼亚州，地质勘探和科学、资本及州政府形成
了一种并不完美的合作关系。虽然勘探工作备受期待，但亨
利·达尔文·罗杰斯的领导方式也对工作进度造成了影响。考
虑到对州煤炭业的影响，勘探计划仍然取得了成功。无烟煤
煤矿的矿主讨厌勘探辅助人员和主管的高傲态度，但就算是
最发达的地区，也会因为《宾夕法尼亚州地理学》中的信息
而受益，只不过这之间存在巨大的时间差。对于亨利·达尔
文·罗杰斯和宾夕法尼亚州矿主之间的紧张关系，历史学家克
里夫顿·耶雷（Clifton Yearley）有如下描述："在斯库基尔地
区损失的时间、金钱和精力，都证明了掌握相关信息的人和

需要这些信息的人之间存在沟通障碍。"虽然项目早期存在问题，但亨利·达尔文·罗杰斯最终拯救了整个项目。

勘探计划让烟煤产区收益颇丰。泰奥加、布拉德福德和莱康明县的中北部烟煤煤田，宾夕法尼亚州中南部的布洛德托普，西部各县的烟煤煤田，这些地区欠开发的煤田和匹兹堡城外缺乏关注的产煤区，在勘探完成之后都成了关注的焦点。在这些地区，地质勘探确实为矿业发展作出了贡献，亨利·达尔文·罗杰斯的年度报告和《宾夕法尼亚州地理学》也为19世纪的矿主提供了巨大帮助。到头来，地质勘探的结果查明了西部地区的储煤状况，降低了资本家投资的风险。

弗吉尼亚州勘探计划留下的遗产却与之迥然不同。虽然威廉·巴顿·罗杰斯作为州政府委派的地质学家和弗吉尼亚大学的教授，为旧自治领的科学工作打开了全新的纪元，但地质勘探并没有将弗吉尼亚州送回之前经济领先的地位。对于弗吉尼亚州的种植园农业来说，矿物肥料并没有带来太多的影响。艾德蒙·拉芬和其他农业改革家继续推广包括泥灰岩在内的各种肥料，但是他们缺乏地质学家的帮助。里士满盆地因为缺乏专业勘探的支持而蒙受了损失。当宾夕法尼亚州的无烟煤矿主开始将地质勘探取得的数据融入自己的产业时，里士满的矿主在19世纪晚期依然在依靠不准确的实践经验。泛阿勒格尼地区可以说是弗吉尼亚州勘探失败的典型案例。地区纷争破坏了威廉的勘探计划，弗吉尼亚州西部的很多地区在很长一段时期内，依然没有得到勘探。正如西部地区在内部升级计划中受到了消极影响，弗吉尼亚州在前内战时期政坛上零和游戏的特色，导致立法机构为了满足东部选区的利益，牺牲了矿物资源当下和未来发展的前景。

州一级的地质勘探计划是当时时代条件下的产物，它有着宽泛的范围，但是在结构上却具有明显的个人色彩。在项目早期，威廉·巴顿·罗杰斯的个人魅力和亨利·达尔文·罗杰斯无可挑剔的资质确实为勘探计划提供了巨大的帮助。威廉·巴顿·罗杰斯对于里士满盆地没完没了的恫吓和政治虚伪的厌恶，最终扼杀了弗吉尼亚州的勘探计划；而亨利·达尔文·罗杰斯则因为缺乏细节处理能力，导致他的研究结果无法为公众所用。这进一步证明宾夕法尼亚州灵活的政治结构为亨利·达尔文·罗杰斯的计划提供了便利，而弗吉尼亚州的政治结构则导致威廉·巴顿·罗杰斯无法完成最终报告。

从多个方面来说，宾夕法尼亚州和弗吉尼亚州的很多科学计划，和两个州的内部升级计划以及煤炭贸易存在共同点。在宾夕法尼亚州，立法机构出于爱国主义热情和对短期内经济收益的期待，启动了州内工程。但是这些项目和勘探计划一样，都没有满足这种过高的要求，各方都认为这些项目中存在诈骗和腐败，对其实用价值也存疑。但是，宾夕法尼亚州内部的公共和私人升级项目却保证了煤炭贸易的扩张。亨利·达尔文·罗杰斯的勘探计划也是如此。在整个前内战时期，整个哈里斯堡对于矿业发展都抱着一种不求优雅但求有效的态度。

弗吉尼亚州的勘探计划则和詹姆斯河以及卡纳瓦运河的故事遥相呼应。詹姆斯河与卡纳瓦运河原本应当连接旧自治领的偏远地区，成为弗吉尼亚州内部升级计划的核心。但实际上，地区冲突却对其造成了严重影响，整个项目并没有成为弗吉尼亚州团结的代表。弗吉尼亚州西部地区关于詹姆斯河以及卡纳瓦运河的抱怨，也适用于地质勘探工作：投入的资金太少，对于西部工业利益集团而言与自身相关的利益不足，以至于执行计划的意愿低下。西部地区不得不再一次在没有里士满支持的情况下保护自己的利益，地区冲突再次将立法机构分裂。

州一级的地质勘探计划成为宾夕法尼亚州和弗吉尼亚州继内部升级计划之后受到公共政策和私人资本共同影响的矿物资源开发的第二种方式。但是，通过分析里士满和哈里斯堡的政治制度，勘探计划在两个州以煤炭为基础的政治经济中扮演了不同的角色。两个州交通网络和地质勘探计划中的制度特点，也出现在公司注册政策中。我们在下一章可以看到，宾夕法尼亚州混乱的权限管理和弗吉尼亚州的地区分裂，不仅塑造了采煤公司所必需的基础设施和信息，也决定了这些公司的构架。

第五章

许可证之争：宾夕法尼亚州和弗吉尼亚州的
企业与煤炭

　　科尔佩波县的议员威廉·史密斯（William Smith）是一位杰克逊式平民主义的积极追随者。1837 年 1 月，他组织了一场旨在反对弗吉尼亚州参议院简化采矿和制造公司注册流程法案的运动。虽然他是州政府权力的代表之一，但是他因作为美国邮政的邮政马车业务所有人而大赚一笔，所以得了一个"外快比利"的外号。虽然他倾向于和联邦合作，但史密斯回忆录写道，"他一直和州内各个银行作对，认为整个银行系统效率低下，腐败丛生"。为了应对 1837 年的法案，他反复引用限制许可证时长的法条，尝试彻底推翻这个法案。

　　史密斯和他的同僚认为，企业的快速发展令人非常不安。也正是在同一场立法会议上，《里士满探秘报》反对许可证法案的作者警告道，被企业利益集团控制的州议会将创造一个"遍布铁路和运河，时不时能够看见宫殿的美丽之地，但是这里的人民却饱受贫穷和压迫之苦，私人企业、股东和股票经纪人控制着这里的一切"。虽然"外快比利"后来在政坛平步青云，两次当选弗吉尼亚州州长，但他这次却失败了，公司注册法案在 1837 年 2 月 13 日获得通过。虽然这个法案通过了，但像"外快比利"这样的反注册法案人士依然在前内战时期的里士满活跃着。

　　一年后，宾夕法尼亚州立法机构也为了一个类似的法案而头疼不已。南部无烟煤产区奥夫曼采矿公司的代表希望，立法机构可以颁布一个结合了采矿权和修筑铁路权的许可证。这个请求看起来没有恶意，因为许多 19 世纪的公司都得到了类似的授权，但是斯库基尔县的煤炭利益集团却为此使出浑身解数。他们向哈里斯堡派出游说集团，组织反公司集会，工人在集会上要求保护，免受"毫无灵魂可言的贪婪之人的影响"，并要求代表阻止这项法案。虽然法案得到了参议两院的通过，宾夕法尼亚州的约瑟夫·雷特纳州长——这位自诩为特权反对者的州长——却弹劾了这个法案。斯库基尔的《矿工月刊》称："我们的代表已经放弃了这个县，转而为股票经纪人和投机商人服务，这些人有的住在州境内，也有些人住在其他州……这些人不会有好下场。"当这次立法会议又批准成立九家公司的消息公之于众时，编辑们惊呼："全天下再也找不出同样的公权滥用了！"

　　这些围绕矿业公司许可证的政治斗争，正好发生于美国煤炭贸易发展的关键期。早期采煤工利用类似挖沟或者斜井采煤等劳动密集型手段开采了大量的煤炭，小规模的开采让少数矿主暴富，并为后期生产设置了巨大的阻碍。企业家明白，想要通过采煤获取利润，就必须为巷道开掘、抽水和连通主要交通干线的工程投入大量成本，他们需要寻找提高资本投资、减少风险的办法。因此，宾夕法尼亚州和弗吉尼亚州的采煤业是首先采用公司这种形式的行业。但是，采用这种组织形式的过程并不是一帆风顺的。公司许可证的政治内核，正如"外快比利"和奥夫曼采矿公司的代表所表明的那样，对各州都在采用的公司形式造成了阻碍。

　　宾夕法尼亚州和弗吉尼亚州的矿主希望在公司许可证法案的政治乱局中建立一定的秩序。不论是为了针对竞争对手所享受的丰厚条件，又或是争取对自己有利的特权，每个州的矿业利益集团都高度参与到了相关政策的制定中。和宾夕法尼亚州以煤炭为基础的政治经济的其他方面一样，对于一个更加开放和根据地域划分的立法机构而言，与许可证相关的政策出现了一些看似不合理和颇有争议的问题。弗吉尼亚州遵循了一条更为保守的路线。正如地区争端破坏了内部升级计划，农业利益集团主导了地质勘探计划，对于地区性制度的依赖也限制了许可证相关政策的有效性。两个州都利用当时可用的政策工具来应对实业公司的快速增长，而宾夕法尼亚州和弗吉尼亚州的矿主也因为不同的许可证政策选择了不同的道路。在政治上处于保守的里士满制定了一套地区性的许可证政策，为弗吉尼亚州的立法代表们解决创建公司时的各种问题节约了时间。但是，宾夕法尼亚州更为疯狂的立法措施证明，积极的管理对煤炭贸易的发展有着极大的促进作用。两个州都根据自己的具体情况打造了属于自己的制度性框架，并带来了截然不同的结果。

19 世纪的公司

很难想象，如果没有公司，美国的工业发展会是什么样子。大规模的资本化、有限责任和最小化的风险，重新定义了19 世纪美国的商业。但是，这种对于公司执照相对友善的态度也是近期才出现的。在前内战时期，知识分子、立法代表和企业家都要调和公司制带来的巨大优势。1820 年，政治经济学丹尼尔·雷蒙德（Daniel Raymond）批判了公司赋予股东的"人造权力"，他认为"所有的金融公司对国家财富而言都是一种祸害"。州一级颁发的大量许可证驳斥了这种反对公司的言论，而平民主义民主派则对"怪物银行"发起了挑战。但在这段时期里，公司许可证也有自己的支持者。马萨诸塞的议员阿伯特·劳伦斯（Abbott Lawrence）对那些质疑实业公司"交给国库几百万美元"的人进行了批判。他在 1836 年说："如果你还在怀疑鼓励成立公司的决定，那我认为你一定是瞎了，而且对于立法机构的决心视而不见。"在全国上下的立法代表们通过各种法案成立、延续或解散公司的时候，其中夹杂着意识形态、经济利益和党派理念。

除了这种混乱的政局，缺乏统一的许可证制度让各个地区和州在建立公司方面都存在着不同。19 世纪的法律专家和立法人员使用了"外部公司"一词，来形容那些在其他州成立的公司，立法机构经常利用已有的法律或制定新法律来限制这些公司的行动。保护公司权利的法庭判决逐渐抹去了"外部"二字中暗藏的敌意，并在 19 世纪演化出一种更为正式的区别方式。到了 19 世纪 80 年代，新泽西州具有标志性的许可证法代表着全国性的公司许可证的诞生。从此之后，各州之间公司许可证差异也逐渐消失。

在 19 世纪大部分时间内，每个州都有自己的许可证政策，其中混合着传统的共和主义意识形态，经济发展优先的实际考量，以及在州际市场上争夺物资和资本的意愿。到了 19 世纪 50 年代，纽约州、马萨诸塞州和宾夕法尼亚州这样重要的州已经逐渐掌握主导权，但是各地区和各州之间的差异依然没有消失。举例来说，对于公司内部管理的问题，各州股东的投票权存在巨大差异。即便各州对于"股份"公司的规定并不需要立法机构单独颁布法令，却也存在着巨大差异。早在 1811 年，纽约州就有一部关于制造业的法律，但是宾夕法尼亚州直到 1873 年才有了关于股份公司的规定。换言之，为了批准一个公司许可证，许多州都需要立法机构单独颁布法令。1845 年，路易斯安那州首先废弃了这套程序。到了 1850 年，只有六个州还保留了这套程序。

在整个前内战时期，颁发公司许可证最常见的办法就是颁布特别法令。由于私人公司让人联想到牺牲社会利益，通过特权谋利，美国早期的大部分公司许可证都颁发给了修建收费道路、桥梁和运河的公司。从理论上来说，内部升级计划可以证明这些公司是为了公众服务，所有公民都能因为一条道路或者运河而受益。银行和保险公司这样需要大量资本的公司也需要许可证，但是这种关于特权和权力的制度与社会的匹配性却引起了传统的共和党人的担忧。立法机构对于给采矿和制造业公司颁发许可证迟疑不决，特别是这些公司早在获得相关特权之前就已经存在了。该领域的一些公司获得了许可证，但是所享受的特权不及运输公司。1814 年至 1816 年，宾夕法尼亚州颁发了九个制造业公司许可证，而弗吉尼亚州直到 1828 年才开始为采矿和制造业公司颁发许可证。

1812 年战争之后，立法机构经常颁发许可证，但在美国独立之后的半个世纪里，公司却成为争论的焦点，立法人员努力在这一过程中厘清公共和私人的需求。19 世纪二三十年代的交通大发展，让各州立法机构花费大量时间和精力颁发许可证。运河、桥梁和铁路的许可证经常以公共工程升级为幌子，政界已经出现了一种对"缺乏灵魂"的公司许可证的不信任。

游说、选票互助和公然贿赂更加深了这种不信任感。1832 年，安德鲁·杰克逊总统宣布自己不会同意美国第二银行许可证的延期，公司在社会中的角色受到了来自政治层面的挑战。而安德鲁·杰克逊在国会对抗尼古拉斯·比德尔的"怪物"公司的故事[①]，则在美国历史上留下了鲜明的一页。

但是，19 世纪 30 年代的"银行战争"延伸到了州立法机构，而政策建议则指向了股份和采矿公司。在宾夕法尼亚州，平民主义的民主党人依然和州内的银行维持着一种脆弱的停战状态，他们希望通过指责银行来为自己赚取政治资本，但他们对于反对银行而引起的经济和财政问题也心知肚明。在弗吉尼亚州，银行战争也营造了类似的问题。辉格党人小心翼翼地为银行许可证提供支持，而民主党人则分裂为极端反银行派和保守派。在这两个州里，银行战争将公司许可证的颁发置于严格的政治审查之下，对与煤炭贸易相关的公司许可证颁发造成了巨大的影响。

---

① 美国第二银行成立于 1812 年，并被授予了为期 20 年的特许经营许可证，以整顿美国第二次独立战争造成的混乱局面，支付政府欠下的战债。然而，安德鲁·杰克逊认为，美国第二银行集中了过多的财富和力量，会牺牲普通社会民众的利益。在他担任总统后，安德鲁·杰克逊于 1832 年否决了美国第二银行许可证的延期请求，使得美国第二银行只能以州行的地位继续运作。——编者注

宾夕法尼亚州和弗吉尼亚州的早期采矿公司

在杰克逊时代，宾夕法尼亚州无烟煤产区出现了一场关于公司许可证的讨论，这也是早期对在宾夕法尼亚州内部运作的"外部"公司采取的政治行动。在 19 世纪 20 年代末至 30 年代早期的煤田大爆发时期，在纽约州成立的公司在无烟煤产区购买了大量土地。当地的煤炭利益集团认为，这些外部公司不让矿主进入宝贵的煤田，限制了当地的煤炭贸易发展。由于这些公司在其他州成立，它们可以规避宾夕法尼亚州关于永久营业权的规定，这项规定禁止土地长期被限制。多年之前，费城的议员斯蒂芬·邓肯（Stephen Duncan）为了回应采矿业团体对外部公司的抱怨，提供了一条对于许可证的法律解释。他在 1825 年向立法机构汇报："颁发公司许可证的权力是一种主权权力，纽约州的立法机构不能在宾夕法尼亚州的土地上行使这种权力。"

19 世纪 30 年代早期，来自无烟煤产区的投诉让立法机构相信，宾夕法尼亚州未来的利益危在旦夕。1833 年早些时候，立法机构通过了一项法令，允许州政府没收外部公司的土地。因此，宾夕法尼亚州规定，"任何公司如果没有得到州政府颁发的许可证，就不能禁止或者拖延人与人之间的土地流转"，以限制在其他州成立的公司永久持有宾夕法尼亚州的土地，并警告这些没有取得宾夕法尼亚州政府颁发的许可证的公司，他们持有的土地将转交给州政府。德拉瓦尔煤炭公司和北美煤炭公司都得到了纽约州颁发的许可证，而且大多数股票都被宾夕法尼亚人认购，所以被要求在三年内得到来自宾夕法尼亚州政府颁发的许可证，不然就要卖掉所有资产。个别公司得到了宾夕法尼亚州颁发的许可证，得以继续自己的业务，但是1833年无主土地归属法案所造成的持续影响，对那些在宾夕法尼亚州境内有业务的外部公司产生了政策暗示。出于对纽约州可能主导宾夕法尼亚州的商业和工业的担忧，立法机构明确声明，在宾夕法尼亚州运营的采矿公司必须获得哈里斯堡颁发的许可证。

斯库基尔和利哈伊地区之间的竞争，则催生了另一个对于采矿公司的限制。利哈伊煤炭和运河公司的许可证包含采矿权和运煤权，而立法机构禁止斯库基尔运河公司拥有煤田或者开采煤炭。两家公司在权利上的差异，激发了一场对于公司在宾夕法尼亚州无烟煤产区将扮演何种角色的辩论。一开始斯库基尔地区的煤炭利益团体对于公司没有任何意见。但是，随着该地区多份公司许可证没有获得立法机构的通过，斯库基尔地区的支持者在利哈伊地区利益集团的推动和反对许可证的大氛围的熏陶下，也开始谴责公司。

这两个地区间的纷争在19世纪30年代终于蔓延到了宾夕法尼亚州的立法机构。斯库基尔地区的利益团体指责利哈伊煤炭和运河公司滥用许可证赋予他们的权利，这个说法很快就在哈里斯堡流行了起来。乔舒亚·怀特（Josiah White）作为利哈伊煤炭和运河公司的总裁，准备了一份印刷信函来回应包括滥收运费在内的指责。怀特在 1832 年 2 月写道："七个州的公民都购买了我们的股票，但其中大部分是我们自己州的公民。我不相信来自其他州的人。我们的股票价格是每股 50 美元，很多人都买了我们的股票，其中又有很大一部分是工薪阶层，包括寡妇和孤儿。我相信此时至少有一万人支持我们，或者因为无法得到分红而受苦。"在杰克逊反对银行的大背景下，攻击公司可以在宾夕法尼亚州得到更好的政策支持。自 1832 年印刷信函发表之后，怀特在第二年向宾夕法尼亚州参议院公司委员会提交了一份详细的请愿书。他再次就关于路费过高、土地投机和对于利哈伊煤炭和运河公司的指控作出回应。怀特写道："你也明白，提交请愿是很简单的事情，当你高喊着'打倒垄断''打倒贵族'的口号时，一切就变得更简单了。"虽然有各种尝试化解争议的努力，立法机构依然调查了利哈伊煤炭和运河公司其他关于违反许可的行为。

反对利哈伊煤炭和运河公司以及公司特权运动的领军人物是乔治·泰勒（George Taylor），他是当地颇有影响力的作家和《矿工月刊》的退休编辑。1833 年，泰勒写了一本小册子，其中描述了公司对宾夕法尼亚州无烟煤贸易造成的影响。他认为，管理水平低下且贪婪无比的股份公司破坏了煤炭贸易，而且对于煤炭贸易的未来而言，"这些公司无疑是有害、不当而且没必要的"。泰勒预言，继续颁发公司许可证"会制造巨大的不公，对于从事煤炭贸易的个人造成巨大影响"，他还将亚当·斯密（Adam Smith）比作一个反公司的权威人物。泰勒将从事运输业的公司资本定义为合理的存在，却将采煤业中的公司资本定义为不合理的存在。泰勒解释道："我们必须要牢记一点，资本家正在努力争取只属于他们的特权，而个人只希望自己的财产和权利得到保护。"在泰勒看来，糟糕的管理、土地所有权和运输权的结合，以及公司特权导致的不平等，说明许可证和无烟煤开采并不相容。在他看来，在没有公司的地方，"个体矿主带着全家来到产煤区，将这里当作自己的家和永久居住地"，将采矿公司提供的临时住所替换成"为了州内资源、力量和荣耀而奋斗的永久社区"。除了公司对社区发展的消极影响，泰勒还将拥有许可证的公司描绘成一种倾向于垄断的、毫无灵魂的组织。当时反对公司的政治经济学材料都引用了泰勒的话。

宾夕法尼亚州无烟煤区对于公司未来的讨论，是公司和个人所有权之间的意识形态斗争，还是相互竞争的团体为了争夺无烟煤运输业的市场份额，这一点还不能确认。但是，在这种政治斗争中，确实形成了一种关于采矿公司许可证的看法。举例来说，在讨论那些使用纽约州许可证、经营活动却集中于宾夕法尼亚州的公司时，参议员邓肯认为，公司许可证和采矿业之间的匹配性确实值得怀疑。他在 1825 年提到，公司对于运河和收费道路来说是可以接受的，但是，专有公司执照

"不仅与良好的政治经济规定相违背，与自由政府的原则公然作对，而且无利于为促进共同福利而设立的法律和权利。"邓肯认同纽约州公司的观点，即如果允许公司开发煤田，那么就可以向市场输送大量的煤炭。但是，他认为公司的发展可能会将个人业主从采煤业中排除出去。这种由于产量增加而带来的"部分且短暂的利益"，不应当以"永久的公共福利"为代价。

在宾夕法尼亚州参议院 1834 年关于无烟煤产业的调查报告中，可以清楚地看到这种针对采煤业的反许可证政策。为了回应利哈伊煤炭和运河公司与斯库基尔县之间的论战，立法机构批准成立了一个委员会，调查煤炭业过去和当下的状态，并进行了相关调研，以探讨"在未来为了保护、协助和鼓励该行业的发展，立法机构该采取何种行动"。主持这个委员会的是来自诺桑伯兰县的议员萨米尔·J. 帕克（Samuel J. Packer）。帕克的报告先阐述了各个煤田的情况、在各个煤田工作的个人和公司，以及连通城市市场的交通设施。帕克还提到了利哈伊煤炭和运河公司的许可证中的特权："公司的许可证和法令，多多少少都是对个人权利和自由的侵犯，而且公司的天性就是垄断。"委员会建议政府收购利哈伊煤炭和运河公司，以此消除公司采矿权带来的有害影响。为了保证这种行动的正当性，帕克引用了爱国主义。委员会的报告中提道："只要合理利用我们的矿物资源，那么宾夕法尼亚州的基础将无法动摇。"

因为财政问题，州政府收购利哈伊煤炭和运河公司的计划没有得以实施，但是帕克委员会的报告为未来采煤业许可证政策提供了指导纲领。委员会认为，和三十年前相比，"今天应当让公司以矿工为基础，让木匠可以去抛光木板，让农民可以去耕地"。委员会利用企业在公共领域的贡献为这种理论辩护。委员会认为公司向市场运送煤炭也是一种公共服务，而那些占有和垄断土地、开采煤炭的行为就不算是公共服务。因此，帕克委员会的目标并不限于调查利哈伊煤炭和运河公司及其他公司是否违规，它们还想在未来建立一套开发宾夕法尼亚州矿物资源的开放体系。为了进一步支持他们的观点，委员会还提交了一些煤炭交易商对于公司在采煤业务中作用的看法。

参议院委员会给了支持公司利益的一方一个辩护的机会，但是却提供了大量支持反公司派的证据。利哈伊煤炭和运河公司的代表认为，个人可能比公司更擅长节约资金，但是开采和运输煤炭所需要的资金远超大部分个人可以承受的范围。除此之外，利哈伊公司认为，个人的管理能力参差不齐，"而公司则可以根据岗位选择具有对应才能的人才"。但是，利哈伊煤炭和运河公司却支持少数派的观点。全州无烟煤产区大多数矿工和煤炭商人都支持委员会的意见，认为公司可能会造成垄断，对民主社会造成破坏。斯库基尔县的煤商丹·本尼特（Dan Bennett）说："我们并不认为将一个地区或者一个县置于一家公司的控制之下，当地的居民就可以通过自己的行为或者意识而赢得独立或者自由。恰恰相反的是，当他们必须仰仗单一途径来养活自己的时候，他们的意见也就开始与公司保持统一了。"

虽然有关外部公司的争议和立法机构对于利哈伊煤炭公司的调查，是对于无烟煤产区之间竞争的回应，但他们塑造了未来政策制定者的思维方式。宾夕法尼亚州的公司应当获得哈里斯堡颁发的许可证。当纽约州和马萨诸塞州的资本涌入无烟煤产区，宾夕法尼亚州出现了大批股份公司的时候，这一点就显得更为重要了。宾夕法尼亚州的个人也成功参与了采煤业，很多立法代表认同帕克委员会的意见，认为公司许可证对于采煤而言并非必要。这种态度并没有完全消灭采煤许可证，但确实为采矿公司设置了巨大的障碍。

当时的政局需要成立公司，但又同时限制矿业公司获得许可证。在法案逐渐落实为法条的过程中，许多许可证都遭遇了来自立法机构的阻挠。代表和议员通过投反对票，附加站不住脚的修正案，或者让公司接受委员会调查来阻挠许可证的颁发。立法代表为了从公司创办人那里索贿，甚至会专门提交反对案。反对许可证的立法人员手中还有一个武器，就是针对许可证中关于有限责任的条款进行阻挠，或者提出附加修正案，让股东对公司的所有债务和赔偿负责。设置这些障碍可能是地区利益作祟，或者是立法人员对于公司的厌恶。由于关于当时许可证投票的记录很少，历史学家很难确认哪些议员投票反对公司，又有哪些议员支持公司。对于 1833 年到 1843 年州立法机构的量化分析显示，有关公司的投票中并没有体现出明显的对立，辉格党和民主党人对公司的法案投票结果差异不大。另一项关于宾夕法尼亚州的研究显示，以地区作为划分依据最能准确判断立法代表是如何就经济发展问题进行投票的。不论敌意究竟来自何方，公司都需要政治和财政支持，才能坚持走完整个许可证审批流程。1820 年到 1845 年，利哈伊地区有 17 家公司获得许可证，这些公司与利哈伊煤炭和运河公司保持了密切的关系，并用利哈伊公司的政治影响力取得了许可证。

就算议案可以在参众两院通过，内战之前的宾夕法尼亚州州长也经常不批准公司许可证，奥夫曼采矿公司在 1838 年申请许可证的过程中，雷特纳州长就是这么做的。作为掌管着整个宾夕法尼亚州利益的执行官，州长可以对抗立法机构内常见的互助选票和后台交易。举例来说，大卫·波特（David Porter）州长在 1842 年给立法机构提交的年度报告中，对公司大加谴责。他写道："公司让个人逃避责任，而且可能通过联合或其他集中行动，干扰政府的行动和人民主权。"1845 年，州长弗朗西斯·尚克（Francis Shunk）回绝了为北部支流铁路和煤炭公司颁发许可证的请求，并引用斯库基尔县的情况作为论据，坚持认为私人企业足够满足需求："也许在人类的各种事业中，最简单也是完全在个人范围之内的事业就是采煤。"虽然州长有时候会通过一些许可证，但是来自州长的反对也成为煤炭公司在前内战时期的宾夕法尼亚州需要面对的一个主要阻碍。

受《矿工月刊》引导的斯库基尔县的公共压力，也在这段时期影响了公司许可证的通过。时年 25 岁的本杰明·班纳（Benjamin Bannan），于 1829 年接管了由乔治·泰勒所有的《矿工月刊》，而当时这家杂志的财政状况并不乐观。他再次激发了这本月刊的反公司热情。通过刊登采矿产量、讽刺自由贸易运动、介绍新采矿技术，以及发布关于州贸易的评论文章,《矿工月刊》确立了自己在无烟煤领域贸易刊物中的领军地位。班纳本人是保护主义、道德改革和个人创业的坚定支持者。在他作为编辑的岁月里，也表示出对于民主党的不屑。作为一名编辑，班纳将所有对斯库基尔私企造成威胁的法案公之于众，并进行了批判。《矿工月刊》的影响力不限于斯库基尔县，整个宾夕法尼亚州都能读到月刊中的专栏文章。班纳对于民主党的厌恶，让《矿工月刊》成为非典型性的辉格党反公司派评论员。在班纳的主导下，斯库基尔县反公司派的风头在19 世纪三四十年代颇为强劲，两个党派都有人参与其中。

宾夕法尼亚州广泛存在的关于公司许可证的争论，也出现在 1837 年的制宪会议上。讨论的中心集中于州长权力的重组、司法指定、投票、公共教育、银行和公司许可证等因素未来在宾夕法尼亚州应该扮演什么样的角色。当大会于 1837 年春天召开的时候，反公司势力的代表人物是查尔斯·英格索尔（Charles Ingersoll）。他在会场上说："所有公司，特别是那些拥有永久所有权的公司，都违反共和理念，是极端错误的存在。"

当制宪会议就是否要将英格索尔的意见作为少数派意见出版而进行投票的时候，宾夕法尼亚州公司许可证的未来陷入了困境。虽然保守派代表认为英格索尔的报告是"爱尔兰人和民主党人"的杰作，但大会以 11 票的优势否决了出版报告的提案。

大会关于公司的讨论并没让州政府的许可证政策发生任何改变，代表们只能给许可证审批流程施加更多的限制。1838 年之后，立法机构必须先进行六个月的公示，才能办理许可证的批准、更新或者延期业务。另一个重要的改革措施是个体有限公司的许可证期限改为两年。最后，立法机构有权更改、撤销或修订已经颁发的许可证。这些最终结果意味着大多数代表认为，公司是一种必要之恶，而且政府部门需要时刻关注他们的动向。最后，以英格索尔为代表的反对势力在宾夕法尼亚州限制公司的战斗中惨败，但是他们也成功地向大会证明了滥发许可证的危害。

宾夕法尼亚州反对公司特权的势力并没有形成正式的党派或者运动，但在制宪会议之后，对于特定种类执照的非正式限制依然存在。对于采矿业而言，在杰克逊在任期间，反许可证势力通过立法机构颁发给采矿公司的许可证寥寥无几。1834 年至 1854 年，只有 48 家公司获得了采煤权，而宾夕法尼亚州的立法机构在同时期颁发了 1089 张商业许可证。

虽然弗吉尼亚州的州议会在 19 世纪早期创建了交通、银行和保险公司，但是颁发给制造业和采矿公司的执照直到 19

世纪 20 年代才逐渐多了起来。由于缺乏中心大城市，经济由种植园农业主导，19 世纪早期弗吉尼亚州有限的工业经济难以让公司接受许可证带来的有限责任、大规模资本化和风险差异化。但在杰克逊执政时期，旧自治领颁发的许可证也越来越多。1828 年，在经过 7 天的辩论之后，拉帕汉考克制造公司终于得到了许可证，《尼尔斯记事报》的编辑兴奋地写道："州代表们终于让旧贵族'随风而去'，为了弗吉尼亚州的荣耀和安全，造就了一个生产者的阶级。"在 19 世纪 30 年代，立法机构为工业公司颁发的许可证越来越多，从 1835 年至 1840 年，共有 172 份采矿和制造业许可证获得通过，而在 1830 年至 1835 年，只有 46 份许可证获得通过。

在杰克逊执政时期，个人独资业主和小规模的合营主导了煤炭业，所以采煤公司通常不会申请公司许可证。约翰·赫斯（John Heth）和他的儿子亨利·赫斯（Harry Heth），以及他们的合作伙伴在 1833 年向立法机构提出许可证申请，希望建立"黑色荒地"公司，这是弗吉尼亚州第一个采煤公司。在之后的日子里，越来越多的采矿公司获得了许可证，但煤炭贸易却没有得到同等待遇。19 世纪 30 年代，弗吉尼亚州东北部发现黄金的消息促使很多人请求立法机构颁发黄金开采许可证。仅仅在科尔佩波县，截至 1837 年就有 13 家公司获得了许可证。弗吉尼亚州内战之前的淘金热对采矿许可证的批准起到了很大的推动作用，1834 年至 1835 年，23 家采矿公司中有 4 家获得了采矿许可证。黄金矿工敲碎矿中的石头，然后清洗碎石找到黄金，这让黄金采掘变成一种资本密集型产业。令人毫不感到意外的是，为了能够获取更多的土地、雇用劳工和购买机械设备，旧自治领的黄金采掘采用了公司的组织结构。但是，采金和采煤之间的共同点也就到此为止了，因为提炼黄金所必需的技巧和技术并不适用于煤炭贸易。除此之外，黄金的高价值意味着黄金采掘并不需要廉价的运输方式。在知识或者设备共用方面，弗吉尼亚州的黄金采掘公司和煤矿矿主之间的交集并不多。

但是，旧自治领的淘金热终究是昙花一现，这意味着很多黄金采掘都是一种投机，而不是实际的生产行为。这种对于特许公司的理解和对于公司投资的传统偏见不谋而合。里士满的一些矿主抱怨道，约翰·赫斯在 1833 年获得的许可证证明了"给予一位或者多位公民的特权，都是从其他同胞那里夺走的权利"。这些矿主还认为，约翰·赫斯的许可证将为特许公司打开介入弗吉尼亚州煤炭贸易的大门。"这些公司的成员居住在其他州，而弗吉尼亚州的法律无权管辖他们的权利和不负责任的行为。"几周之后，就在弗吉尼亚州的立法机构还在审核约翰·赫斯的许可证时，这些矿主再次发动请愿。他们发出了如下警告："不论法条的语言组织得多么严密，他们的请求是多么真切，我们有充分的证据证明，他们通常都是邪恶之人，会曲解法条，然后用于连编写法条的人都想不到的地方。"矿主还提到，宾夕法尼亚州只有一家公司开采无烟煤，而立法机构"在几年之后就开始限制它的权利，消除它的影响，并不断回绝其他公司的申请"。

虽然存在这种担忧，但采矿公司的出现并没有改变里士满盆地的竞争情况。早期关于采矿许可证的规定禁止扩张性策略。举例来说，"黑色荒地"公司的许可证不包含关于公司扩张的条文，只允许整合约翰·赫斯、贝弗利·兰道夫（Beverley Randolph）和贝弗利·赫斯（Beverley Heth）原先持有的资产。实际上，许可证禁止公司购买更多的煤田。1834年，亚伯拉罕·伍德雷奇（Abraham Wooldridge）申请公司许可证，以便成立一个即便合伙人死亡也不会受到影响的采矿公司。科尔德布鲁克公司的许可证中，包含禁止购买更多土地的条款，以及在坎利夫家族女性和未成年成员中分配原始股的行为。在这个案例中，公司许可证成为一种将一部分采矿权与遗孀或者继承权相关联的手段。伊丽莎白·布兰奇（Elizabeth Branch）成立了两家公司，杜托伊煤炭公司和波瓦坦煤炭公司，并租用了两片煤田，这将租约双方纳入了一个公司。在里士满盆地，很少有人用带有购买或者拥有土地特权的公司许可证来进行全新的投资。因此，弗吉尼亚州里士满盆地地区的煤炭业竞争性的结构，并没有因为公司许可证而发生改变。

但是，弗吉尼亚州颁发的许可证数量越来越多，确实在19世纪30年代引发了一波程序改革。1834年，州议会批准了27份采矿和制造业公司的许可证，一年后又批准了27份。这些许可证和其他收费道路、运河和银行的许可证，让很多弗吉尼亚人不得不担心立法机构批准成立太多的公司，可能引发很可怕的后果。1837 年，弗吉尼亚民主党报纸《里士满探秘报》为了了解许可证批准流程进行了横向对比，向纽约州、马萨诸塞州和缅因州就公司许可证的问题发出提问函。《里士满探秘报》刊文称，这些州都对许可证施加了各种限制，并建议"要在许可证这件事上体现出保守派真正的价值"。换言之，州议会应当对里士满颁发的各种许可证施加限制措施。一个月后，参议院花了几天时间讨论了一项对所有公司股票征税的议案，支持许可证的势力对此表示反对。《里士满辉格党》评论道："有人建议这份法案的名字应该叫'阻止弗吉尼亚州与时俱进并确保万劫不复的法案'。"

随着弗吉尼亚州颁发的许可证越来越多，由此导致的法律问题也凸显了改革的必要性。在达特茅斯大学诉伍德沃德大学一案中，首席大法官约翰·马歇尔（John Marshall）认为："从国家层面来说，公司作为一种由人创造的东西，已经变成不可见，不可接触，完全处于法律层面的存在。"但是，最高法院的判决只能成为处理公司权利问题的基本指导纲领。州法院需负责处理相关政府权力的细节问题。在弗吉尼亚州，私人公司在 19 世纪 30 年代之前并不常见，1836 年，弗吉尼亚州法院对一起案件举行了听证会，林奇堡公司的许可证已经过期，而有人希望可以回收债务。如果公司从法律层面上已经不存在了，股东是否要对公司债务负责呢？在莱德诉尼尔斯一案以及雅宝联合工厂一案中，法官亨利·山特·乔治·塔克（Henry Saint George Tucker）认为，根据弗吉尼亚州的法律，公司的管理者在这种情况下不必为这些债务负责。他还指出，按照法律规定，当许可证过期后，公司财产全部归属于旧自治领。塔克法官认为这两种状态都是不合理的，建议尽快就公司的法律状态制定"一般性法条"。因此，为了明确公司在弗吉尼亚州法律系统中的地位，许可证批准流程必须进行一些调整。19 世纪 30 年代大批出现的许可证，让改革显得更为迫切。

1937 年，支持许可证的立法人员通过了一项法案，对商业公司的结构进行了标准化处理，并简化了许可证批准流程。这个法案为股票认购、董事会人员选拔、股东赔偿和其他程序性规定提供了一个样板。这项法案包括如下规定，如果五个人拥有公司 80% 或者更多的股份，或一个人拥有公司超过一半的股份，或一家公司停运时间超过两年，那么公司许可证就会被吊销。制造业和采矿许可证有效期不超过 30 年，立法机构在许可证颁发 15 年后可以修改或撤销许可证。在州议会提出这个法案的民主党人，希望样板法案可以应对弗吉尼亚人对于许可证的担忧，并解决对公司的需求。虽然"外快比利"和其他保守派参议员试图扼杀这一法案，这项关于制造业和采矿公司的基本管理规范最终还是在 1837 年 2 月 13 日获得通过，成为正式法条。

和宾夕法尼亚州的矿主不同，里士满盆地的矿主在注册公司时并没有受到太多的影响。虽然在弗吉尼亚州获取许可证的难度不大，但是里士满盆地对于许可证的使用说明，采矿业利益集团并没有将公司看作一个威胁，这一点和他们在无烟煤产区的同行迥然不同。在宾夕法尼亚州，采煤公司虽然可以获得许可证，但是要在政治层面付出极大的代价。在弗吉尼亚州，立法机构通过简化流程，打造了统一化的许可证，以此避免了煤炭利益集团中可能存在的纠纷和煤炭利益集团操控整个体系的可能性。因此，里士满通过的采矿许可证数量已经超过了哈里斯堡，但是，这些公司的成立对弗吉尼亚州的煤炭产业的影响并不大。随着里士满盆地的采煤成本越来越高，西部地区的矿主开始计划开发烟煤煤田，旧自治领对于公司的需求也越来越大。到了 1850 年，两个州都对许可证批准政策进行了修正，对各自的煤炭贸易产生了不同的影响。

通用方案？地区化方案？

随着对于银行和公司的争议在 19 世纪四五十年代逐渐平息，宾夕法尼亚州和弗吉尼亚州的矿主的生产积极性也开始提高。在整个 19 世纪 40 年代，随着东部城市家用和工业市场对于矿物燃料的需求增加，全国层面上对于煤炭的需求不断增长。除此之外，西部的新兴城市人口不断增加，工业产量不断增加，为宾夕法尼亚州和弗吉尼亚州在俄亥俄和密西西比河谷开辟了全新的市场。图 5-1 展示了从 19 世纪 30 年代中期到 50 年代,全国煤炭产量的增长趋势。这些煤炭大部分被送往西部城市,满足家用和工业需求。1846 年至 1847 年的那个冬天,运往辛辛那提的烟煤达到 104000 吨。7 年后,这个数据增长了 3 倍,辛辛那提在 1859 年至 1860 年消耗了 704000 吨烟煤。19 世纪 40 年代至 50 年代,许多城市出现的煤荒也反映出美国对于煤炭产量的需求,投机资本家也对煤炭贸易跃跃欲试。随着美国的不断发展,对于矿物燃料的需求也在增长。

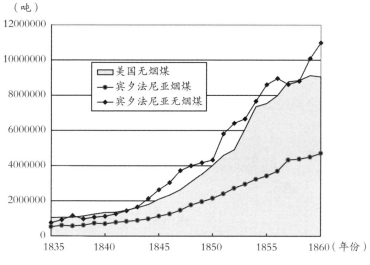

图 5-1 美国全国和宾夕法尼亚州的煤炭产量

与此同时,许多产煤区的开采成本开始上涨。其中宾夕法尼亚州无烟煤煤田的成本上涨最为明显,小规模的采煤企业难以触及储量丰富的矿层。随着靠近地表的煤层越来越少，采煤业的入行成本越来越高。在 19 世纪 40 年代，水线以下采矿成本是水线以上采矿成本的 5 倍，无烟煤产区开始使用更多的蒸汽机来为煤矿抽水。到了 1850 年，斯库基尔县使用了 169 台出力接近 5000 马力 ① 的引擎，这个数字在 1855 年翻了一倍。19 世纪 50 年代，宾夕法尼亚州西部各县的烟煤煤矿很少使用巷道或抽水机，许多个体业主都为了煤矿和主要运输线之间的转运问题而头疼。

对于煤炭的需求和水线以下采煤成本的增加，让煤炭利益集团相信大规模资本投入和掌握大面积的土地已经成为赢利的前提条件。许多州，特别是纽约州，设立了"一般有限公司"，只要申请人满足立法机构的规定要求，执行部门就可以颁发许可证。这种颁发许可证的流程，让许可证的颁发成为一种更为官僚化的工作。1848 年，斯库基尔县的地质学家和无烟煤贸易的支持者艾尔·鲍温（Eli Bowen）对宾夕法尼亚州许可证制度缺乏稳定性的问题表示了不满。他认为，这是因为公司在获取许可证的过程中缺乏民主。"他们从立法机构获取的这些特权，并不是所有人都能享有的。"但是，这又与鲍温的政治设想相左，他认为"政府应当可以将权利赋予任何一个人，因为共和制体系以全体公民为本，而不是服务于几部法律"。因此，一般有限公司可以对越发腐败的公司许可证批准流程进

---

① 1 马力约等于 735 瓦。——编者注

行民主化处理。即便是反对许可证的《矿工月刊》也支持一般
有限许可证，希望这个议案可以获得通过，"让所有公民都处于
同一起跑线上，让所有有能力的人都可以成立生产公司"。

　　宾夕法尼亚州第一部关于一般有限公司的法律于 1849 年
通过，它适用于多个产业领域。这部法律为公司运营设置了
规定，将公司最低资本定为 25000 美元，允许公司拥有最多
2000 英亩土地，一次性按照股本的 0.5% 收税。1849 年法案主
要针对羊毛制品、棉花、亚麻、丝绸、铁、纸张、原木和铁业
公司，但在接下来的 11 年里扩展到矿泉水、油和颜料、肥料、
大理石、面粉、"碳氢燃料"、皮革和泥炭。1853 年的补充条
款作为 1849 年法案的附件，将法案的管辖范围扩展到拥有不
少于 2000 英亩土地、资本不少于 50 万美元，而且不在无烟煤
区运营的煤炭企业。对于卢泽恩县、诺桑伯兰县、利哈伊和诺
桑普顿县的禁令在第二年解除，但是作为反许可证势力中心的
斯库基尔县，依然处于禁令的管制下。在 25 年的时间里，立法
机构授权批准成立了 198 家公司，资本总计超过 1300 万美元，
其中 78 家是采矿公司。但是，采煤公司并不急于利用新的一般
公司许可证，他们依然要求立法机构颁发专用许可证。实际上，
当立法机构将一般公司许可证可用范围拓展至采矿公司，州长
威廉・比格勒（William Bigler）就威胁要弹劾所有适用于一般
公司许可证的特别法案。他抱怨道："虽然这部法案和其他特
殊法案一样都很诱人，但它不过是为了采矿而设置的。"

在 1854 年的大会上，宾夕法尼亚州的立法机构通过了
一部专门开辟新采煤区的一般公司法案。这部法案允许出于
"开发矿物资源和提供相关升级服务"的目的注册公司，但是
采矿不在法案许可范围之内。根据 1854 年法案颁发的许可证
可以开采煤炭，修建铁路、机械和工程设施，甚至允许公司开
挖航道。拥有超过 3000 英亩煤田的公司都可以享有这项特权，
而且这项特权对资本数额没有设置任何限制。但是，这项法案
也规定这些公司"不能以任何形式参与土地表面，或埋藏在土
地中的矿物资源开采、售卖，或者运输到市场上的活动。"两
年后，一项补充法案取消了这个限制，同时规定资本数额最
低为 50 万美元，其中诺桑伯兰县不在这项法案的管辖范围内。
一年后，这部法案的修正案适用范围扩展到了斯库基尔县，根
据 1854 年法案成立的 1862 家公司可以将资本总量扩展到 100
万美元。表 5-1 总结了前内战时期宾夕法尼亚州一般公司注册
法案中的条款。

表 5-1　宾夕法尼亚州无烟煤一般有限公司法案

	宾夕法尼亚州 1849 年法案（1853 年补充文件）	宾夕法尼亚州 1854 年法案
1860 年成立的煤炭公司数量	73 家	30 家
资本限制	50 万美元	1856 年：没有限制 1862 年：50 万美元 1862 年之后：100 万美元

续表

	宾夕法尼亚州 1849 年法案（1853 年补充文件）	宾夕法尼亚州 1854 年法案
规模限制	3000 英亩	3000 英亩
不包括的县	卢泽恩县（至 1854 年） 诺桑伯兰（至 1854 年） 利哈伊（至 1854 年） 诺桑普顿（至 1854 年） 斯库基尔	诺桑伯兰（1856 年之后） 斯库基尔（至 1857 年） 诺桑普顿 利哈伊，约克
责任	全责（至 1854 年） 劳动力、机械设备和材料 债务（1854 年之后）	劳动力、材料 全责（1856 年之后） 有限责任（1860 年）

　　虽然宾夕法尼亚州关于一般有限公司注册的法律可能取代特别许可证，但对于许多矿主来说，1854 法案并不能让他们满意。州长詹姆斯·波拉克（James Pollack）在 1857 年提交给州议会的文件中抱怨，关于生产和升级项目公司的法律过于严格，难以吸引投资。他认为："这些法律无法吸引个人、企业和能源来开发我们丰富的自然资源，反而用严格、低劣的限制和个人责任来制造障碍。"即便这些法案已经通过，立法机构依然是宾夕法尼亚州批准许可证的核心。1855 年，《矿工月刊》刊文称："立法机构中出现的法案都是对煤炭或者钢铁公司的补充文件，让他们为自己的邻居获取特权。"但随着时间的推移，一般有限公司难道不会替代特别许可证吗？毕竟，所有用特别许可证注册的公司还要和立法机构谈判，获得许可证

修订书，才能筹集资本，获取更多的土地，修改公司的名字。一般公司注册法案对煤炭业注册许可证造成了影响，但是还没有取代立法机构颁发的许可证。

所以，为什么公司在一般有限许可证更容易获取的时候，还要选择特别许可证呢？这是因为成功获取一份特别许可证，还可以获得各种特权，其中包括可以获准筹集大规模资本、土地，或者一段含糊不清的文件，没有明确的指导意见，那么公司就可以自行决定如何行动。为了吸引潜在的投资人，很多公司会刊登他们的许可证和招股说明书，以此展示立法机构提供了一个不可忽视的在煤炭业赚钱的好机会。因此，虽然特别许可证并不是一种保证，但是最后的回报会证明所有努力都是值得的。当代的观察者很难掌握宾夕法尼亚州立法机构在颁发许可证过程中的规律或者缘由，但是这种混合着特别许可证和一般有限许可证的局面，就是宾夕法尼亚州实质上的煤炭业政策。这项政策为了保证发展，精准定位特定地区，通过规避竞争许可证，保护了已经存在的利益团体。

1853年的修正案允许采煤公司接受一般有限许可证，这对在北方无烟煤区吸引资本投资非常有用。在78家根据1849年法案获得许可证的公司里，有62家（占到总数的80%）获得了在卢泽恩县拥有土地的授权，大部分公司在1854年至1859年这段时期购买了大量的土地。北部无烟煤区之所以聚集了大批公司，可能是为了满足来自其他州投资者的需求。南部和中部煤田将煤炭送往费城，北部的煤田通过类似德拉瓦尔和哈德逊运河的运输网络，将煤炭运至其他州。北部煤田最主要的目的地是纽约，而不是费城。

但是，纽约人对于在没有获得宾夕法尼亚州颁发的许可证的情况下投资宾夕法尼亚州的煤田颇有微词，宾夕法尼亚州政府在 1833 年强制要求德拉瓦尔煤炭公司和北美煤炭公司取得该州颁发的许可证，不然这两家公司就必须交出所拥有的土地。相比于需要面对各种政治层面的困难才能获得的特殊许可证，当 1849 年一般有限注册法案经过修改，开始颁发采矿许可证之后，许多纽约投资者就对它青睐有加。虽然法案中存在要求大多数股东必须是宾夕法尼亚居民的条款，而很多公司实际来自纽约，但他们通过让宾夕法尼亚人成为挂名股东的方式满足了法案的要求。举例来说，卢泽恩县无烟煤公司的萨米尔·史密斯（Samuel Smith）和乔治·黑维尔（George Haywell）来自纽约，却拥有公司 98.5% 的股份。史密斯还拥有国家无烟煤公司 98% 的股份，北斯克兰顿煤炭公司 88% 的股份。1856 年的一本商业月刊记录了北部无烟煤区的发展情况，并提及买方"为了促进自身企业发展，通常会将其资本集中在根据《通用采矿法》注册的公司上"。但到了最后，北部煤田的企业发展也许对整个无烟煤贸易都有积极影响，因为从 1855 年至 1860 年，煤炭产量增长了 64%，其中中部煤田增长了 40%，南部煤田增长了 4%。

1849 年法案为北部煤田集中资本提供了机会，而根据 1854 年法案成立的 168 家煤炭公司遍布全州。作为个人企业聚集地的斯库基尔县，占有 37% 的许可证颁发量，卢泽恩县占有 21%，中部无烟煤产区的诺桑伯兰县占有 7%，烟煤产区的威斯特摩兰县占据 5%，剩下的公司散布于其他地区。根据 1854 年法令而批准成立的公司积累了 800 万美元的资本，开发了 13 万英亩的土地。

虽然 1854 年法令并没有偏袒特定一个地区或县，但立法机构确实注意到了一些需要改进的公司，这些公司所享有的特权在 19 世纪 50 年代对其他煤炭公司造成了威胁。需要改进的公司指的是由立法机构批准成立的，从事除了采煤以外的各种业务的公司。这些公司可以拥有土地，修建设施和铁路，勘探煤层，挖掘巷道，但是开采矿物的工作将留给其他个人或者公司。虽然有着各种限制，但很多政客和小矿主将需要改进的公司视为拥有有限责任、大规模资本化，可以拥有和出租大量土地、对私人企业造成威胁的"可怕怪物"。

1854 年法案对需要改进的公司设置了标准化的许可证，以打消这种公司可能在煤炭产区泛滥的担忧。但与此同时，这也鼓励了矿物富集区的企业发展。相较于立法机构颁发的特别许可证，这种许可证更为开放，对于可拥有的土地数量、资本或地点没有进行任何限制。但是，一般有限许可证通过样板化的许可证，将所有条款进行了标准化处理。从某种程度上说，

1854年法案让所有人处于同一起跑线上，有效削弱了需要改进的公司的吸引力。相较于消灭所有需要改进的公司，一般有限公司注册手续提供了一种既可以将这些公司许可证合法化，又可以保护已经存在的煤炭利益团体的手段。

一般有限许可证将若干县排除在许可范围之外，并保证其他县依然在特别许可证的覆盖范围之内，让特定地区采取特定的发展方式。通过仔细研究采矿业之后颁发的特殊许可证，可以发现宾夕法尼亚州立法机构颁发许可证依然是基于地理分布。具体来说，宾夕法尼亚州立法机构在19世纪50年代，希望西部烟煤公司可以获得修建铁路的特权。1855年至1860年，立法机构批准的27家采矿和需要改进的公司中，有20家（74%）位于西部烟煤煤田，其中11家（41%）西部烟煤公司被特别赋予了铁路修筑权，以便将煤田和已经完成的运输线相连。而一般有限许可证法案则面向东部公司，根据1849年法案颁发的65份许可证中，88%在宾夕法尼亚州东部地区；根据1854年法案颁发的25份许可证中，有68%颁发给了东部无烟煤产区。开发程度较低的地区在立法机构中政敌更少，只要投机公司不针对某一家公司，那么他们的许可证就更有可能获得通过。一般有限许可证和特殊许可证对已经存在的无烟煤产区和处于开发中的烟煤产区的公司开放，减少了为了获得许可证而引发的一系列政治斗争。

一般有限许可证并没有让宾夕法尼亚州的公司"去政治

化"。相反，它代表了企业发展的一种选择，在一个极其复杂，但最终获得了成功的制度框架中，优先考虑经济的快速发展。用许可证制度来提高产量的念头，对于宾夕法尼亚州来说算不上新颖。1827年，《矿工月刊》的一篇文章提到，采煤公司的许可证应该包含一个条款，规定获得许可证的公司在第一年应开采5000吨煤炭，第二年开采8000吨，第三年12000吨，之后每年的采煤量都应达到15000吨，达不到这一标准的公司将被吊销许可证。1836年通用法令规定，向使用无烟煤冶铁的公司颁发许可证，这是通过颁发许可证以达到特殊目的的另一个例子。因此，许可证的改革并不单纯是将公司带来的好处惠及更多企业的过程。州政府的官员利用许可证推动特定领域的发展，避免其他地区陷入不可持续性的竞争，从立法机构颁发的特殊许可证中剔除一些令人不快的因素。相较于从许可证颁发流程中完全剔除政治元素，宾夕法尼亚州的一般有限许可证在煤炭贸易的公司重组中加入了更多政治考量。

在19世纪四五十年代，弗吉尼亚州的煤炭贸易也需要更多的资本和许可证提供的有限风险。在里士满盆地，大部分便于开采的煤炭资源在19世纪40年代就开采殆尽，这增加了矿主开采煤炭的成本。与此同时，西部各县人口的增长让卡纳瓦和俄亥俄地区烟煤煤田的开发成为可能。如图5-2所示，里士满盆地的煤炭产量保持稳定或者减产的时间点，和宾夕法尼亚州西部煤矿增加产量的时间点相对应。

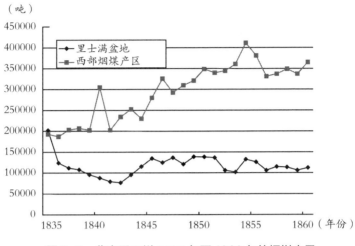

图 5-2　弗吉尼亚州 1835 年至 1860 年的烟煤产量

　　因此，正如在宾夕法尼亚州所发生的一切，在已经建成的矿区使用深度更深的巷道、效率更高的水泵、通风系统和其他技术，以及购买或者雇用奴隶劳工的成本，让里士满盆地的煤矿对于资本的需求远超历史水平。西弗吉尼亚地区对有效勘探活动、运输线和不菲的启动成本的需求，让公司的发展成为一种必然。面对公司许可证出现的问题，里士满盆地的议员再次调整了颁发许可证的流程。和内部升级计划、地质勘探和弗吉尼亚州煤炭业一样，公司许可证的颁发流程和奴隶制、选区代表划分问题一同成为旧自治领地区争端的热点话题。在19 世纪 50 年代，弗吉尼亚州开发出了一套地区性解决方案来处理许可证问题，西部各县煤炭贸易发展受阻很可能与之有关。

西部各县很少参与杰克逊派关于许可证的讨论。最明显的例子出现在 1835 年，一批卡纳瓦谷地的制盐商认为，"个人用于制盐的财产和资本正在被逐渐浪费掉"，他们要求立法机构颁发一个公司许可证。卢克沃姆在一群居住在里士满的卡纳瓦县政客的支持下，联合当地反对势力，准备扼杀这个提案。一位反对制盐商的政客说："整个卡纳瓦谷地都会成为这个公司的财产，而且因为这个许可证不存在过期的问题，这个公司可以一直行使这种权力。"随着卡纳瓦县反对许可证的势力逐渐意识到，需要大量的资本才能和纽约州及俄亥俄州的制盐区保持竞争，这股势力也就渐渐解体了。1847 年，制盐商成立了卡纳瓦盐业协会，以此监督生产和控制价格。从某种程度上说，反许可证势力的怀疑是正确的。到了 1851 年，一家股份公司控制了卡纳瓦县绝大部分的产业，只剩下一家盐水制造厂不在其控制范围内。

直到 19 世纪 40 年代，弗吉尼亚州立法机构才开始在泛阿勒格尼地区颁发采矿许可证。普雷斯顿县铁路、原木和矿业公司成立于 1840 年，被批准拥有 1 万英亩土地。1848 年，西弗吉尼亚采煤公司收到了来自州议会的许可证，有权在 6 个县拥有合计 1 万英亩的土地，筹集资本上限为 100 万美元。虽然很多公司从没有将煤炭运到市场，但西弗吉尼亚地区获得的许可证说明，投资者对于这一地区矿物资源的兴趣越来越高。随着通过蒸馏就可以制成当作燃料或者照明用的煤油的发现，位于卡纳瓦谷地的东部查尔斯顿地区成为煤炭贸易从业者的新关注点。1851年,《科学美国》刊文称:"我们可以毫不犹豫地说,这种煤可以比得上世界上其他任何一种煤……我们相信,我们所刊登的一切可以让公众注意到这一点。"到了19世纪50年代早期,弗吉尼亚州西部各县的矿产资源成为全美国,乃至英国投资者的关注点。

西弗吉尼亚地区的煤炭贸易在19世纪40年代末和50年代初得到了美国全国上下的关注,但是里士满的政治生态发展却有可能扼杀这种大好势头。正如之前提到的,弗吉尼亚州东西部之间局势紧张,在1850年秋引发了一次宪法修改会议大会,以应对西部地区对于选区和税收的不满。在1850年至1851年的大会上,公司许可证制度并不是讨论的重点,但是弗吉尼亚州现行的许可证政策却成了宪法改革的牺牲品。为了限制和离婚、退休金以及其他特殊事宜相关的法律,代表们几乎一致同意将州议会改为两年一次,每次90天。

1850年大会批准了白人男性的投票权,承诺在未来进行立法机构选区的重新划分,解决了西部关于选举权和选区划分的不满,但并没有完全平息弗吉尼亚地区的紧张局势。实际上,立法机构在19世纪50年代进一步采用零和式的工作方式。地区纠纷依然主导了弗吉尼亚州立法机构的政策制定,这一点在内部升级计划上更为明显。里士满的《每日快讯》曾写道:"最为顽固和狭隘的地区主义正在毒害我们的立法机构。每个人都有自己的打算，他们完全无视整个州的利益。"在弗吉尼亚州的州议会改为两年一届之后，这个说法似乎略显夸张。但是两年一次的州议会对于改善该州的农业来说收效甚微。沿海地区的大多数主要项目不是已经完工，就是处于完工的边缘，所以立法机构的迟缓动作并没有引起大家的担忧。即便是詹姆斯河和卡纳瓦运河也延伸了 196 英里，在 1851 年连通了位于蓝岭山脉的布坎南。这可能为东部代表支持弗吉尼亚州立法机构两年一次的大会改革，提供了强有力的理由。

对于其他弗吉尼亚人来说，没有了一年一次的大会，将会面临很多问题。其中最重要的问题是，关于公司许可证的事宜占据了大会很大一部分时间。来自沿海地区的参议员约翰·W. C. 凯特莱特（John W. C. Catlett）在 1854 年说："整个州都被公司控制了，会议厅里全是寡头、代理商、次级代理商。"在节奏较为缓和的弗吉尼亚州年度会议上，需要进行大量的游说工作才能保证许可证的通过。两年一次的会议削减了游说工作的时间窗口。由于获取许可证的时间只有 90 天，如果没有成功就要再等两年，因此在两年一次的州议会上加大游说力度似乎是个明智的选择。但是，这并没有为西部矿主带来更多的机会。一位卡纳瓦谷地的实业家在 1855 年疾呼："指望立法机构在今年冬天为我们做任何事情，相当于拿一根折断的芦苇当拐杖。这群混蛋！他们花着人民的钱和自己的时间，讨论着联邦政治和克里米亚战争，他们可能会把银行吓跑（我希望他们真的可以做到这一点）。"对于希望开发自己州内丰富矿物资源的弗吉尼亚人来说，两年一次的州议会并不能提供多少帮助。

在19世纪50年代早期，着眼于发展的州议会成员希望改革与许可证相关的政策，使之与经过改革的州政治制度融为一体。根据纽约等州的经验，普遍的选择是建立某种通用注册法，将批准许可证的权力转移到行政部门。但在整个前内战时期，弗吉尼亚州州长手上的权力少得可怜。行政部门从没有对州议会行使过否决权，1850年至1851年宪法并没有就州长在州政府内的权力进行太多改动。除了赦免权和民兵指挥权，行政部门权力有限，无法在19世纪50年代掌握一般有限许可证注册的权力。

因此，弗吉尼亚州选择用一个地区性解决方案来处理这个问题。早在1852年，立法机构考虑过使用巡回法庭——弗吉尼亚县级和城市一级的基本司法单位——来为储蓄银行提供注册服务。也是在同一场州议会上，来自西弗吉尼亚地区的议员阿尔伯特·雷吉尔（Albert Reger）建议，巡回法庭应当被授权为所有农业和制造业公司提供注册服务。在之后的大会上，来自卡纳瓦县的代表斯宾塞·帕特里克（Spicer Patrick）提交了一份议案，建议让巡回法庭为矿业和制造业公司提供注册服务。在帕特里克的指导下，这份议案在1854年3月3日获得通过。这项法案除了规定巡回法庭的法官可以颁发许可证，还规定股东的责任将不超过他的投资总额，按照这个法案成立的公司必须做好准备接受立法机构的账目检查。这项法案限制采煤公司持有的土地不超过 3000 英亩，资本最低不低于 2 万美元，最高不超过 10 万美元。立法机构批准成立的煤炭公司平均最高资本为 818181 美元，平均拥有土地面积为 3909 英亩，经过巡回法庭批准注册的公司体量要小于经过立法机构批准的公司。

这项法案和前内战时期弗吉尼亚政局中的其他法案一样，都受到了地区冲突的影响。西部利益集团支持用巡回法庭为采矿和制造业公司提供注册服务。来自西弗吉尼亚地区的企业主依然认为自己是里士满的二等公民，在会期缩短的州议会上取得许可证，则让未来的采煤公司面临更为复杂的处境。而对于企业许可证法案的投票结果，也有着明显的地区主义的迹象。在所有 23 张赞成票中，约四分之一来自东部参议院，约四分之三来自西部各县。反对票的构成比例也类似。

为什么要选择巡回法庭？正如之前提到的那样，弗吉尼亚州在执行层面缺乏行政能力。州政府完全可以成立新的行政部门处理有关许可证的事务，但是弗吉尼亚州决定由已经存在的地方当局来处理此事。州政府和地方当局之间长期的矛盾，很有可能在 19 世纪 50 年代的许可证改革中，为这种地区性特色的出现起到了推波助澜的作用。自 18 世纪以来，弗吉尼亚州一直有着很强的以地方为中心的传统，或者说"法官传统"，对中央政府的指令持怀疑态度。在 A. G. 罗波尔（A. G. Roeber）对 18 世纪末至 19 世纪早期的弗吉尼亚州法律文化的研究中，他认为生产商、银行家和许多改革家都带着一种法官式的心态，经常持怀疑的态度。在 19 世纪 50 年代，这种对于法庭提供解决方案的反感，很容易和针对奴隶制愈演愈烈的地区冲突结合起来，导致弗吉尼亚州排斥纽约州、马萨诸塞州和宾夕法尼亚州在公司许可证领域的先进经验。"不论是宪法还是民事方面的法律，南方人认为只有贴合他们生活方式和价值观的法律才是合理的。"弗吉尼亚州的整个法律系统都专注于强化一种去中心化的农业社会。这个体系和弗吉尼亚州的其他政治制度一样，都在前内战时期的旧自治领保护了奴隶制和寡头政治。

西弗吉尼亚地区对于经济发展的需求被县法院束之高阁，但是作为少数派，他们不得不在弗吉尼亚州去中心化的政治框架中追求自己的目标。由于弗吉尼亚州的法律系统通过与财产相关联的选举权保护了大地主的权利和利益，但他们依然控制了许多西部县级机关，很多专注于发展的居民对这种局面感到不满。来自西弗吉尼亚地区莫诺加利亚县的代表威特曼·维利（Waitman Willey）在 1850 年至 1851 年的州议会上表示："在我们的会场上，相较于结识新朋友和与老朋友加深友谊，更多见的是相互攻击和给彼此设置障碍。"维利认为，县法庭"令人失望，没有扮演具有教育意义的角色"，但它们依然"影响了工业发展，影响了大家的社会关系"。虽然社会中的少数派对此颇有微词，但立法机构中大多数人依然认为县一级的法院是弗吉尼亚州行使许可证批准权的最佳载体。鉴于 1854 年弗吉尼亚州参议院中农场主占比 55%，律师只占到 17%，故而这种改革在大多数立法代表看来是合理的。新的宪法还提及了巡回法庭法官的普选制，使之摆脱了来自里士满的影响。从制度和文化的角度来说，巡回法庭是颁发许可证的理想载体。

虽然巡回法庭颁发的许可证确实提供了一种政治层面的解决方案，但没有为西弗吉尼亚地区的煤炭贸易提供必要的帮助。如表 5-2 所示，很多煤炭业许可证都是由西部法庭颁发的，但是东部法庭颁发的许可证总数更多。这可能是因为东部的法庭更乐于颁发非工业公司许可证，其中包括电报公司、酒店公司、图书馆、大学、公墓以及房地产公司和度假公司。东部和西部颁发的工业公司许可证数量实际上是一致的。这对于煤炭公司的影响更为明显，从 1855 年至 1860 年，巡回法庭总共颁发了 25 份具有采煤权的公司许可证，其中 21 份（84%）来自西部。

表 5-2　1855 年至 1860 年弗吉尼亚州巡回法庭在各地区颁发的
许可证数量

单位：份

总数	东部 / 西部总数	东部 / 西部工业	煤炭业许可证总数	西部煤炭业许可证总数
69	37/32	22/22	25	21

总之，将许可证颁发权转移到县一级的法院，反而阻碍了弗吉尼亚州西部的公司资本。和宾夕法尼亚州 19 世纪 50 年代的产业政策相比，向公众开放一般有限许可证造成了不同的影响。来自宾夕法尼亚州，特别是北部无烟煤产区的经验证明，资本需要在各州之间自由流通。谨慎的投资者需要确保花出去的钱不会被浪费，而关于采矿许可证的法律条文，在 19 世纪 50 年代得到了严格的审查。1854 年，纽约州的《矿业杂志》谈到了采矿业可能会出现投资失败。编辑们写道："无论是在美国立法程序中存在瑕疵，还是在执法过程中存在疏忽，一个关于采矿合法化的大问题已经出现了。"他们认为，只有保持警惕才能避免采矿公司变成欺诈成性的实体。

换言之，到了 19 世纪 50 年代，只拿到公司许可证并不能保证公司能成功吸收到资本。宾夕法尼亚州的一般有限许可证和特殊许可证为采煤公司提供了多种选择。但在弗吉尼亚州，这些选项却缺乏吸引力。旧自治领的投机公司不得不转向两年一次的州议会，或者从巡回法庭获取许可证，但后者将资本上限控制为 10 万美元。1855 年，很多纽约州投资者认为投资采矿业最少需要 100 万美元，所以巡回法庭颁发的许可证并不能有效吸引资本。1854 年，弗吉尼亚州立法机构修改了巡回法庭颁发许可证的标准，将资本上限提升至 40 万美元。但是，卡纳瓦县的圣乔治采矿和制造公司却在 1855 年得到了许可证，资本总量为 150 万美元。法官有批准（或拒绝）这种许可证的权力，但这并不能带来《矿业杂志》所期望的那种稳定性。如果竞争对手质疑圣乔治公司的许可证，那又会发生什么？卡纳瓦县从巡回法庭获得许可证的其他公司，是否也可以提高资本上限？公司主管是否需要从附近县获取许可证？弗吉尼亚州两年一次的州议会和地方颁发的许可证也许可以降低公司注册的难度，但是不能帮助这些公司获取外部资本。

弗吉尼亚州的许可证政策让外部投资者难以获得关于西部烟煤煤田的信息，这进一步限制了资本家对于这些地区的投资。1858 年，《矿业和统计杂志》刊文称："在民众看来，导致引资失败的主要原因不是投机，而是对于资本的渴望。"编辑们认为，资本对于煤炭公司来说触手可及，"但是公司股份很难找到买家，只有那些了解这些公司的人、对此持同情态度的人和需要这些信息的人才会购买这些股份。"在宾夕法尼亚州，哈里斯堡成为煤炭公司特别许可证和一般有限许可证的交易所。纽约、波士顿和费城的投资者可以利用专业游说集团、律师和前任立法人员，获取自己想要的许可证。经济学家将此称为"外部规模经济"，即公司以外的因素可以降低许可证的成本。类似卡纳瓦县巡回法庭这样的机构，虽然是地方一级重要的法律和社交中心，却无法发展与之类似的网络。当地企业家试图通过招股文件来为自己的生意筹集资金，但由于没有宾夕法尼亚州煤炭的声望，这些人不得不在逆境中扩展自己的生意。所以，将颁发许可证的权力下放到地方部门的做法，提高了潜在投资者获取信息的成本，从而降低了投资意愿，而此时西部煤田正急需投资。

更糟糕的是，弗吉尼亚州颁发许可证的部门相互重叠。在宾夕法尼亚州，有几个县是无法获得一般有限许可证的，而不成文的规定则限制了其他地区获得特别许可证的可能。弗吉尼亚州并不存在针对特别许可证和一般有限许可证的地区限制，这让西部地区的许可证制度更加复杂。西弗吉尼亚地区的法官无法颁发在自己管辖范围之外，具有铁路修筑权和永久土地权的许可证。即便一家公司获得了巡回法庭颁发的许可证，也不能保证自己的竞争对手不能从立法机构得到一份可以筹集更多资本和土地的许可证。巡回法庭在西弗吉尼亚地区颁发的13张许可证，资本最大额的中间值是30万美元，其中只有一张包含修建铁路的权利。从1854年至1860年，立法机构为西弗吉尼亚地区采煤公司颁发了总计35张特别许可证，资本最大额的中间值是50万美元，拥有土地的最大面积是5000英亩，其中19张许可证（54%）有修建铁路的权利。相较于宾夕法尼亚州一般有限许可证和特别许可证相辅相成的情况，弗吉尼亚州的这两种许可证却形成了一种相互竞争的局面。

在19世纪50年代，西弗吉尼亚产煤区在吸引外部资本方面遇到了严重的困难。举例来说，《美国矿业和铁路记事报》的编辑对《伦敦矿业月刊》上刊登的一系列宣传西弗吉尼亚地区的文章作出了回应。《记事报》的编辑承认："对于英国投资者来说，美国的卡纳瓦地区可能是采矿的好去处。"但是这种设想"不过是用更为紧凑且经过良好规划的计划，来重复之前已经失败的投资"。英国地质学家 D. T. 安斯特（D. T. Ansted）在 1854 年的游记《风景、科学和艺术：地质学家和矿业工程师的笔记摘录》中写道，西弗吉尼亚地区丰富的烟煤矿藏受制于资本的匮乏而无法得到开发，"现阶段的西弗吉尼亚地区煤炭贸易，以及未来一段时间内，都不可能保证足够规模的资本，以快速开采足够的煤炭并将它们运到市场。"在前内战时期，西弗吉尼亚地区的采煤业一直缺乏足够的资本。1859 年，佩特溪煤炭公司的一位代理人在回复购买股票的辛辛那提投资人时写道："如果类似的交易能多来几次，那么这片谷地的未来将变得更美好，这里将变成投资的天堂。"

19 世纪 50 年代西弗吉尼亚地区发生的一切说明，许可证制度只有在正确的环境下才能发挥作用。宾夕法尼亚州将特别许可证和一般有限许可证混合起来的做法，为不发达地区提供了多种特权，并给其他地区设下了严格的限制。至此，对公司持反对态度的意识形态和能作出及时响应的立法机构，打造了一套有效的工业发展政策。弗吉尼亚州的许可证制度将大型投机公司和立法机构，以及巡回法庭中更容易获取的小型许可证结合在了一起。两年一次的州议会负责特别许可证，而巡回法庭则负责西弗吉尼亚偏远地区的许可证发放工作，这并不是一个成功的政策。当弗吉尼亚州需要宣传西弗吉尼亚地区蕴含的无限机遇的时候，立法机构将许多政策制定的权限下放给地方当局。19世纪50年代，纽约、费城和波士顿的资本家都了解到宾夕法尼亚州无烟煤和烟煤煤田的存在。但是，他们并不认为西弗吉尼亚地区是个投资的好去处，不仅是因为并不理想的交通和糟糕的地质勘探进程，也因为许可证的问题。地方性的解决方案似乎保证了旧自治领传统的一致性，但对于弗吉尼亚州的未来，这已经不能满足需求了。

前内战时期的公司代表了公共政策和私人企业之间的交集。弗吉尼亚州和宾夕法尼亚州的立法机构在努力满足煤田对于公司发展需求的同时，还要面对长期以来公司对社会造成影响的担忧。最后，弗吉尼亚州对许可证政策依然采用了一贯以来的去中心化策略，而宾夕法尼亚州则提供了更多的选项。正如内部升级计划和地质勘探一样，弗吉尼亚州的许可证政策体现出大部分政策制定者依然坚持着一套以农业为主的保守的政治经济体系。宾夕法尼亚州的许可证政策，和州内工程以及地质勘探计划所得到的经验，都体现了宾夕法尼亚州反应迅速的政治体系的优点和弱点。政治利益和对经济发展的期望共同造就了一套许可证审核系统，它可以保证新兴采矿区的快速发展，和已经存在的煤田的未来。

宾夕法尼亚州和弗吉尼亚州煤炭和公司的历史，体现了这两个州在经济方面的雄心和在政治中的斗争，并带来了一些意料之中和意料之外的后果。这也展示了两个州在前内战时期煤炭政治经济的全貌，美国内战的爆发为两个州的制度结构带来了很多改变。宾夕法尼亚州战时和战后的立法机构努力在公司、越来越多的武装矿主和越发依赖煤炭作为家用及工业燃料的公众之间作出平衡。为了能够实现这一点，哈里斯堡的政策制定者选择了一套越发依赖采矿公司的体系。随着西弗吉尼亚地区于 1863 年建州，内战彻底解决了弗吉尼亚州的地区争端。但是，这个全新成立的州在经济发展方面并不理想。在下一章中，笔者将介绍宾夕法尼亚州和弗吉尼亚州的政策制定流程，以及这两个州在 19 世纪 60 年代经历了哪些重大改变。

第六章

三条路线：内战的影响

　　1902 年，格兰威尔·戴维森·赫尔（Granville Davisson Hall）出版了一篇名为《弗吉尼亚的分裂》的长篇论文。赫尔在 1861 年至 1863 年目睹了西弗吉尼亚州的诞生，他强调了旧自治领长期以来的地区分裂，写道："东弗吉尼亚地区极端自私，无视自己的真正利益。"他认为："这些贵族只关注以自己为中心的团体，将所有外部势力视为异类和敌人。"当谈及弗吉尼亚州和西弗吉尼亚州的分裂时，赫尔直截了当地指出了分裂的原因。赫尔说道："这就像所有人都说钟表上时间错了，但在靠近主发条的磁铁被发现之前，你什么都做不了。只有解除了奴隶制的影响，弗吉尼亚州才能好起来。其他问题可能出现或者消失，其他事业可能成功或者失败，但是奴隶制将是不公正和愤怒的源头，它将不停地滋生不满。正如东西部一直以来讨厌彼此一样，整个州终于分成了两半。"

　　虽然历史学家倾向于使用没有煽动性的描述，他们经常将南北战争称为美国政治历史上一股伟大的"现代化"力量。

在这种语境下，南北战争将奴隶制一扫而空，解决了联邦和州政府之间的许多问题。很多历史学家和赫尔一样，对南部各州的非奴隶主势力进行了评论，但是西弗吉尼亚州成为唯一与前奴隶制切断关系的地区。历史学家认为，在废奴运动之后的岁月里，美国人再也没有将自己的国家看成一个被自由州和蓄奴州"所分裂的房子"。南北战争代表着发展迅速、管理宽松的"镀金时代"的开端，也代表着州一级经济管理的全面崩溃。"生产主义"直到 19 世纪 70 年代还未完全消散，但是后内战时期见证了各州权力的收缩和全国化市场的出现。因此，南北战争在当时的观察家和历史学家看来，已经成为政治和经济的分水岭。

但是，南北战争是如何在工业化的大环境下创造出一个分水岭的？四年的战争是如何改变美国政治经济的？在这段时间里，煤炭贸易所发生的变化，意味着内战改变了州一级的制度结构，对宾夕法尼亚州、弗吉尼亚州和西弗吉尼亚州的发展造成了不容忽视的影响。但是，相较于让州一级的政府被弱化或者失效，南北战争期间的政局发展重组了制度框架，为公司、个人业主和工人塑造出一种完全不同的环境。对于烟煤和无烟煤的需求让宾夕法尼亚州东部和西部产煤区获利颇丰，但是立法机构还要着手处理组织军队、调用经济资源用于战争等问题，并在战时维持内部稳定。为了实现这一点，州政府的官员在宾夕法尼亚州的煤田进行了一场大规模公司改组，允许大型铁路公司在战时协调生产和运输工作。多亏了这个政策，烟煤和无烟煤产区的公司税收和产量上升到了一个新高度。但是，对小矿主和以工资为生的矿工而言，依靠大公司提升产量和税收收入无异于一场浮士德式的交易。在南北战争之后的宾夕法尼亚州，一家公司以战前政策制定者们所痛恨的方式，主导了州内的煤炭贸易。

南北战争时期的特殊情况，限制了个体矿主和工人的机会，但是为西弗吉尼亚州打开了全新的大门。在军事冲突的余烬中，1863 年西弗吉尼亚州建州，卡纳瓦和俄亥俄谷地的矿主沉浸在乐观主义中。到了 1865 年，波茨维尔的《矿工月刊》刊文庆祝卡纳瓦谷地煤炭贸易获得解放，并声称："煤矿被奴隶主像狗一样控制在食槽，产业的发展迟滞了 50 年，奴隶主也不知道如何利用丰富的矿藏赢利。"独立的州地位确实消除了里士满保守的州立法机构造成的影响，但是新成立的州还是遇到了各种问题。西弗吉尼亚州的奠基人希望这个州可以像北方的俄亥俄州和宾夕法尼亚州一样。"极端"的西弗吉尼亚人尝试建立新的政策系统，为政治和经济发展提供便利。

至此，三个州放弃了战前的模式，并不得不面对南北战争期间出现的新挑战。战争甚至为里士满盆地的矿主们提供了全新的商机，但这更多是出于军事上的需要，而不是能在当地产生长期影响的技术或者组织构架的改进。南北战争改变了每个州煤炭贸易的结构，但是，它并没有没终结各个州在美国煤炭贸易中的角色，也没有将各个煤田整合进一个统一的全国市场。格兰威尔·戴维森·赫尔认为"旧自治领被南北战争撕成碎片"，宾夕法尼亚州、弗吉尼亚州和西弗吉尼亚州的煤炭政治经济也处于类似的境地。

联盟的燃料：南北战争与宾夕法尼亚州的煤炭

在 1860 年的总统选举中，宾夕法尼亚州和其他州都因为联邦政府内的地区争端而经历了一场政党重组。从 19 世纪 30 年代晚期开始，一个由民主党和辉格党组成的相对稳定的政党系统控制宾夕法尼亚州政府超过 20 年。宾夕法尼亚州民主党在名义上接受詹姆斯·布坎南（James Buchanan）的领导，但是在多年政党联盟和缺乏其他政治势力参与的情况下，开始出现腐败的迹象。在 19 世纪 50 年代晚期，新成立的"人民党"联合了之前的辉格党、反共济会党、毫不知情的民众和民主党中的重要人物，希望可以重组宾夕法尼亚州的党派政治。人民党引用了共和党关于自由劳工的观点，在关税问题上采取了强烈的保护主义立场，和共和党废奴主义者保持距离，并最终在 1858 年夺取了宾夕法尼亚州的下议院。安德鲁·科腾（Andrew Curtain）作为人民党 1860 年的州长竞选人，以 32000 票的优势带领人民党成为哈里斯堡的新执政党。

但是，州政府和宾夕法尼亚州最大的铁路公司——宾夕法尼亚铁路公司之间糟糕的关系，很快就破坏了共和党颁发的政令，影响了公众对立法机构的信心。因为和州内工程交通网络存在竞争关系，宾夕法尼亚铁路公司从 1846 年成立以来，就在交付吨位税。1857 年，宾夕法尼亚铁路公司同意使用价值 750 万美元的公司债券，购买州内工程主干线。这个协议还同意废除宾夕法尼亚铁路公司的吨位税，未来也不必缴纳任何税款，但是宾夕法尼亚州最高法院认为第二条协议违宪。宾夕法尼亚铁路公司的总裁埃德加·汤姆森（Edgar Thomson）拒绝为了免除公司的吨位税，而给毫无道德可言的立法代表好处费。汤姆森坚称："本公司不会使用任何一种正直的人所不齿的方式，去获取必需的权利。"

但是到了 1860 年，托马斯·斯科特（Thomas Scott）作为宾夕法尼亚铁路公司新任副总裁，却没有如此的胆识。斯科特向西宾夕法尼亚地区心怀不满的立法代表承诺，会在他们代表的地区修建新的铁路，并统一价格。他还要求像宾夕法尼亚州参议员西蒙·卡梅隆（Simon Cameron）这样具有影响力的共和党人，去说服更多意志不坚定的立法代表支持宾夕法尼亚铁路公司。因为没有得到足够多的选票，他就开始直接贿赂政敌，希望他们可以对吨位税的问题改变态度。在 1861 年的分裂危机中，斯科特和他的共和党盟友提交的法案在参议院以微弱的优势获得通过，州长科腾在 1861 年 4 月签字废除了吨位税。公众的意见很快开始发酵。因为存在分裂和战争的干扰，所以选民在 1861 年州选举候选人时发泄了愤怒。只有一名在反对案上投票的众议员继续留任，当选的两名参议员都曾经带头反对宾夕法尼亚铁路公司。

民主党人借助这场纷争重新占领了众议院，在 1862 年扩张了自己在参议院的实力。立法机构立即成立委员会，调查宾夕法尼亚铁路公司在谋求法案通过的过程中是否存在腐败行为。参众两院很快出现了恢复吨位税的议案。宾夕法尼亚铁路公司引起的争端动摇了选民对宾夕法尼亚州立法机构的信心，让立法代表不情愿地在所有事情上采取与公众一样的态度，以免招致选民的怒火。随着人民共和党、共和党联盟、民主党、制宪联盟和其他组织都在争夺立法机构的控制权，各个党派的内部规定开始逐渐崩溃。地方立法机构盛行选票交易，在最后一刻公布新的议案，通过"黑箱交易"在大会快结束的时候通过法案，这些腐败行为在 19 世纪 60 年代宾夕法尼亚州的立法机构十分常见。

在党派斗争和选举问题的风暴中，宾夕法尼亚州政府还要用一套不断变化的联邦军事体系，来组建和武装一支现代化军队。在 1861 年 4 月 14 日苏姆特堡投降之后，州长科腾召集立法机构开会，要求召集 25000 名士兵，批准 300 万美元贷款以承担新兵的运输和装备费用。民主党人立即用腐败和管理不当的指控博取民众关注，迫使科腾组建一个委员会调查代理商和供应合同。宾夕法尼亚州的士兵装备、口粮和运输费用应当由州和联邦共同负责，但是宾夕法尼亚州承担了大多数的债务。随着战争推进，宾夕法尼亚州在军事上花费了 500 万美元，联邦只补偿了 150 万美元。实际上，当州政府为了组建部队，在 1861 年发售了 310 万美元债券时，联邦政府没有提供任何帮助。

宾夕法尼亚州 19 世纪 60 年代动荡的政局，和矿主群体中不断变化的思潮，共同塑造了战时的煤炭贸易。联邦陆军、海军、供应商需要煤作为燃料，导致了煤炭需求的大幅增长。矿主计划在战时提高煤炭价格，最起码也要做到稳定煤价。正如表 6-1 所展示的那样，当煤价因为战时的通胀发生变化的时候，煤价的涨幅十分明显。1860 年至 1863 年，一吨无烟煤的价格上涨了超过 30%，而到了 1864 年，煤价相比 1860 年上涨了 45%。战时的特殊情况，为宾夕法尼亚州煤炭贸易的发展提供了便利。

表 6-1　1860 年至 1865 年费城斯库尔基尔白灰块煤均价

年份	每吨价格 （美元）	价格指数 （1860=100）	价格调整 （美元）
1860	3.4	100	3.4
1861	3.39	103	3.29
1862	4.14	114	3.63
1863	6.06	136	4.46
1864	8.39	170	4.94
1865	7.86	193	4.07

宾夕法尼亚州的生产商在经历了最初的劳动力和资本短缺之后，在之后的岁月里开始稳步恢复和发展。宾夕法尼亚州的煤炭贸易在首次经历了价格的稳定和增长之后，也开始采用宾夕法尼亚州生产商所惯用的模式。在 1863 年和 1864 年，对于煤炭不断上涨的预期帮助矿主们克服了劳动力的短缺，扩大了产量。宾夕法尼亚州烟煤和无烟煤产区的矿主在 19 世纪 60 年代大幅提高了产量。新成立的公司为产量的提高作出了巨大贡献。但是，这些新公司将采取什么形式？宾夕法尼亚州在战时特殊情况下，是否能保持特殊许可证和一般有限许可证的混合模式？宾夕法尼亚州的矿主要面对一个需要处理战时财政和结构需求的立法机构，而此时立法机构还要面对党派斗争带来的混乱和吨位税事件带来的后续影响。因此，采煤许可证的颁发量在南北战争时期达到了新高峰。

由于没有有效的党派纪律来规范立法机构的活动，哈里斯堡的特别许可证数量在南北战争时期达到了新高峰，并有可能颠覆前南北战争时期用于促进某些地区发展，保护其他地区免受竞争的许可证制度。立法机构在 1864 年大会上共通过了 900 多份独立的法律文件，1865 年又通过了 850 份法律文件。之前通过文件数量最多的是 1857 年大会（总计通过了 732 份文件）。所以，南北战争时期的立法活动进入了一个高峰。南北战争也为私人法律文件通过提供了绝佳机会，1866 年至 1872 年，每年都有超过 1000 份法律文件通过。随着战争的继续，弥漫在哈里斯堡的危机意识让立法机构通过了越来越多的特别许可证。关于采煤许可证的立法活动，包括新的许可证和许可证修正案，都体现出南北战争期间煤炭贸易中的乐观精神。仅仅在 1864 年，宾夕法尼亚州立法机构便批准了 54 份采矿许可证。已经成立的公司也需要许可证修正案以便购买更多土地，发行债券和吸收更多的资本。一家报纸刊文报道："特别许可证依然非常重要。一个允许公司资本上限达到 100 万美元的许可证，应当像允许人改名一样简单。除了提出申请的人，没有人支持或者反对它。"

这种面向所有人的许可证和修正案体系，类似于纽约州和其他北方工业州的强制公司注册制度，但是宾夕法尼亚州的许可证批准流程中依然存在大量的腐败行为，这让矿主们难以预测立法机构是否会通过许可证申请。1862 年至 1863 年大会期间，泰奥加县布鲁克瀑布煤炭公司的乔治·麦格（George Magee）和他在哈里斯堡的代理商查理斯·莱曼（Charles Lyman）的通信可以证明这一点。布鲁克瀑布煤炭公司的竞争对手泰奥加铁路公司也在争取许可证修正案，并雇用前任参议员游说反对麦格的提案。这位前议员告诉其他参议员，麦格不惜以宾夕法尼亚人民的利益为代价，为自己谋取财富。莱曼还提到一名当地的立法代表："我们的朋友贝克（Beck）是这里最危险的人物之一，他会一直向你施压，直到你把钱'吐'出来为止。"贝克向莱曼暗示，泰奥加公司计划花费 8 万~10 万美元推翻这个提案，不论布鲁克瀑布煤炭公司打算花多少钱，泰奥加公司都愿意花双倍的价钱。按照莱曼的说法，这种战术的目的在于"让众议院的所有人都感到纠结，为了获得回报而投票。"虽然莱曼声称在取得许可证期间没有花钱，但他在几天后提道："我给贝克买了威士忌，他对我们的态度大有好转。我告诉他，你将泰奥加公司看作最可靠的朋友之一，至于这话的真假，你自己清楚。"也是在同一封信中，虽然莱曼对于法案的通过很有信心，却也表示"能做的一切都已经悄悄完成了，剩下的就看投票了"。

虽然战时的立法机构更为活跃，但是与和平时期相比，从立法机构获取特别许可证和增补许可证的成本并没有降低。竞争对手的游说、缺乏经验的立法代表，或者讨人厌的商业杂志都有可能招致立法机构对于某一份许可证的不满，并开始调查许可证相关的特权。这套体系导致任何许可证的通过都需要极大的政治影响力。公布许可证授予的特权或者糟糕的公关能力，都有可能对公司的许可证造成影响。1861 年，宾夕法尼亚煤炭公司的约翰·埃尔文（John Ewen）写道："参议员透露的消息让我大吃一惊，我们的提案很快就获得了通过，这和之前的经历完全不同。"

在南北战争之后的岁月里，颁发的许可证越来越多，但向公众公布具体内容依然会引发麻烦。1864 年，《美国铁路和矿业记事报》的编辑因为宾夕法尼亚煤炭公司颁发的修正案发文写道："大公司熟练使用的奉承话，不过是在掩盖某些致命弱点。"因此，许多等待通过的许可证和修正案，不是没有通过投票，就是逐渐走向死亡。1864年，州长科腾拒绝给莱肯谷地煤炭公司颁发许可证，这份许可证申请希望将授权给该公司的可拥有土地面积从3000英亩提升到15000英亩。因此，他认为局势已经失去了控制："我拒绝批准任何一项可能造成垄断的法案，或者给当前任何一个已经有权拥有大片土地的公司一份新的修正案。"

随着南北战争期间颁发的特别许可证越来越多，根据一般有限许可证而成立的公司也越来越多（见图6-1）。除了1849年和1854年的大会，1863年的大会也通过了一项关于

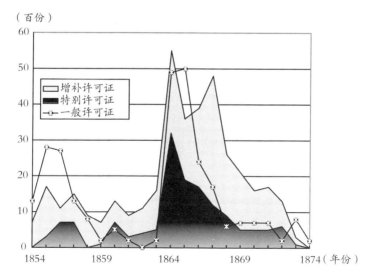

图6-1　宾夕法尼亚州煤炭业特别和一般有限公司许可证通过数量

采矿和制造业的新注册法案。这项法案最终批准了 1200 家公司成立，这些公司没有拥地规模限制，固定资本存量为 5000~500000 美元（一年后可以通过筹款提升至 100 万美元），可以在州边界以外购买土地和开展采矿作业。在法案获得批准之后的头两年，诺桑伯兰、卢泽恩、哥伦比亚、卡本和斯库基尔县等无烟煤重要产区，以及阿姆斯特朗和威斯特摩兰这两个出产无烟煤的西部县，并不在法案的覆盖范围之内。

虽然有了相关法律条文，但是在根据 1863 年法案成立的 1236 家公司里，采煤公司只占到了总数的 7%。对于采油公司许可证的狂热，以及有些占地不过 5 英亩，筹集资本却超过几万美元的公司，证明 1863 年法案催生了很多荒诞的商业投资。西部地区依然存在对于一般有限许可证和特殊许可证的需求，依照 1863 年法案成立的采煤公司中有 75% 在无烟煤产区西部拥有土地。实际上，这项法案原本只适用于阿勒格尼县，但之后扩展到了整个州。1863 年注册法案原本是用于鼓励宾夕法尼亚州西部地区的发展，而实际效果确实可观。

即便法案中的自由条款得到了重视发展的立法代表的欢迎，并在参众两院获得通过，一些州政府官员之后却对此表示遗憾。在法案通过 18 个月后，州长安德鲁·科腾宣布："我极不情愿地选择通过这项法案，而后续的观察也证明我对这项法案的怀疑完全正确。"科腾确实为西部煤炭贸易通过了一部极其重要的法案，各个公司利用 1863 年法案中提供的便利条件，

为宾夕法尼亚州无烟煤产区的公司重组作出了巨大贡献。特别
许可证依然需要政治和经济资本，但是 1864 年和 1865 年获得
通过的许可证数量，远超过前南北战争时期宾夕法尼亚州发达
地区颁发的一般有限许可证和不发达地区通过的特别许可证总
数。许可证的大规模颁发，扫清了立法机构中的反公司论调。
更重要的是，即便宾夕法尼亚州的官员在战后停止颁发许可
证，南北战争时期通过的大量许可证也为煤炭贸易打造了一套
完全不同的组织构架。

　　煤炭利益集团为如何在南北战争后期获取许可证而头疼。
《矿工月刊》在 1865 年刊文称："投机商通过秘密立法活动，
让采煤公司在国内成为可能。"《美国矿业和铁路记事报》刊
文称，1863 年公司注册法案能获得通过，可以说是"哈里斯
堡最大的丑闻……很多关乎你我个人利益的提案都是通过贿赂
才在参众两院通过，这和你买一栋房子或者买一匹马没什么区
别。"对于许多观察者来说，特别许可证和一般有限许可证在
颁发地区上的差别，以及在降低各煤炭集团之间冲突的作用，
已经变得不如从前了。1864 年，《美国矿业和铁路记事报》将
宾夕法尼亚州对煤炭贸易糟糕的管理比作俄亥俄河"频繁而常
见，且破坏力极强的洪水"，并刊文称："自由放任是美国的诅
咒，也是美国人性格中的羞耻。"也是在同一年，《矿工月刊》
刊文称"时光飞逝，投机商胆大妄为"，立法机构通过许可证
的速度堪比用滚热的餐刀切割黄油。事实证明，南北战争后期

和战后政府颁发的许可证越来越多，宾夕法尼亚州烟煤和无烟煤产区的公司转型也得到了积极的助力。

虽然斯库基尔县是私企和反许可证势力的堡垒，却也在南北战争时期见证了大规模的公司转型。斯库基尔地区支持公司发展的势力抓住机会，支持当地独立矿主成立大公司。W. H. 沙弗尔（W. H. Sheafer）作为深层采煤的发明人，成为当地最强大的新公司——猛犸矿层联合煤炭公司的总代理商。这家根据新的注册法案于 1864 年成立的公司拥有 7 座煤矿，并在第二年开采了 177485 吨煤。乔治·波茨（George Potts）曾经是斯库基尔地区最富有、经营规模最大的独立矿主，也开始专注于经营公司。1865 年，波茨同时供职于狼溪钻石煤炭公司和新波士顿煤炭公司的董事会。乔治·W. 施耐德（George W. Snyder）长期以来都是一位独立矿主，名下的松林煤矿在 1865 年生产了 39978 吨无烟煤，他也开始在新波士顿煤炭公司协助波茨。施耐德在 1864 年还协助成立了诺卡斯特戴尔煤炭公司，这家公司在第二年开采了超过 74327 吨煤炭。

斯库基尔地区在南北战争后期的煤炭产量，证明了公司重组带来的影响。1863 年，一家总产量不及斯库基尔地区总产量 1% 的公司，也被《矿工月刊》收入年度产量数据报告中。到了 1864 年，25 家公司的矿主数量占到了全地区矿主数量的 22%，这些公司的产量也占到了总产量的三分之一。公司的采矿活动在 1865 年开始加速，52 家公司的矿主数量和开

采量占到了当地矿主总数和总产量的一半。该地区规模较大的
煤矿大多根据 1864 年和 1865 年颁发的许可证进行公司重组，
所以斯库基尔和马哈诺伊地区将近一半的大公司都是在 1863
年之后才出现的。

　　宾夕法尼亚州西部地区无烟煤产区也出现了各种公司。
正如之前所说，前南北战争时期的西部无烟煤公司通常会得到
一份拥有大片土地购买权和铁路修建权的许可证。在南北战争
时期，采煤公司继续开采新的煤层，宾夕法尼亚州无烟煤煤田
产量的很大一部分来自这些公司。在匹兹堡东北部的贫煤煤田
中，当宾夕法尼亚铁路公司将这片区域纳入运输网络之后，这
里的产量立即得到了大规模提升，年产量从 1862 年的 8000 吨
提升到了 62000 吨，1870 年更是上涨到 413000 吨。从 1861
年至 1867 年，这里一共成立了 6 家公司，其中 2 家公司获得
了特别许可证，还有两家公司分别根据 1854 年和 1863 年一般
公司注册法案成立，这些公司的产量在 1871 年达到了菲利普
斯堡地区产量的 46.8%。依靠南北战争期间成立的大批公司，
宾夕法尼亚铁路公司促进了菲利普斯堡地区的煤炭开采。

　　19 世纪 60 年代的企业投资促进了宾夕法尼亚州中北部贫
煤煤田的产量。1871 年通过布拉克雷铁路运输的 393023 吨贫
煤，都来自布拉德福德县两家根据 1863 年法案成立的公司，
即托旺达煤炭公司和瀑布溪烟煤煤炭公司。也是在 1865 年，根
据 1863 年法案取得一般有限许可证的莫里斯公司，通过泰奥

加铁路运输的煤炭占到了整条铁路运输总量的 47%。1856 年，布拉克雷铁路连通了菲利普斯堡的煤田和纽约中部的市场，泰奥加铁路在 1853 年联通了纽约和艾尔铁路网。在南北战争爆发前，两条铁路的运量都没有明显的提升，这说明 19 世纪 60 年代中期的公司采矿作业极大地影响了该地区的发展。

除了开发新的煤田，南北战争时期的公司采矿活动也重塑了已经建成的烟煤产区。战争时期的注册制度让匹兹堡富裕的西部烟煤煤田矿主有机会将公司引入自己的生产活动中。多年以来，雅吉戈尼河和莫农加希拉河流域都采用独资企业形式开展采煤作业。1859 年，无烟煤产区的名录上包含 89 家独资或者合资企业，以及 1 家股份公司，这就是在雅吉戈尼和莫农加希拉谷地进行采煤作业的匹兹堡和雅吉戈尼煤炭公司。1871 年，该地区有 25 家股份公司，57 家独资和合资企业，其中有一半是在南北战争时期获得了许可证。这些公司虽然处于非股份制企业占多数的地区，但可以利用公司资本化带来的资金扩展采矿规模，购买更多的土地，整合运输部门。很快，这些股份制公司的产量就在该地区遥遥领先。莫农加希拉河的河道运输能力并不理想，该地区有 25 家独资和合资企业，以及 1 家股份公司，但就是这一家根据 1854 年法案于 1865 年成立的公司，在 1871 年开采了 100000 吨煤炭，是当地产量最大的产煤商。

宾夕法尼亚州煤田的公司重组，对煤炭公司长期以来采矿权和运输权分离的局面造成了影响。斯库基尔运河公司与利哈伊煤炭和运河公司之间的纠纷，导致前南北战争时期的煤炭公司许可证将采矿权和运输权进行了明确的分割。反公司势力认为，为了保护产煤区的个人利益，禁止具有垄断地位的公司随意设置价格，进行这种权利的分割是必要之举。德拉瓦尔和哈德逊运河公司、德拉瓦尔铁路公司、拉卡瓦纳铁路公司和西部铁路公司在前南北战争时期拥有采矿权和运输权，但是费城 – 雷丁 – 宾夕法尼亚铁路公司这样的新兴公司并没有这样的权利。

由于不满足于在战时只能从事运煤业务，很多铁路公司在 1863 年和 1864 年的立法机构大会上，要求得到购买煤田或者租赁煤田的权利。铁路公司因为战时运量激增而获利颇丰。费城和雷丁铁路线的利润从 1861 年每吨煤炭 0.88 美元，上涨到 1865 年每吨煤炭 1.72 美元。1864 年，雷丁铁路在纽约的股票价格上涨了 165%，公司宣布将分发 15% 的红利。1861 年的一条法律放松了限制，允许铁路公司购买其他公司的股票，但采矿权和运输权合并是否合法直到 1869 年才得到明确，宾夕法尼亚州立法机构允许铁路和运河公司购买采矿公司的债券和股票。州长科腾在 1866 年的立法会议上弹劾了两项授予采矿公司修筑铁路权的许可证修正案，意味着这种将运输权和采矿权结合起来的做法还没有成为惯例。相较于保护产煤区的独资企业，战时经济更倾向提高产量和运输效率，分割运输权和采煤权的传统做法正在转变。相较于 19 世纪 50 年代，产煤区的铁路公司在南北战争之后开始采用一种扩张性的策略，对采矿公司施加更大的影响。

这些公司利用铁路赚取的利润开始进入采煤业，并策动政府官员向无烟煤征税。1864 年早期，州长科腾指出，拥有采矿权和运输权的运河铁路公司"极具垄断性"，"他们通过牺牲个人的利益赚取巨额利润"。他曾表示："在我看来，永远不能授予他们这些特权。只要这些公司存在，就应该多缴税。"在 1864 年的大会上，立法机构通过了一项关于煤税的综合税法。宾夕法尼亚州州内所有的铁路、蒸汽船、运河和静水运输公司都在这部税法的管辖范围之内，每吨"来自矿井的产品"都要征收 2 美分的税。没有从事运输的采矿公司还要缴纳年净收益 3% 的税。运煤商接受了这一点，前提是要能保证战时的高收益。主要的运煤铁路和运河成为宾夕法尼亚州的重要收入来源，1865 年，吨位税达到 389000 美元，占到总收入的 6%。

南北战争时期大量颁发的许可证为宾夕法尼亚州政府带来了更多的税收，彻底改变了州财政收入结构。在前南北战争时期，宾夕法尼亚州的财政收入主要来自轻微的税收、个人和房地产商。宾夕法尼亚州大多数企业都要在上市时缴税，根据公司成立时的许可证和相关规定，这些公司要在分红时再缴税。在南北战争的第一年，公司税占州政府收入的 8%。到了 1864 年，随着许可证的大量颁发，宾夕法尼亚州煤炭业开始重组，公司税占到了州总收入的 13.5%。1866 年的公司税几乎占到了总收入的 20%，公司税总额约为 126 万美元，第一次超过了个人所得税和房地产税。也是在 1866 年，公司税和煤炭吨位税占到了宾夕法尼亚州政府收入的 28.5%。在南北战争后期，公司税所占比重越来越高。这种税收比例的变化，对宾夕法尼亚州战后的煤炭政治经济造成了巨大影响。

南北战争期间，无烟煤产区越发强大的有组织的劳工势力也影响了宾夕法尼亚州的煤炭政治经济，许可证颁发数量的增长重塑了煤炭贸易的商业结构和税收结构。战争期间出现的武装化劳工运动威胁到了矿主的权利。在无烟煤产区发展的早期阶段，矿主最多雇用 6 至 8 人。早期无烟煤煤矿的水平巷道距离地表较近，而深层立井采煤的危险系数更高。大多数采矿区都位于远离城市中心的偏远地区，矿工无法整合成一个具有影响力的团体。再加上矿主们相信，在无烟煤产区采用独资企业的模式，可以保证一套由个体矿主组成的竞争体系，这也限制了宾夕法尼亚州无烟煤产区的劳工组织的发展。

在前南北战争时期，无烟煤煤区发生的大多数纠纷都是因为工资水平较低，这还要归因于无烟煤贸易中的激烈竞争。第一次纠纷发生于 1842 年 7 月，斯库基尔县曼诺斯维尔的矿工向着波茨维尔游行，抗议工资水平过低。当地的奥威斯堡蓝调公司是一家武装公司，却因为这场罢工而破产。1848 年，约翰·贝茨（John Bates）召集了 5000 名矿工，这些矿工在 1849 年夏天要求更高的工资。"贝茨联盟"的成员发现自己丢掉了工作，所以这次罢工很快就结束了。1853年，达拉瓦尔和哈德逊运河公司的矿工罢工，要求将单件费率提高2.5%。这场罢工取得了成功，但是工人没有在公司中成立一个可以存续下去的工会组织。

在南北战争前夕，无烟煤产区的劳工关系发生了变化。第一，采矿作业规模开始扩张，产煤区人口开始增长。1842年，斯库基尔县有3500~4000名矿工；到了19世纪50年代中期，矿工数量增至大约1万人；截至南北战争末期，矿工数量增至大约17000人。第二，因为19世纪60年代煤田区的公司整合，为同一名矿主工作的矿工数量不断增长。在斯库基尔县卡斯镇的1590名矿工中，大约75%的矿工都在查尔斯·哈克谢尔（Charles Heckscher）的煤矿中工作。第三，斯库基尔县这段时期的大多数矿工都是爱尔兰人，和前南北战争时期的矿工相比更穷。在斯库基尔县的1811名爱尔兰矿工中，只有153人（约8%）拥有不动产。最后，战时对于煤炭的需求和劳动力的短缺，让矿工在通过罢工获取更高工资的斗争中处于优势地位。由于矿工是战前收入最低的工人，因此很多观察者都赞同这一观点。

在临近南北战争的时候，无烟煤产区的工作环境不断恶化。个体矿主的小型煤矿可能雇用几名工人开采距离地表较近的煤层。随着位于水线以下的深层立井占据主导地位，矿工发现自己身处完全不同的环境。墙面上一直在滴水，巷道地面泥泞不堪。深层竖井需要大规模通风系统，不然矿工就有可能窒息。通风系统能抽走井下浑浊的空气，并将地表的空气送入井下。但是，由于运煤车用骡子进行拉运，再加上尘土和污垢，导致空气质量非常糟糕。随骡子而来的还有老鼠，但是老鼠的存在也意味着矿工不会因为糟糕的空气而死。

　　恶劣的工作环境并不是无烟煤开采过程中唯一的危险。无烟煤煤田采用了英国采煤业的系统，并进行了一些现代化改进。有经验的矿工在煤层中挖出深洞，在里面填满黑火药，然后在喊出"起爆！"的标准警告语后引燃火药。爆炸可以让煤层结构变得松散，方便下一步开采，也可能造成塌方或者将致命的瓦斯灌入巷道。当重点采煤区的煤炭被挖完之后，矿工就将起到支撑作用的煤柱挖掉，换成木头柱子。但有的时候，木头柱子并不能有效支撑工作面。当矿工看到老鼠在惊慌中狂奔或者眩晕的时候，就应该跟着老鼠一起行动，以避免可能的爆炸、塌方和瓦斯中毒。伴随着公司重组带来的巨额资本，宾夕法尼亚州无烟煤产区的深层立井开采还有着极高的伤亡率。

　　为了增加工资，改善工作环境，很多无烟煤煤矿的工人在 19 世纪 60 年代都参加了矿工慈善联盟。这些当地工会从成员那里收集月费，为生病的矿工和死亡矿工的家属发放补助，派代表参加地区会议，为参加罢工的矿工筹款。他们为矿工提供了一个有组织的渠道，以便矿工们寻求更高的工资。在历史

学家格雷斯·帕拉迪诺（Grace Palladino）看来，"这种组织为
整个产业打造了一个不同的结构，将劳工的权利和资本的特权
放在同等的地位。"1862 年和 1863 年，宾夕法尼亚地区发生
了多起罢工。因为对煤炭的需求和劳动力的短缺，矿主们发现
与其和矿工对抗，满足矿工的需求对他们更有利。

宾夕法尼亚州在内战期间对于军人的需求，改变了无烟
煤产区的权力结构。对于征兵的抵制导致了 1863 征兵法案的
诞生，这为矿主提供了一种在无烟煤产区重建权威、控制矿工
权利扩张的工具。在爱尔兰矿工和劳工之间出现的一系列与抵
制征兵有关的谋杀案，为矿主在无烟煤产区实行他们所谓的
"法律与秩序"提供了借口。为了保障征兵工作的正常进行，
联邦宪兵请求联邦部队增援，后者进驻宾夕法尼亚州无烟煤产
区并实行了戒严。这些士兵表面上是为了镇压暴动，实际上却
破坏了当地的矿工联合会，让矿主可以在战时煤炭贸易的阶级
斗争中占据上风。虽然联邦政府在镇压劳工武装化的过程中扮
演了重要的角色，但阶级斗争在宾夕法尼亚州煤炭政治经济中
的作用也不可忽视。

在前南北战争时期，宾夕法尼亚州的政府官员很少干预
劳资关系，而在战时，他们为工人增加工资的意愿也在不断降
低。1849 年，宾夕法尼亚州通过了一系列法令，规定如果矿
主破产，应当优先支付拖欠工人的工资，这些法令为采矿投
资涉及的土地、租约、升级设施和财产设置了一种"工人质

押权"。这种质押权代表着一种在煤炭贸易中为矿工提供救济的意愿。但是在 19 世纪 50 年代，试图让立法机构关注煤矿安全、为受伤矿工开设医院，以及消除公司体系中的不公的努力都没有成功。民众的不满和大量的请愿，最终导致一系列修正案的提出，但是矿业利益集团将这些法案抹杀了。换言之，宾夕法尼亚州政府官员虽然对矿工持同情态度，但是在保护矿工健康和权利这件事上却犹豫不决。一个很关键的案例发生在南北战争时期，当时矿工要求增加工资，禁止公司在自己的商店里收取过高的费用。州长科腾在 1863 年 1 月提交给立法机构的年度报告中认为，"州政府干预工资问题无疑是非常不明智的"，同时批判公司商店系统"极为愚蠢而不公"，需要立法机构予以修正。1864 年 1 月，一项禁止性法案在参众两院的通过，但是州长科腾弹劾了这项法案，因为这项法案的适用范围有限，不一定适用于公司雇主。军队的出现为宾夕法尼亚州无烟煤产区提供了暂时稳定的劳工关系。但是诸如煤矿通风和安全检查等问题，将成为南北战争之后煤炭贸易中无法忽视的大问题。

南北战争时期对煤炭的需求高，许可证数量众多，处于高压下的劳工势力等特殊条件，对宾夕法尼亚州的煤炭政治经济造成了永久的影响。大量公司许可证的颁发和反公司意愿最明显的无烟煤产区进行的重组，为宾夕法尼亚州的公司在未来煤炭贸易中扮演何种角色提供了答案。在后南北战争时期的立法机构中，采矿业应该留给个人来处理的观点已经成为遥远的回忆。战时政治又带来了一些新的争议，包括无烟煤产区的劳工运动、采矿公司控制矿区的能力，以及州政府对于公司税收的依赖。后南北战争时期的政客要面对的，是被大铁路公司和股份制采矿公司统治的煤炭业，以及逐渐武装化的劳工群体。保护私人矿主和促进产业发展已经成为历史，取而代之的是政府、资本和劳工之间相互平衡的政治经济。

煤炭和联盟

东弗吉尼亚里士满盆地在短时间内成为一个重要的矿物产区，但是战争对于燃料的需求只是在短时间内提振了该地区的经济。里士满盆地在南北战争之前的煤炭年产量约为 10 万吨，詹姆斯河、卡纳瓦运河以及三条地区铁路（克里夫山铁路、里士满和彼得斯堡铁路、里士满和丹维尔铁路）分担了所有的运量。宾夕法尼亚州的无烟煤在这段时期统治了东部沿海地区城市的市场，导致里士满煤炭只能供应给当地铁匠和小型制造厂。卓德嘉钢铁公司作为当地最大的生产公司，在 1859 年进口了 1500 吨无烟煤，作为公司锻炉和熔炉的燃料。到了第二年，只有密得罗申煤炭公司和克里夫山煤炭公司在里士满盆地开采了大量的煤炭。

随着战争爆发，弗吉尼亚州无烟煤的供应被切断，里士满盆地的战略重要性在短时间内再次得到了重视。卓德嘉钢铁公司现在作为南方联盟的主要战时供应商，需要新的燃料供应。约瑟夫·雷德·安德森（Joseph Reid Anderson）作为卓德嘉钢铁公司的高级合作伙伴，在 1862 年 12 月从密得罗申煤炭公司和克里夫山煤炭公司得到了稳定的烟煤供应，但是卓德嘉钢铁公司的实际需求远超里士满盆地现有煤矿的产量。随着军备订单越来越多，安德森从南方联盟获得 20 万美元的贷款，用来购买、运营里士满盆地多佛和塔克豪的煤矿。为了得到这笔贷款，卓德嘉钢铁公司同意将多余的煤炭卖给政府。卓德嘉钢铁公司在战争时期缺少生铁、食物和其他必要的物资，但是发现里士满盆地是一个绝佳的煤炭供应地。当地的采矿公司也蓬勃发展。1863 年，克里夫山煤炭公司当年的总收入为 136931.29 美元，超过了 10 万美元。

1862 年，南方联盟成立了硝石和采矿局，监督为生产火药采集硝石的工作，以及铜矿、铅矿、铁矿、煤炭、锌矿的开采工作。在里士满盆地，私人公司依然控制着自己的财产，而硝石和采矿局大多数时候是在各个煤矿之间分配急需的奴隶和自由劳动力。除了为里士满盆地提供支持，硝石和采矿局在北卡罗来纳州和亚拉巴马州开辟了新的煤田，用来协调海岸线各海军站矿物燃料的调度。

虽然州一级政府和联邦官员竭尽所能，南方联盟部队却让里士满盆地以外地区的煤炭生产受到了影响。1864 年 3 月，

多佛煤矿公司的经理，查理斯·奎尔思·汤普金斯（Charles
Quarles Tompkins），在日记中提到南方联盟骑兵先头部队对自
己公司的"劫掠、纵火和破坏行动"。这队骑兵烧毁了几条煤
矿巷道的木质支架，没收了七名奴隶。在 1864 年春夏两季，联
邦部队为了保证马匹、骡子和其他补给物资，经常对这片地区
发动袭击。南方联盟部队造成了严重的破坏，并鼓动奴隶逃向
联邦阵线。尽管里士满盆地长期缺乏劳动力，并面临战争的威
胁，但里士满盆地的矿主依然运出了大量的煤炭。根据汤普金
斯的记录，多佛煤炭公司的煤矿在开工的时候可以听到重炮开
火的声音，1864 年，里士满地区的煤矿开采了 112068 吨烟煤。
相对较高的产量一直持续到里士满遭到围攻和 1864 年 4 月开始的
撤离行动，这才彻底终止了战时对里士满当地煤炭的需求。

但是，里士满盆地之后的复兴计划失败了。约瑟夫·雷
德·安德森在 1866 年将卓德嘉钢铁公司在多佛的煤田卖给了
新英格兰的投资者，但是因为"该县不稳定的政治局势"，他
无法卖出在塔克豪煤坑中的资产。在后南北战争时期，里士满
盆地的投资和发展都非常混乱。在 19 世纪 70 年代早期，奥斯
瓦尔德·亨力奇（Oswald Henrich）作为密得罗申煤矿的监督
采矿工程师，认为东弗吉尼亚地区采矿公司的"无知、系统性
缺失和虚假的经济结构"是阻止当地煤矿发展的最可怕的因素
之一。考虑到与运河和铁路的距离，里士满的矿主在 19 世纪
末期似乎很不走运。实际上，该地区一直没有从与宾夕法尼亚

州无烟煤的竞争中恢复过来，除了在南北战争时期有过一段时期的复兴，里士满盆地从未完全发挥出它的潜力。《工程和矿业周刊》在 1876 年对里士满盆地有这样的描述："似乎没人能开发这片土地，但在未来，它依然是重要的煤炭供应区。"

西弗吉尼亚州的诞生和煤炭贸易

虽然西弗吉尼亚各县的煤炭生产和里士满盆地一样因为战争而不得不停滞，但西弗吉尼亚州的诞生为工业发展创造了全新的制度背景。正如南北战争促进了宾夕法尼亚州煤炭贸易的转型，证明了里士满烟煤煤田的剩余潜力，西弗吉尼亚州则是军事和政治环境的产物。独立州的理念和这种理念对于地区经济发展的重要性，在西弗吉尼亚州有着深厚的理论和政治基础，对西弗吉尼亚州后南北战争时代的煤炭贸易产生了重要的影响。

西弗吉尼亚州的成立源于弗吉尼亚州激烈的地区冲突。诸如马里兰州和田纳西州这样的中南地区的经验，意味着旧自治领不是唯一存在东西部利益集团冲突的地方。但和中南部其他地区不同的是，弗吉尼亚州的地区冲突为南北战争期间旧自治领划分为两个州提供了一个不寻常的解决方案。西弗吉尼亚州在政治层面的不满，在其加入联邦之前三十年就已经转化为一种独立成州的诉求。弗吉尼亚州未来选区的划分，又或者东部集团在州政府中的势力划分，也成为地区划分的测试标准。对于内部升级项目经费、选区划分和公司许可证的争议，在弗吉尼亚州的立法机构内部此起彼伏，但是东部奴隶主的政治影响力和经济地位才是旧自治领地区主义的基础。

实际上，西弗吉尼亚人除了对于里士满干预自己事务的不满，和提振西弗吉尼亚地区采矿业的利益以外，并没有太多共同语言。卡纳瓦谷地的西弗吉尼亚人批评滨海地区政客们的贵族化倾向，但对于以奴隶制作为劳工基础并没有太多异议，而且他们也认为自己是南方人。北方狭长地带的弗吉尼亚人将惠灵市作为文化中心和经济中心，他们认同宾夕法尼亚州和俄亥俄州的自由劳工理念。卡纳瓦和弗吉尼亚州狭长地带在立法机构和州议会上形成同盟，但在格兰维尔·赫尔（Granville Hall）看来，西部的弗吉尼亚人"依然在大会中占多数"。虽然存在文化和政治上的不同，西弗吉尼亚人仍感觉自己被里士满的保守政体边缘化。西弗吉尼亚人在政治层面的不满，最终导致了西弗吉尼亚州的独立。只要东弗吉尼亚人把持立法机构，西部就无法保证自己的利益。这种地区分裂理论认为，鉴于当时的权力结构无法接受任何有效的改革，东部势力可能成为西部采矿业发展的永久阻碍。虽然南北方对于西弗吉尼亚州的看法不一，但这些县在前南北战争时期形成了一致的政治诉求。

通过建立一个独立的州来解决地区冲突的想法，最早出现于1829年至1830年的大会上。当一些代表在里士满发表关

于人权和财产的演讲时，一些西弗吉尼亚地区的代表对此表示
了不屑。查尔斯顿《西弗吉尼亚人》刊登的评论文章，将其
称为"东弗吉尼亚人的乌龟政策。"一位名叫绍特·里克（Salt
Lick）的评论员就东弗吉尼亚地区发表了这样的评论："我并
不相信上帝将这么多的矿藏交给我们是为了诅咒我们，但如果
我们继续滥用自己手中的赐福，那么还是让正直之人快点离开
索多玛吧。"一个署名为瑟内克（Senex）的人刊登了一系列评
论文章，认为应当对州议会推行的软弱改革进行抵制。这位匿
名作者建议"将这个州一分为二"。瑟内克认为："西弗吉尼亚
地区拥有丰富的生产原料，大自然似乎有意让西弗吉尼亚人变
得快乐而富有，只要有一个充分发挥聪明才智的政府，就可以
让这片土地上的人享受大自然为他们设计的美好生活。"

1847 年，位于列克星敦的华盛顿大学校长亨利·鲁夫那，
在自己撰写的小册子《致西弗吉尼亚人》中提出了与独立州、
反奴隶制和种族主义相关的内容。鲁夫那重述了东西弗吉尼
亚人之间的紧张关系，并认为废除奴隶制才是最佳解决方案。
他对比了自由州农业、商业和制造业的繁荣，以及奴隶州的
"停滞"和"不断扩张的腐败"，他认为"相较于促进工业发
展，政治上的口水战不过引发了一种类似梦境的停滞"。鲁夫
那认为奴隶制会激发白人的懒惰和无为，进而影响农业和制造
业的发展。不仅如此，随着州内奴隶人口的自然增长，奴隶价
格早晚会开始下降。鲁夫那认为，西弗吉尼亚地区奴隶制的终

结，将促成资本的流动，"让人们可以从矿井中获取财富，让瀑布和煤层为工厂所用"。虽然鲁夫那推崇保守的逐步废除奴隶制和让恢复自由的非裔美国人殖民利比里亚的计划，但东弗吉尼亚地区的报纸认为，鲁夫那的小册子是废奴主义者的宣传材料。不论西弗吉尼亚人是否同意废奴，这个小册子对于那些认为东弗吉尼亚地区的政治影响力阻碍了自身经济发展的人而言，已经成为一个具有共识性的文件。

在临近南北战争时关于税收政策的争议，也说明了这一点。自从 1850 年宪法改革解决了西弗吉尼亚地区对于普选权的不满，参议院中引入了一个更为民主的选区结构，不平等的奴隶税——因为奴隶税要低于其他税种——成为西弗吉尼亚人抱怨的一个焦点。西弗吉尼亚地区的政治家再次谴责奴隶制带来的影响，而这一次谴责的对象是税收带来的财政负担。来自莫农加利亚县的威特曼·维利（Waitman Willey）在 1851 年对蓄奴的弗吉尼亚人说："我是个奴隶主，和其他人一样，我认为这个头衔也是神圣的。但是我不能因为个人利益，就无视 10 万同胞的权利和自由。你只是少数人之一，却声称有权为多数人立法，掌控他们的利益、公民权、宗教、政治，甚至生命。不，你无权这样做！"西北部对于不平等税收系统的抱怨更为苦涩。《惠灵信息报》在 1860 年刊文称："对于奴隶制的拥护者来说，反对奴隶制或者滥用奴隶制都是一项重罪。对他们而言，通过向西弗吉尼亚人征收重税以保护自己的利益，是完全合理的。"弗吉尼亚州不平等的税收结构，成为全国甚至国际反奴隶制杂志中，州一级地区主义影响旧自治领的标志。最重要的是，这让西弗吉尼亚人一直关注着独立州的理念。

南卡罗来纳州的成立，以及东弗吉尼亚人对于林肯于1860年当选为总统的消极反应，让东西弗吉尼亚人之间的隔阂越发明显。1861年2月，里士满举行了一次州一级的大会，讨论是否要加入南方联盟。为了吸引西弗吉尼亚地区的代表，大会组织者承诺在大会议程中讨论税制改革的问题。4月4日的投票以45票对85票失败，但是林肯召集75000名士兵的命令和对萨姆特堡的进攻，打消了亲联邦派的支持基础。4月15日，前任州长亨利·怀斯宣布弗吉尼亚州军队正在夺取联邦财产。第二天，大会以88票比55票的结果通过了《分离法案》，该法案在1861年5月的投票中正式生效。后来组成西弗吉尼亚州的各县总计派出47名代表，其中28人投了反对票，15人投了赞成票，剩余4人弃权。威特曼·维利、汤姆斯·卡里（Thomas Carlile）这样的代表在大会上希望保持旧自治领的忠诚，他们的投票也代表着大多数西弗吉尼亚人希望留在联邦中的意愿。

1861年夏天，不愿接受大会结果的联邦派政治家聚集在惠灵市，组成"弗吉尼亚州新政府"，抵制大会成果的合法性，宣誓对联邦效忠，组建自己的参议院和众议院，威特曼·维利、汤姆斯·卡里也在众议院找到了自己的位置。1861年8月，

新政府通过了《从弗吉尼亚州分离并成立一个新州的法令》，
让代表大会有权在两年后成立西弗吉尼亚州。但是，1861 年 5
月，乔治·麦克莱伦将军通过短暂的军事行动，将西弗吉尼亚
地区纳入联邦的控制下，该地区在南北战争期间也就没有出现
太多军事行动。非正规军对该地区的商业和交通中心发动了一
系列突袭，南北战争末期，西弗吉尼亚地区深陷暴力和恐慌之
中，因为当地人大多打着联邦或者联盟的旗号解决旧仇，但与
此同时又制造了新的仇恨。

在战争和大会造成的混乱中，来自西弗吉尼亚 39 个县的
53 名代表于 1861 年 11 月齐聚惠灵市，为这个新成立的州编
写宪法。来自西弗吉尼亚南部各县的绝大多数代表，希望用一
个新的政权取代位于里士满的政府。正如弗吉尼亚州漫长的地
区对立所展示的那样，西弗吉尼亚地区和旧自治领之间的矛盾
根植于权力和选区，而不是政府结构。西弗吉尼亚地区的代表
认为应当高度重视矿物资源的开发，但是他们之间的共识也就
到此为止了。西弗吉尼亚地区煤炭政治经济中的关键要素，也
带着经济援助主义和弗吉尼亚州政治传统等的影子。

煤炭贸易，又或者说是煤炭贸易的潜力，对划定西弗吉
尼亚州的边界有着很大影响，因为西弗吉尼亚地区巴蒂摩尔至
俄亥俄铁路沿线的县都被划入其中。代表大会从阿勒格尼山脉
以西的 39 个县中选取代表，也就是传统意义上的西弗吉尼亚
地区。边界委员会建议再将 31 个县划入边界之内，其中也包

括阿勒格尼山脉以东的县。反对奴隶制的代表反对这种划分方案，认为这将增加州内的奴隶人口。而包括威特曼·维利等支持这一划分方案的人认为，这个州的未来取决于巴蒂摩尔至俄亥俄的铁路。维利认为："这个新成立的州的政治集体完全依赖这条铁路，及其向周边延伸必需的燃料。"在这一派势力看来，如果巴蒂摩尔至俄亥俄的铁路穿过旧自治领，那么弗吉尼亚州就会找这条铁路和新成立的西弗吉尼亚州的麻烦。帕克斯堡的代表彼得·范·温克尔（Peter Van Winkle）表示："如果我们希望通过成立新的州来保证繁荣，如果我们希望通过新的宪法，以自己的方式做生意，实现我们想要的繁荣，那么放弃影响所有货物的基础设施，无异于是一种自杀行为。"除此之外，马里诺县的代表指出，如果没有巴蒂摩尔至俄亥俄的铁路，那么西弗吉尼亚地区的矿物资源"与石头无异"。他认为，考虑到煤炭贸易，"破坏道路就是破坏贸易"。这些实际的诉求，再加上承诺西弗吉尼亚州将没有奴隶制存在的空间，为将东部狭长地带纳入西弗吉尼亚州赢得了足够的票数。从州的层面来说，不少代表认为巴蒂摩尔至俄亥俄的铁路是西弗吉尼亚州在边界划分中不可缺少的一部分。

大会的第二个重大议题与公司政策有关。要求在立法机构强制公开特别许可证的提案，引起了关于西弗吉尼亚州许可证制度的大讨论。来自查尔斯顿的詹姆斯·亨利·布朗（James Henry Brown）认为，公司"对于我们的国家和制度来说，就像太阳一样，它是我们社会中的一部分"，"对于我们的社群是有益的存在"，因此公司不应当承担这种不必要的负担。多德里奇县的代表查普曼·约翰逊·斯图亚特（Chapman Johnson Stuart）认为，"股份公司对于州立法机构的影响越来越大"，并支持对公司的限制和一般许可证。斯特亚特说道："先生，为什么不在这些公司几乎要毁灭我们的时候，给我们的公民发出警告，终止这种立法行为呢？互助选票的行径在本次大会的末期非常猖獗。我绝对不希望在新成立的西弗吉尼亚州出现这种情况。"在讨论过程中，代表们引用了宾夕法尼亚等州关于制造业的法律，作为西弗吉尼亚州可以借鉴的样板，但他们也关注到有些州完全取消了特别许可证。最终，一个基于宾夕法尼亚州一般和特别许可证混合制度的体系获得通过，大会要求采矿和制造业公司必须先取得一般许可证，内部升级项目可以获得特别许可证，但必须公开自己提交给立法机构的申请。对于西弗吉尼亚州煤炭经济的未来而言，企业的发展已经成为重要的一环。在西弗吉尼亚州成立的初期，企业化采矿的必要性毋庸置疑。

关于对公司征税的问题，则在西弗吉尼亚州引发了一场激烈的讨论。保守派和改革派的代表都认为，公司对于州内自然资源的开发是不可或缺的，但是他们对于如何收税的问题存在分歧。戈登·巴特勒（Gordon Batelle）领导下的改革派代表认为，要用公司税带来的财政收入建立一套与俄亥俄州或者马萨诸塞州类似的免费公共学校体系。但是，这场辩论很快从一场关于如何使用这笔收入的讨论，变成一场企业税在财政收入中所占比重的争论。来自卡纳瓦县的本杰明·史密斯在十年前曾经支持由弗吉尼亚州巡回法庭颁发许可证，但他立即对利用企业税来建立西弗吉尼亚州学校体系表示了反对。由于西弗吉尼亚州缺乏资本，他认为："我们应当利用立法和自己的行动，让民众全力开发自然资源。"史密斯继续写道："我不喜欢限制公司的措施，这就像限制那些将自己有限的资源投入生产以获取更多资本的行动，必然不会取得理想的结果。"由于缺乏类似低额公司税的手段来吸引资本，代表们认为西弗吉尼亚州将永远处于贫困和未开发的状态。

改革派认为，公司对于西弗吉尼亚州未来的经济至关重要，但是立法机构必须就授予公司的特权向民众负责。帕克斯堡的威廉·史蒂文森（William Stevenson）认为："在某些情况下，公司对公众大有益处，而在其他情况下，则会对公众造成消极影响。"在大会上，保守派代表通过重新唤起地区控制的学校的形象，重申西弗吉尼亚州重税的政策不利于吸引公司投资的观点，成功阻止了通过向公司征税，筹集资金建设免费学校的提议。大会最终同意通过立法修正案和出售到期未付的土地，为学校提供支持。但是对于教育税的讨论，进一步强化了一个主流观点，即公司投资——无论是巴蒂摩尔至俄亥俄铁路这样已经成立的公司，还是未来可能拒绝缴纳税款的采矿公司——在这个新生的州具有不可动摇的地位。

西弗吉尼亚州政府信用对于内部升级项目的背书，在
1861 年大会上引发了不小的争议。它和其他讨论一样，揭露
了北部地区和卡纳瓦谷地各派代表之间的利益冲突。弗吉尼亚
州公共工程委员会将内部升级项目的拨款变成一种带有政治目
的的制度，但是来自弗吉尼亚州西北部的代表并没有充足的理
由为铁路项目寻求更多的拨款。当波士顿至俄亥俄铁路的主干
线修至俄亥俄河之后，惠灵市在 1853 年和东部城市打通了交
通线。四年之后，西北弗吉尼亚铁路公司（波士顿和俄亥俄铁
路公司的子公司）将俄亥俄河沿岸的帕克斯堡和波士顿与俄亥
俄铁路主干线上的格拉夫顿连为一体。波士顿和俄亥俄铁路系
统覆盖地区的代表对于新建大规模公共工程、增加财政压力的
提议毫无兴趣。在他们看来，弗吉尼亚州公共工程委员会带来
的问题蔓延到了其他州政府支持的项目上，又何必重复这种错
误呢。俄亥俄州和宾夕法尼亚州是"从州一级层面阻止错误的
内部升级计划"的典范，也是西弗吉尼亚州学习的榜样。帕克
斯堡的一位代表说："建立一个优秀的制度，资本会感到安全，
资本和企业会更有动力，感觉自己得到了保护，在铁路修好之
前，绝对不要用州政府的信用给他们背书。"

来自卡纳瓦谷地的代表则对此持不同意见。1860 年，弗吉
尼亚州议会将詹姆斯河和卡纳瓦运河公司的资本上限增至 1240
万美元，并调拨 30 万美元用于卡纳瓦河的升级工作，但是内战

让融资成为泡影。因此，南部各县的代表希望新政府可以完成卡纳瓦河的升级项目，为当地煤炭贸易提供助力。如果河道升级计划依然受制于里士满的互助选票和犹豫不决，那么至少应当推动铁路的建设。来自查尔斯顿的本杰明·史密斯表达了西弗吉尼亚地区南部各县的心声。他认为："我们带着善意，希望和你们一起成立一个新的州，但是我们绝对不想和一群想用宪法和基本法限制州内发展的人合作。"卡纳瓦提出了利用州政府债券为内部升级计划提供资金的提案，但未能获得通过。很多西北地区的人担心，南部代表会放弃独立成州的计划，重新考虑升级计划。莫农加利亚县的亨利·德林（Henry Dering）协助提出了一项妥协性提案，只要以现金或者下一年税款认购股票的方式，州政府就可以投资负责内部升级项目的公司。

大会大多数时间对于奴隶制保持沉默，但对于奴隶制的反对已经成为成立新州的共识。来自美国卫理公会的罗伯特·哈格尔和戈登·巴特勒都提议废除奴隶制，但是都没有在大会上获得通过。在巴特勒的坚持下，大会终于同意提交并表决一项经过大规模修改的废奴提案。美国国会和极端派共和党人，以及林肯总统，对于西弗吉尼亚州在奴隶制问题上的犹豫不决表示了反对，这最终导致了奴隶制的废除。威特曼·维利作为国会中新弗吉尼亚的代表，向西弗吉尼亚州政府提交了一份废奴修正案，使得美国在1863年6月认可了西弗吉尼亚州的成立。虽然西弗吉尼亚州明确表示了利用通向州外的铁路

（如巴蒂摩尔和俄亥俄铁路）发展商业，利用州外资本开采煤炭，但是州政府对奴隶制令人困惑的态度也体现在西弗吉尼亚州从外部获取资源的事务上。

战争时期的特殊情况，意味着这个新成立的州必须从零开始发展煤炭贸易。和他们在里士满的同行不同，卡纳瓦谷地的矿主在战争时期难以维持产量。从常规战区变成 1861 年之后的非正规"劫掠"泛滥区，意味着西弗吉尼亚地区的军事行动更多要以财产和内部升级工程为目标，针对军队的行动反而不那么重要。卡纳瓦谷地的煤炭年产量从 1860 年的 129000 吨降至 1863 年的 88000 吨，1865 年更是降至 68600 吨。俄亥俄河沿岸的矿主情况稍好，布鲁克县 1865 年的年产量是 1860 年的两倍。惠灵市的多次罢工和该地区长期的劳动力短缺，限制了西弗吉尼亚俄亥俄河地区战时的煤炭贸易发展。因此，北部狭长地带的大规模发展并没有成形。西弗吉尼亚州各县的煤炭总产量在 1862 年降至 30 万吨，直到南北战争最后一年，煤炭产量才恢复到 19 世纪 50 年代的水平。

在这种环境下，西弗吉尼亚州的政府结构逐渐成形。大会对于奴隶制的坚决态度，以及对于边界、企业许可证和税收的态度，体现出对于政府在内部升级项目中所扮演角色的争论，展示了西弗吉尼亚州对于结构和整个州所扮演角色的不同看法。实际上，这次大会上的各种讨论说明，一些地区性的岗位和当代自由化的政策或管理岗位大相径庭。卡纳瓦谷地的代表支持积极的许可证颁发制度和低额度的公司税，但是他们依然希望州政府可以为内部升级项目背书。来自西北部的代表希望通过向公司征税，来保证公共教育事业的发展，但同时公开支持巴蒂摩尔和俄亥俄铁路的利益。1863 年，西弗吉尼亚人摆脱了旧自治领因为奴隶制的干预而混乱不堪的政治环境，努力建设自己的新家园。

从很多层面上来说，南北战争代表着宾夕法尼亚州和弗吉尼亚州在煤炭政治经济领域的分道扬镳。宾夕法尼亚州灵活性极高的政策决定体系，因为腐败的立法机构而不堪重负。因此，宾夕法尼亚州的煤炭贸易从小企业投资和公司混合制结构，转换为完全由公司资本主导的状态。南北战争时期，劳工也成为宾夕法尼亚州煤炭政治经济中的重要一环。虽然武装化的工会短期内被联邦军队压制，但在内战结束后，他们也开始挑战矿主们的新管理秩序。大规模采煤和大型运输公司的出现，改写了宾夕法尼亚州政策制定部门的结构。在后南北战争时期，大公司主导了宾夕法尼亚州的煤炭政治经济，而州立法机构也参与其中。南北战争也成了一道分界线，前南北战争时期煤炭政治经济中的各种争议——包括运输、采矿权和公司许可证等问题——已经转入了一个全新的方向。

南北战争也为旧自治领的煤炭政治经济带来巨大的改变。弗吉尼亚州的里士满盆地的战略重要性得到了短暂提升，但在战后其地位依然不断下降。最大的变化出现在阿勒格尼山脉以西地区。西弗吉尼亚地区和滨海地区以及派德蒙特地区相比，曾经更为贫穷，但是在南北战争中获得了政治独立，并努力开发矿产资源。当地的矿主不断要求在弗吉尼亚州的经济政策过程中获得更多的发言权。但是，当他们组建了自己的政府之后，西弗吉尼亚州的市场状况和资本的匮乏，导致当地煤炭贸易发展乏力。前南北战争时期就困扰着西弗吉尼亚地区的政治经济问题，在该州成立之后依然存在。

后记　控制与困惑

　　1866 年，美国议员威特曼·维利在西弗吉尼亚州的费尔蒙特向热情的西弗吉尼亚人发表演讲。他谈到了自己在莫诺加利亚县的小木屋，以及 1850 年制宪大会和 1861 年分治大会上亲西部的态度。自从西弗吉尼亚州从旧自治领分离，政策制定者希望以俄亥俄州、宾夕法尼亚州或者纽约州为模板，建立属于自己的州。为了实现这一点，维利认为西弗吉尼亚州应该成为一个"对资本友好的州"。与此同时，惠灵市的官员正忙于推动立法，消除对州外公司施加限制的因素，满足类似巴蒂摩尔和俄亥俄铁路公司的需求。维利对听众说："让我们欢迎那些有资本的人吧。如果我们告诉资本家，我们拥有丰富的自然资源，那么他们就会来我们这里投资。"

　　维利的演讲代表着当时的一种看法，即州政府应当改进当地政府机构，尽可能促进经济发展。虽然资本可能来自个人，但是应当有公共机构将资本用在符合他们利益的地方。在前南北战争时期应用这种策略的州，在内战末期选择取消相关的资金支持。像主干线工程这样由州政府资助的内部升级项目的失败，与巴蒂摩尔和俄亥俄铁路公司、费城和雷丁铁路公司，以及宾夕法尼亚铁路公司等新兴铁路公司的崛起，重新定义了州一级的政治经济。前南方邦联成员激进的重建工程对州一级政策造成了巨大影响，许多南方州开始野心勃勃地展开增长型战略，而北方州则青睐"自由放任"的政策。工业集团的利益在后内战时期开始重新定义煤炭政治经济，很多学者认为，这段时期的公共机构完全被私人利益集团"控制"。

在内战之后的几十年里，联邦制的结构对宾夕法尼亚州、弗吉尼亚州和西弗吉尼亚州的矿主提出了全新的挑战。19世纪三四十年代，对资本友好的政策主要包括保护创业机会、推动矿物燃料的使用、为煤田开发提供支持。到19世纪六七十年代，公司拥有绝大多数煤田，美国人大量使用煤炭，密西西比河流域有大量煤田等待开发。立法机构忙于应对诸如煤矿通风、劳工关系和公司税收等问题，而大规模铁路、跨州运营的采矿公司和工会，都成为政策制定中的新元素。州一级的积极主义在这种新环境下并没有消失，而是成为一种在保证高产量的同时，尽可能让消费者承担最低成本的管理制度。

"重建期"的西弗吉尼亚州所发生的一切进一步说明了这一点。希望发展煤田的西弗吉尼亚州官员很快就明白，战后发展内部升级项目、地质勘探和企业许可证，并不是万能的解决方案。宾夕法尼亚州作为战后发展的模板，无法提供政策制定者需要的要素。在战后的岁月里，煤炭的需求量不断提升。但是西弗吉尼亚人很快就发现，相比哈里斯堡、里士满和查尔斯顿，纽约、波士顿或者费城占据了发展的主导地位，煤炭贸易并没有为新生的西弗吉尼亚州政府提供便利，也没有提供预期的税款，提振商业活动，或是推动煤田附近的工业发展。当维利宣布西弗吉尼亚州是一个对资本友好的州时，他并不明白这番话的真正含义。

"西弗吉尼亚州的主要产品"

随着西弗吉尼亚州的无烟煤煤田受到全国的关注，煤炭贸易专家要求维利和西弗吉尼亚州的其他要员推动煤炭贸易的发展。费城的《美国矿业和铁路记事报》在 1865 年刊文称："西弗吉尼亚州已经成立了若干家公司，而且有些已经开始运营"，鉴于旧自治领"可悲的政治影响已经消失"，无烟煤和钢铁应当"成为西弗吉尼亚州的主要产品"。波茨维尔的《矿工月刊》认为，卡纳瓦谷地"被奴隶主控制了五十年，无法发展，也不知道如何利用自己的矿物资源谋取利润"。但是现在，宾夕法尼亚州一家关于煤炭贸易的权威月刊称，这片地区"已经向自由劳动力、资本和企业开放"。北方的观察者认为，当西弗吉尼亚州摆脱了奴隶制对于内部升级项目、资本和企业的压制，他们的发展速度应当是很快的。

在对比了东弗吉尼亚地区的同行之后，西弗吉尼亚州煤炭从业者的积极性获得了极大的提升。虽然奴隶制已经消失，但是里士满盆地的矿主在战后的几十年里，依然可以感觉到奴隶制留下的影响。东弗吉尼亚地区的煤炭产量在 1869 年降至 10 万吨以下，矿主们在 19 世纪 70 年代对于自己在贸易中的弱势地位抱怨不已。煤田的经济潜力是显而易见的。维克汉姆家族雇用的工程师亚博·阿金斯（Job Atkins）负责勘探波弗特煤层，他认为"这片地区可以进行采煤作业，资本家们应会优先购买这里出产的煤炭"，"公众无法忽视其中的价值"。但就算奴隶制已经废除，里士满煤田依然受到奴隶制的影响。詹姆斯·麦克利普（James·M'Killop）是一位苏格兰矿主，他在 1869 年造访了里士满煤田。之后，他描述了东弗吉尼亚地区丰富的煤炭储量，但是前内战时期的奴隶劳工破坏了里士满的煤田。麦克利普写道："他们的系统远不及其他国家，技巧和科学并不能为蛮力提供任何支持。"

随着里士满的重要性逐渐下降，弗吉尼亚人希望利用西南山区的矿物资源赢利。但是，相较于政治制度对个体实业家和铁路的影响，塔兹韦尔和维斯两县丰富的煤炭储量扮演了更为重要的角色。19 世纪 70 年代的里士满政局和威廉·马洪（William Mahone）的政治生涯密不可分，他在里士满发起了旨在减轻旧自治领债务的运动。由于弗吉尼亚州从战后政府中剔除了大多数极端分子，保守派势力依然可以对州政府施加影响。因此，只能由耶迪迪亚·霍奇基斯（Jedediah Hotchkiss）

和约翰·因博登（John Imboden）这样的人来推动发展。霍奇斯基与切斯皮克和俄亥俄铁路公司合作在维斯县开发煤田，而因博登则与诺福克和西部铁路公司合作开发福莱特托普山煤田。除了吸收来自全美的资本，霍奇斯基和因博登也刊文宣传该地区丰富的矿物资源。因博登作为地产管理人、律师和弗吉尼亚煤炭钢铁公司的铁路经理，吸取了之前作为联邦官员为旧自治领之外的大型公司管理当地事务的经验。在之后的许多年里，外部资本依托当地人员运作的模式成为该地区的主要发展模式。弗吉尼亚煤炭钢铁公司后来声称："来自东部、北部、英格兰和欧洲具有远见的商人，穿过荒野，看着这里的原木、突出地表的煤炭和奔腾的河流，想象着未来的产业和发展，相信只要投入时间和金钱，就一定可以让自己梦想成真。"

铁路对西弗吉尼亚州煤炭的发展也作出了巨大贡献，但是战后西弗吉尼亚州关于铁路的政策说明，全国经济架构中缺少以州为中心的政策。正如之前所说，州大会的代表将巴蒂摩尔和俄亥俄铁路看作开发矿物资源的重要一环。但到了1869年，西弗吉尼亚州和铁路之间的关系说明，虽然官方早期比较乐观，但现在他们已经骑虎难下了。州政府的官员们将巴蒂摩尔和俄亥俄铁路比作西弗吉尼亚州商业和工业的大动脉，但当巴蒂摩尔和俄亥俄铁路公司希望免除1827年马里兰州许可证里提及的所有的州一级税务之后，他们之间的关系就开始变质。1869年3月，立法机构通过了一项联合决议，决定成立一个联合委员会，评估巴蒂摩尔和俄亥俄铁路公司截至 1868 年 12 月的州税和学校税，并允许两党"以公平自由的条件"解决这件事。

虽然州政府付出了努力，巴蒂摩尔和俄亥俄铁路公司甚至不需要进行太多游说工作，就可以在西弗吉尼亚州完成避税，调查巴蒂摩尔和俄亥俄铁路公司账单的政府官员甚至是公司职员。民主党议员亨利·加萨韦·戴维斯（Henry Gassaway Davis）因在战争时期向巴蒂摩尔和俄亥俄铁路公司、联邦政府出售物资而大赚一笔，负责协助为西弗吉尼亚州以及巴蒂摩尔和俄亥俄铁路公司制订一个关于税务的协定。戴维斯通过巴蒂摩尔和俄亥俄铁路公司提供的经济支持，获得了政府中的岗位，并享受免费火车票，他向公司总裁约翰·加洛特（John Garrett）提供了关于谈判的信息。戴维斯还向其他政府官员提供免费火车票，以加快谈判进度。通过戴维斯在其中发挥的作用，巴蒂摩尔和俄亥俄铁路公司直到 19 世纪 80 年代才继续向西弗吉尼亚州政府缴税。

这样一家公司的冒险，是否能说明西弗吉尼亚州政府已经被铁路利益集团"控制"？事实并非完全如此。因为巴蒂摩尔和俄亥俄铁路公司在几个州都有活动，所以它并不是只和西弗吉尼亚州政府打交道，美国的联邦架构对州政府官员来说并不友好。当巴蒂摩尔和俄亥俄铁路公司通过差别定价，限制西弗吉尼亚州北部地区煤炭贸易的发展时，这一点就更加明显了。到了 19 世纪五六十年代，类似巴蒂摩尔和俄亥俄铁路线这样的大型铁路线，通常对短途运输和长途运输采用不同的收费标准。对于运送大宗低价商品的运输公司，只有廉价的运输费用才能保证利润。考虑到西弗吉尼亚州北部的产煤区在 19 世纪 60 年代人烟稀少，产煤量非常不稳定，巴蒂摩尔和俄亥俄铁路公司在这一地区收取了较高的运费。由于没有大公司保证稳定的运量，费率也无法调整，西弗吉尼亚州 19 世纪60 年代的煤炭运量一直不高。一位来自费尔蒙特地区的矿主说："铁路公司不在乎当地的货物，他们也不会停下火车装卸煤炭。"这位矿主认为，"在这种政策的指导下，上莫农加希拉谷地的煤炭贸易发展停滞也就不奇怪了。"

与此同时，巴蒂摩尔和俄亥俄铁路公司破坏了重建计划在西弗吉尼亚州北部各县的权威，卡纳瓦县的煤炭利益集团希望能够引入一套铁路系统，为他们的煤田提供便利。西弗吉尼亚州原本成立了卡纳瓦委员会，负责监督河道升级工作，但是相关的工程和财政材料直到 1869 年还留在里士满。西弗吉尼亚州南部的煤炭利益集团对于等待卡纳瓦河升级工作完成已经厌倦，于是他们在 1867 年向立法机构申请切斯皮克和俄亥俄铁路公司的许可证。这条铁路在弗吉尼亚州原名科温顿和俄亥俄铁路，连接里士满和位于蓝岭山脉的科温顿，预计在 19世纪 60 年代延伸到俄亥俄河。科温顿和俄亥俄铁路西弗吉尼亚州许可证允许公司集资 3000 万美元，在西弗吉尼亚州拥有500 万英亩土地。科温顿和俄亥俄铁路的许可证允许公司在年净收入达到投资总量的 10% 之前，都不需要缴税，而卡纳瓦县的支持者们通过允许各县购买科温顿和俄亥俄铁路的股票，绕过了宪法层面的限制。1873 年，科温顿和俄亥俄铁路公司完成了从弗吉尼亚州的科温顿至西弗吉尼亚州亨廷顿的铁路施工，让卡纳瓦县的煤炭终于可以运往东部市场。

巴蒂摩尔和俄亥俄铁路、科温顿和俄亥俄铁路与西弗吉尼亚州煤炭贸易之间的关系说明了后南北战争时期煤炭贸易对铁路的依赖性。在北部各县根据 1865 年相关法规成立的 52 家采煤公司中，有 35 家使用了巴蒂摩尔和俄亥俄铁路系统。在科温顿和俄亥俄铁路系统投入运营的前三年里，31 家根据西弗吉尼亚州法规成立的采煤公司中，有 20 家公司在科温顿和俄亥俄铁路沿线。由于煤炭公司的许可证也依赖铁路，所以在 1865 年颁发了 52 份煤炭公司许可证后，西弗吉尼亚州的许可证数量开始下降。1867 年，西宾夕法尼亚州只成立了 5 家公司，1868 年成立了 8 家，1869 年成立了 11 家。许多公司都是由其他州的投资者成立的，这些投资者没有蕴含矿物的土地，这些公司在 19 世纪 60 年代也几乎没有开始采煤的。1865 年成立的 52 家公司中，只有 24 家在西弗吉尼亚州开设了办公室。虽然人们对经济发展抱有很高的期望，但是对西弗吉尼亚州战后经济最重要的商品的价值在原产地的价格并不高。

也许西弗吉尼亚州可以从北方邻居身上学习经验。但在宾夕法尼亚州，战后煤炭贸易也面临挑战。1869 年 9 月的一个早上，宾夕法尼亚州埃文代尔南部无烟煤煤田的斯托本矿井发生大火，100 多名矿工被困在井下并丧生。这是当时美国最严重的矿井事故。

埃文代尔的事故促使宾夕法尼亚州开始重视烟煤和无烟煤煤田的安全状况。1869 年，埃文代尔煤矿的大火发生前几个月，宾夕法尼亚州立法机构就通过了一项关于斯库基尔县煤矿通风、运输、蒸汽机基本安全标准的法律，并设立煤矿安全检查员，以确保采矿公司遵守这些安全标准。但是这项法规并没有及时拯救埃文代尔的矿工。在 1870 年 1 月，州长约翰·怀特·基利（John White Geary）在提交给立法机构的年度报告中，以埃文代尔的事故为例，申明必须建立管理法规，以避免未来再发生类似的惨剧。基利写道："矿工的生命如此宝贵，绝不能让他们成为牺牲品。"公众也支持州长的请求，要求建立一部基本安全法规的请愿书如雪花般纷纷送到了哈里斯堡。在不到两个月的时间里，立法机构就以全票通过了法案。也就是在这一年，宾夕法尼亚州煤矿检查员的第一份报告证明了改革的必要性，州内无烟煤煤矿安全状况堪忧，存在 138 项违规行为和大量由于生产环境不安全而导致的矿工伤亡。

虽然在执行过程中存在很多瑕疵，但煤矿安全法规的出台意味着政府官员和煤炭贸易之间形成了一种全新的关系。宾夕法尼亚州 19 世纪 70 年代针对煤炭产业的管理措施，遏制了前南北战争时期煤炭政治经济中的热情。煤矿矿主，特别是那些西部烟煤产区的矿主，不得不在 19 世纪六七十年代，就安全、通风和检查事宜，与立法机构、宾夕法尼亚州最高法院展开斗争。但到了 1877 年，宾夕法尼亚州扩展了 1869 年至 1870 年的基本规定，建立了一套适用于整个州的煤矿安全和通风条例，并成立了煤炭检查员办公室。这些规定虽然起到了一定作用，但是无法彻底消除糟糕的工作环境，也无法缓解烟煤和无烟煤产区矿工和矿主之间的关系。但是宾夕法尼亚州立法机构所做的一切，都证明了他们对于监督煤炭贸易的决心。

当公众关注通风和其他采矿安全问题的时候，宾夕法尼亚州的煤炭贸易正在经历巨大的改变，而这种改变完全不同于小矿主和采矿公司在前南北战争时期所经历的一切。即便到了战后时期，南北战争时期形成的许可证制度和税收制度也并没有消失。宾夕法尼亚州 1873 年宪法取消了特殊许可证，但是根据一般许可证成立的公司还可以继续运营，针对这些公司的税收也在继续。1868 年宾夕法尼亚州的财政收入中有 21% 来自针对公司股票的税收。如果算上来自煤炭和铁路吨位税的财政收入，来自公司的税收达到了州财政收入的三分之一。与此同时，除了关于煤矿安全的规定，宾夕法尼亚州并没有太多惠及矿工的法规。矿主支持了 1866 年的《煤炭钢铁监管法案》，该法案批准成立一支准公共执法部门，以"保护私人财产"的名义镇压罢工和劳工组织。即便是对工人持友善态度的法案也是偏袒煤炭公司的。1868 年，立法机构通过了八小时工作制，但是留下了一个漏洞，即合同工不在该法案的保护范围之内，而绝大多数矿工恰恰是合同工。

到了19世纪70年代，全新的参与方重新定义了宾夕法尼亚州政府的角色。在无烟煤区，费城和雷丁铁路公司的新总裁富兰克林·葛文（Franklin Gowen）所采取的激进政策可能将整个产煤区归于一个企业的名下，因为他成立了费城和雷丁煤炭钢铁公司作为自己铁路的控股公司。1875年，葛文的公司控制了斯库基尔地区85%的无烟煤矿矿主。当宾夕法尼亚州立法机构传唤葛文，要求他解释为什么违反费城和雷丁铁路公司许可证中不能持有煤炭公司的规定时，他的解释点明了后南北战争时期的国家经济对煤炭贸易新模式的需求。葛文说："州立法机构决定破坏性竞争是否存在，并规定所有商品必须低于成本定价的时代已经过去了。"到了19世纪80年代早期，他的公司已经垄断了整个地区，而州政府并没有施加太多干预。

与此同时，在阿勒格尼山脉的西面，宾夕法尼亚州焦煤产区的亨利·克雷·弗里克（Henry Clay Frick），则成为开设小型公司和破坏劳工组织的人。焦煤是经过除杂的烟煤，更适宜作为燃料。当匹兹堡西南方向的康奈维尔地区探明大量储煤之后，钢铁公司使用焦煤的数量大幅增长。随着该地区产量不断增长，弗里克开始了一场富兰克林·葛文式的扩张计划。1883年，弗里克和公司已经控制了2207座烤炉，每个月可以产出45000吨焦炭。当康奈维尔的工人在1887年开始罢工的时候，弗里克和他的新搭档安德鲁·卡内基（Andrew Carnegie）立即破坏了罢工。虽然一些宾夕法尼亚人要求政府干预，但弗里克和卡内基依然继续加强对宾夕法尼亚州西南地区焦煤煤田的控制，而且他们没有受到太多的阻碍。

宾夕法尼亚州的立法机构并没有关注州内不断扩张的煤炭业，而是致力于保持产量，确保自己在 19 世纪末期激烈的煤炭贸易中不会处于劣势地位。宾夕法尼亚州为期二十年（1874 年至 1894 年）的第二次地质勘探，将这种全新的观点带入了州政府资助的地质勘探中。第二次地质勘探初始的负责人是 J. 彼得·莱斯利，他是罗杰斯团队中经验丰富的地质学家，也是宾夕法尼亚大学的地质学和矿业教授。第二次地质勘探的目标是为州内的煤炭、钢铁和原油绘制详细的地图。而在第二次勘探开始前的二十年里，莱斯利作为这些企业的顾问，不仅为自己赢得了声望，而且支撑起了自己的家庭。相较于罗杰斯从自己的助手手中整合报告、缩略图和横断图，当所有数据整合完成之后，莱斯利就会刊发各个地区的报告，并且要求这些报告都具有实用性，而不是单纯的理论报告。其中一些关于无烟煤产区的地图格外引人注目，这些地图基于 1880 年到 1889 年的研究成果，而绘制这些地图的目的在于重新开发一些在 19 世纪末被认为已经被采空的煤层。当第二次勘探结束时，160 万美元的预算中有三分之二用于出版工作，这和亨利·达尔文·罗杰斯更为系统而谨慎的风格形成了鲜明的对比。莱斯利长期作为私人企业的顾问，他知道如何通过自己的工作成果来满足资本和科学界的需求。在他的努力下，私人企业和代表公共利益的地质学家之间的关系也处于良性发展中。

直到19世纪晚些时候，西弗吉尼亚州煤矿的安全问题才逐渐政治化。战后，当西弗吉尼亚州的立法机构希望通过资助地质勘探开始自己的煤炭贸易时，他们积极向宾夕法尼亚州学习经验。宾夕法尼亚州的塞缪尔·哈里斯·达多（Samuel Harris Daddow）作为一位颇有事业心的地质学家，给州长亚瑟·I. 柏曼（Arthur I. Boreman）写信，提议自己可以指挥一次勘探活动，证明西弗吉尼亚州是"南方第一个自由州，也是矿物资源最丰富的一个州"。达多认为："只要西弗吉尼亚州团结一致，就可以像宾夕法尼亚州一样不断发展。"柏曼州长接受了这个理念，他在1876年通过向立法机构提交年度报告来推销这个理念，并认为"西弗吉尼亚州地下有15000平方英里的煤炭"。参议院将负责勘探的权力转交给州移民专员，但是这些计划却并没有得到执行。1870年，来自纽约的地质学家约翰·C. 史蒂文森（John C. Stevenson）认为："目前还没有探明各种矿物储量，所以购买这些蕴含大量矿藏和优质木材的土地非常简单。"他还提道："在西弗吉尼亚州成立的许多采矿公司，是因为对地质结构理解不足，才没有取得成功"。史蒂文森的计划也没有从立法机构获得足够的资金支持。1871年，众议院通过了一项提案，但是参议院中的"几位大人物"通过援引州一级的财政问题扼杀了这项提案。

西弗吉尼亚州计划中的地质勘探还在苦苦挣扎，与此同时，州内的保守势力开始谋求撤销受北方影响的政治结构，重建旧自治领县法庭体系、口头表决和以财产为标准的普选权。虽然这场保守主义运动以州内的民主党为主导，而对重建政治秩序运动持警惕态度的自由共和党人也加入了这场破坏西弗吉尼亚州的活动中。1870 年，极端派在立法机构中失势，南部保守派立即展开行动，将资本从惠灵转移到了查尔斯顿。资本从北方狭长地带向卡纳瓦地区的转移，代表着西弗吉尼亚州从联邦派创始人所秉承的理念，开始转向旧自治领的政治传统。

为了重建旧弗吉尼亚的政治结构，保守派代表们开始着手恢复前南方联盟人员在西弗吉尼亚州政治结构中的投票权。他们对民众宣称，改革派试图通过唤起具有投票权的白人的同情心，进一步扩大西弗吉尼亚州少数黑人的利益。保守派希望借此破坏极端派的声望。一位保守派政治家在 1867 年说："一个重要的目标就是，将黑人投票权和极端派联系起来。"保守派稍后采用了一种更为自私，却更为成功的策略。1869 年，保守派提出了以彭德顿县代表威廉·弗里克（William Flick）的名字命名的《弗里克修正案》，这项修正案提议所有西弗吉尼亚州的男性公民，不论肤色，都可以获得投票权。保守派中的顽固分子对于修正案中给西弗吉尼亚州的黑人投票权颇为不满。但是，相较于种族平权，这项修正案反而推动了保守派的运动。一位保守派人士认为，虽然《弗里克修正案》赋予了西弗吉尼亚州的黑人男性选举权，也赋予了所有白人男性选举权，可以说是一件好事，因为这在操纵选举的时候非常有用。西弗吉尼亚州拥有投票权的非裔美国人数量约为 3500 人，这个数量相较于通过《弗里克修正案》获得投票权的前南方联盟的 2 万人来说，难以形成有效的制衡。

当《弗里克修正案》重新赋予前南方联盟人员政治权力的时候，民主党和自由共和党牵头召开新的制宪大会，试图恢复县法庭作为西弗吉尼亚州治理中心的地位。极端派逐渐式微，他们依然竭力阻止西弗吉尼亚州发生制度性的改变，因为他们担心这会削弱州政府的权威和主动权，1871 年，威特曼·维利在一次会议上对共和党人发起了责难，他说道："我们不能忘记战前弗吉尼亚州所谓的'统治阶级'究竟是什么样子。他们的总部就在里士满，每个县的县法庭则构成了辅助管理机构的主体。"维利认为，县法庭控制了旧自治领的政治生活，"对于旧自治领的人民来说，那就像一场噩梦，遏制了所有的发展和进步"。虽然包括维利在内的极端派使出了浑身解数，保守派的投票依然为 1872 年新制宪大会的召开铺平了道路。

前南方联盟人员主导了西弗吉尼亚州 1872 年的制宪会议。前南方联盟弗吉尼亚副州长塞缪尔·普莱斯（Samuel Price）凌驾于 78 名代表之上，而这些代表中只有 12 人是共和党人。前南方联盟人员也参加了所有重要的委员会。为了在西弗吉尼亚州重现旧自治领的政治制度，保守派提出了两个议题。首先，他们并没有成功废除无记名投票，并在州选举中重新启用口头投票制度。来自巴伯尔县的前南方联盟老兵和代表塞缪尔·伍兹（Samuel Woods）认为，口头投票"更能显示男子气概和独立性"，但同时可能"让穷人和依赖别人的男性置于其他人的控制之下，雇员也会受制于他们的雇主"。口头投票是前内战时期弗吉尼亚州保证精英阶级政治地位的主要手段之一，但是保守派在这一方面的犹豫不决，意味着代表们意识到自己的选民并不会完全同意将政治结构变为战前的状态。

大会的第二个主要议题是和铁路相关的管理规定，与这项议题相关的讨论，也是唯一可以证明这场大会举办时间是19世纪70年代，而不是19世纪50年代的证据。鉴于大多数代表都是保守派，很多观察者对于会场上出现的反铁路论调感到意外。一位代表担心巴蒂摩尔和俄亥俄铁路公司以及科温顿和俄亥俄铁路公司很快就会控制整个州，"没有政策会在批准向大公司授予自由特许经营权的同时，侵犯州内土地所有者的利益"。另一位代表认为，大公司"可能推翻一切"，"有必要对其施加限制"。而支持铁路的代表则引用了1861年大会上支持其发展的论调。一位保守派代表认为，一份有权在特定条件下撤销许可证的修正案"无疑是非常可怕的存在"，因为"这意味着公司在投入资金，成为我们的一分子之后，公司的财产还会受到损害"。一位支持恢复县法庭和口头投票的保守派代表发现，反对铁路的言论"完全是老调重弹"。最后，关于铁路的管理规定并没有在 1872 年大会上获得通过，大多数代表都同意查尔斯顿《卡纳瓦日报》编辑的观点。《卡纳瓦日报》刊文称："只有股份公司才能保证矿产地的发展和收益。如果我们只依靠个人企业，那么地下的煤炭将无法得到开发。"

1872 年的大会推出了一份几乎和弗吉尼亚州 1851 年宪法一模一样的文件。这份文件大幅削弱了州长的权力，重新将县法庭作为管理机构的主体，完全没有改革西弗吉尼亚州的土地法。并不是所有的西弗吉尼亚人都认为这些老派的想法和"古朴"二字有任何联系。一位选民在 1872 年 11 月给参议院吉迪恩·坎登（Gideon Camden）写信称："宪法应当顾及所有人，而不是照顾某一个政党。"这位选民稍后写信道："这部新宪法并没有体现人民的意志，而且落后了整整 50 年。"包括《纽约时报》在内的其他州观察者认为，西弗吉尼亚州的新宪法"让诉讼成为该州的一门大生意，这对于起诉人和政治型律师而言无疑是一件好事"。因为 1872 年大会没有改革复杂而死板的土地和税制法条，而且将权力下放到县一级，不少评论家认为 1872 年的大会是一场"律师大会"。不论这些人究竟抱着怎样的目的，共有 34 名律师参加了 1872 年的大会，这几乎占到了参会代表人数的一半。这些人让西弗吉尼亚州未来的煤炭贸易更多地依赖土地律师和其他州的公司，而不是州政府。当这部宪法获得通过时，西弗吉尼亚州的煤炭年产量不过一百万吨出头。虽然这已经是 1865 年 484215 吨年产量的两倍多，但这还不足以让西弗吉尼亚州位列产煤州的前列。

到了 19 世纪 80 年代，西弗吉尼亚州极端派利用州政府推动发展的计划完全被推翻了。而导致西弗吉尼亚州极端派覆灭的众多因素中，最奇怪的一个就是投票权的扩大化，它在很长一段时间内被认为是能够推动经济发展的，实际上却导致了西弗吉尼亚州政治制度的退化。极端派试图通过积极干预，为西弗吉尼亚州打造一套有活力的工业经济的计划已经失败，煤炭业要到 19 世纪晚期才能得到发展。更重要的是，州政府不能从这种发展中获益。虽然 1872 年宪法允许对公司征税，但立法机构直到 1881 年向铁路公司征税的时候，才算开始行使这项权力。1885 年，州政府开始向着西弗吉尼亚州和其他州的公司征税，但是这套系统更倾向于发展，而不是财政收入。由于缺乏来自行政或立法部门的领导，一种奇怪的政权诞生了。1885 年，西弗吉尼亚州的缝纫机推销员要缴纳 20 美元的年税，而州外的公司只需要缴纳 15 美元的年税。此时，煤炭年产量已经超过 300 万吨，但因此受益的地区并不限于西弗吉尼亚州，巴蒂摩尔和俄亥俄铁路线以及科温顿和俄亥俄铁路线沿线地区都享受到了发展带来的收益。

从极端派西弗吉尼亚州的奇异故事中，我们可以得到哪些关于州一级煤炭政治经济的启示？实际上，宾夕法尼亚州的煤炭业在 19 世纪 50 年代已形成了对公司许可证的非正式限制，让煤炭业在此期间快速发展。西弗吉尼亚州成立初期也出现了这些问题。比如第一任移民专员约瑟夫·H.迪斯·德巴（Joseph H. Diss Debar）曾经向公众暗示，如果州政府可以废除限制公司通过出售土地赢利的禁令，那么他就可以通过达成利益优厚的交易来吸引移民。他提及田纳西州立法机构通过向瑞士中间商提供24万英亩煤田，和瑞士裔移民达成运输合同，将2万英亩土地转交给私人，希望他们可以允许移民在他们的土地上定居。德巴批评他的部门对于吝啬的地主束手无策，这些地主"满足于自己的私利，不愿作出牺牲"，拒绝将名下的土地捐给政府部门，以满足移民的需要。德巴最后前往纽约，几年后因为不信任案被捕。德巴对于西弗吉尼亚州立法机构的描述没有错，但德巴的继任者确实没有得到太多拨款。这种腐败并没有扼杀西弗吉尼亚州，但确实将西弗吉尼亚州未来的经济置于铁路官员和土地律师的控制中。

西弗吉尼亚州希望重新建立战前政策的努力，更多影响了西弗吉尼亚州在全国市场中的地位，并没有揭露太多腐败造成的影响。但美国已经变了。随着美国进入"镀金时代"，西弗吉尼亚州、弗吉尼亚州和宾夕法尼亚州煤炭政治经济所提供的更多是一种困惑。由于只能借鉴过往的经验，州一级的政策制定者无法控制诸如巴蒂摩尔和俄亥俄铁路公司、亨利·克雷·弗里克焦煤公司，或者是富兰克林·葛文庞杂的无烟煤运输铁路和煤炭公司网络。他们是怎么做到的？正如葛文对宾夕法尼亚州立法机构所说的那样："一个州的经济发展取决于运往其他州的商品能为州财政提供多少钱。"

在这种新情况下，西弗吉尼亚州重新捡起前南北战争时期的政治构架，无异于进一步放弃对这些个体的管辖权。虽然这是一种无意之举，但这种政经分离造就了"镀金时代"西弗吉尼亚州全新的政治经济。在推动矿产开发的运动中，政客规避管理和避税的行为，成为发展中无法回避的元素。这种理念在梅森－迪克森线以北发生了变化，当富兰克林·葛文和亨利·克雷·弗里克增加产量，扩张势力的时候，宾夕法尼亚州的政府官员没有采取行动。

19世纪90年代，美国的煤炭时代终于到达高潮，无烟煤和烟煤占据全国能源消耗的60%，每一位美国男人、女人和孩子都可以分到2吨煤。矿物燃料还推动了整个美洲大陆上工业经济的发展。历史学家大卫·奈尔（David Nye）说："便宜的煤炭造就了不断发展的国内市场。化石燃料让美国人可以继续发展运输业，提高生产力，将分散在农村的产业聚合到城市中。"烈火、浓烟和烟尘成为美国人经济实力和公民自豪感的标志，但是化石燃料的使用对自然环境造成了很大的负担。此时，"煤王"已经出现了。虽然三个州都为发展作出了贡献，但是宾夕法尼亚州、弗吉尼亚州和西弗吉尼亚州在19世纪末依然沿着不同的路线发展。老旧的水车已经停转，但是它对旧自治领和工业联合体的影响一直延续到20世纪。

致谢

　　在过去十年的项目研究中，我学到了不少关于煤炭的知识，了解了煤炭业在美国人生活中的意义。我曾在西弗吉尼亚州的摩根镇生活，在 20 世纪 80 年代，摩根镇是一座被煤炭业包围的大学城，但是我从没有想过地区煤矿是如何影响我所在的社区的。我和家人并没有参与煤炭生意，但是采煤带来的影响无处不在。冬天的早上，广播有时会通知因天气原因而关闭煤矿，我们的学校也会放假。在城外，运送煤炭的车队飘落的煤灰落在周围的建筑上，像我这样的年轻司机，为了在狭窄的乡间小路上躲避这些运煤车，早就练就了敏锐的反应力。在法院广场周围偶尔能看到有人剧烈咳嗽，有人走路一瘸一拐，都揭示了煤炭业高昂的人力成本。最糟糕的是，附近煤矿发生火灾或淹水的消息，会在摩根镇不胫而走。虽然我一直生活在这种环境中，却从来没有想过要写任何关于煤炭的东西。这本书更多是出于我的学术研究兴趣，而不是个人经验。我选择煤炭作为研究对象，是为了研究 19 世纪的地区发展，以及美国工业革命的实质。但是，我和很多学者都发现，我的研究确实与自己的记忆和历史有关。

然而，即便想起了所有的往事，我也不可能在没有朋友、同事和好心的专业历史学家、档案学家和图书管理员的帮助下完成这个项目，我无法在这里列出所有人。这个项目始于威斯康星大学麦迪逊分校，由科琳·邓拉维（Colleen Dunlavy）监督项目进度。在第一年比较工业化的研讨会上，她对于历史问题的敏锐分析、宽宏大度和无尽的耐心，帮助我逐步推进这个项目。她是一位模范学者，为我提供了宝贵的意见。在此要着重提及黛安·林德斯特罗姆（Diane Lindstrom），她为本项目的成功作出了不少贡献，教了我很多经济史和经济学的基本知识。在威斯康星大学麦迪逊分校，我也有幸获得史蒂夫·伯格（Steve Burg）、蒂姆·克利里（Tim Cleary）、泰德·弗朗茨（Ted Franz）、丹·格拉夫（Dan Graf）、夏洛特·哈勒（Charlotte Haller）、托尼·哈金斯（Tony Harkins）、史蒂文·科曼（Steve Kolman）、乔恩·波拉克（Jon Pollack）、泰·普里斯特（Ty Priest）、乔恩·里斯（Jon Rees）、伯特利·萨勒（Bethel Saler）、安德鲁·施兰克（Andrew Schrank）的帮助。我的研究获得了来自工业历史研读会和梅隆夏季研讨会的帮助，在此要感谢托马斯·安德鲁斯（Thomas Andrews）、特蕾西·多伊奇（Tracey Deutsch）、埃里克·莫瑟（Eric Morser）、丽莎·特劳特（Lisa Tetrault）、蒂姆·特林（Tim Thering）、苏茜·维尔卡（Susie Wirka）。最后，我还要感谢州历史协会威斯康星图书馆和档案部门的员工。我花了好几年时间研究图书馆和档案部门的文件，他们却从没有把我踢出去。这个项目和其他威斯康星大学的项目一样，如果没有吉姆·丹基（Jim Danky）、迈克尔·埃德蒙兹（Michael Edmonds）和众多图书管理员的努力，就不可能取得成功。

在麦迪逊分校之外，还有众多个人和组织为本项目提供了帮助。来自哈格利图书馆的罗杰·霍洛维茨（Roger Horowitz）、格伦·波特（Glenn Porter）和菲利普·斯克兰顿（Philip Scranton）；宾夕法尼亚州历史和博物馆委员会的琳达·肖普斯（Linda Shopes）；弗吉尼亚州历史协会的纳尔逊·兰克福德（Nelson Lankford）、弗朗西斯·波拉德（Frances Pollard）；费城图书馆公司的约翰·范·霍恩（John Van Horne）、詹姆斯·格林（James Green）、菲利普·拉普桑斯基（Phillip Lapsansky）；早期美国经济社会研究项目的温迪·沃洛森（Wendy Woloson）；美国哲学学会的罗伊·古德曼（Roy Goodman）、罗伯特·考克斯（Robert Cox）都为本项目作出了贡献，他们所属的组织也提供了时间和经费。来自弗吉尼亚州图书馆、弗吉尼亚州历史协会、弗吉尼亚大学奥尔德曼图书馆、西弗吉尼亚州摩根镇西弗吉尼亚收藏馆的各位，他们对这个项目作出了不可磨灭的贡献。我还想在此向美国历史协会、经济历史协会、美国纽克曼协会和佛罗里达中央大学艺术科学学院表示感谢，他们为研究工作和本书的成文撰写提供了资金支持。

我很荣幸可以和一批对自己的时间毫不吝啬，而且积极发表批评的学者共事。以下各位学者为本项目的评论作出了各种形式的贡献：斯特凡·伯杰（Stefan Berger）、约翰·贝齐斯－塞尔福（John Bezís-Selfa）、苏珊娜·德尔菲诺（Susanna Delfino）、大卫·科伊斯蒂宁（David Koistinen）、肯·利帕蒂托（Ken Lipartito）、约翰·马杰夫斯基（John Majewski）、斯科特·尼尔森（Scott Nelson）、玛格丽特·纽厄尔（Margaret Newell）、彼得·奥努夫（Peter Onuf）、唐娜·里林（Donna Rilling）、安迪·肖基特（Andy Schocket）、罗伯特·赖特（Robert Wright），以及《弗吉尼亚州历史和传记杂志》的读者。弗雷德里克·道格拉斯论文项目在西弗吉尼亚大学颁发的国家历史记录和出版委员会奖学金对我帮助很大。项目编辑杰克·麦基维根（Jack McKivigan）阅读了部分草稿，一直以来对我提供帮助。黛安·巴恩斯（Diane Barnes）和我讨论了和煤炭相关的信息，分享了自己对于弗吉尼亚州艺术家的研究结果。西弗吉尼亚大学历史系的罗恩·刘易斯（Ron Lewis）让我参加了他的阿巴拉契亚历史研讨会，对书中关于西弗吉尼亚州的章节颇有帮助。佛罗里达中央大学的一些同事也阅读了部分手稿，并提供了帮助。在此特别感谢卡罗尔·亚当斯（Carole Adams）、罗莎琳德·贝勒（Rosalind Beiler）、斯宾塞·唐宁（Spencer Downing）、克雷格·弗兰德（Craig

Friend）。本研究计划的部分研究成果可以在《经济和商业历史论文》《弗吉尼亚州历史和传记杂志》和《经济和商业历史》中查阅，在此感谢以上月刊的编辑允许我使用部分内容。

在本项目后来的研究阶段中，我遇到一些读者和编辑，他们对于本书的成文和学术发表工作作出了巨大贡献。理查德·约翰（Richard John）不断鼓励我，关注我对煤炭的研究。他不仅对研究工作的早期成果提供评论，而且审阅了全篇草稿。凯西·马特森（Cathy Matson）作为早期美国经济社会研究项目的主管，以一位带着批判性眼光的读者身份，对推动本项目的发展发挥了积极的作用。她是手稿的编辑，也协调了出版工作。我还要感谢约翰·拉森（John Larson），为约翰斯·霍普金斯大学出版社审阅了两次手稿。他的批注为本项目提供了方向和焦点，我希望自己严格遵循了这些批注。最后，我还要向约翰斯·霍普金斯大学出版社的罗伯特·布鲁格（Robert Brugger）和麦乐迪·赫尔（Melody Herr）致谢，感谢他们专业而耐心的教导。比尔·尼尔森（Bill Nelson）为本书创作了精美的地图，伊丽莎白·格拉奇（Elizabeth Gratch）的文案编辑工作堪称专业。这本书是所有人共同努力的结果，书中如果出现任何纰漏，都是我的过错。

我在此还要感谢我的家人，没有他们，我就不可能完成这本书。我的父亲，唐纳德·亚当斯（Donald Adams），培养了我对历史的热爱，帮助我面对各种学术挑战。我的母亲，乔伊斯·亚当斯（Joyce Adams），鼓励我继续自己的学术研究，而她自己则在社工领域继续发展。我的妹妹，伊丽莎白·亚当斯（Elizabeth Adams），也是一位教育者，给了我莫大的鼓励。我最后要感谢生命中最重要的人，茱莉亚娜·巴尔（Juliana Barr），她在我的困难时期为我提供了莫大的帮助。通过对我的观察，她知道何时安慰我，何时鼓励我，何时无视我。如果没有她的帮助，我不可能完成这个项目。她是我见过的最优秀的学者之一，她能进入我的生活，是我人生最大的幸事。